Nuestra Historia
El Partido Nacionalista de Puerto Rico
1922-2022

Prof. Fernando "Ponce" Laspina

TOMO I

1922 - 1965

Nuestra Historia
El Partido Nacionalista de Puerto Rico
1922 - 2022

Tomo I 1922 - 1956

Prof. Fernando "Ponce" Laspina

C @ Fernando Ponce Laspina
ISBN 978-1-7362945-2-9

Comité de redacción:

Fernando Ponce Laspina
Camilo Matos
Ana M. Laspina Pinto
Foto de la portada: Carlito Rovira/Akmicar Torres.
Juan Rivera Ocasio: correcciones.
Enoel Santiago Santos: colaborador.

Editorial F.P.L.-Tibes
Enero 2023

Prohibida la reproducción total o parcial sin previa autorización del autor.

"! ¡Yo vengo de la tierra, yo vengo del huracán!
! ¡Yo vengo de la tierra, yo vengo del huracán!"
Discurso de Albizu pronunciado el 19 de noviembre de 1935 en el Teatro Tapia.

Los derechos de la Madre Patria no están abierto a discusión. Y si es discutido, será con balas.

La Madre Patria tiene que ser amada como se ama a una mujer, de ambas formas espiritual y físicamente. Quien no se avergüenza cuando ella es violada, no es patriota y ni tan siquiera es un hombre.

La Madre Patria es fundada en la emulación del heroísmo. Ella no le pertenece a nadie, ni siquiera a los patriotas. Ella le pertenece tan solo a quienes la han ganado muriendo por ella. Son ellos quienes la legan a la posteridad.

La Madre patria es valor y sacrificio.

Dedicatoria

A todos los hombres y mujeres que han pasado por las filas del Glorioso Partido Nacionalista de Puerto Rico.

Gloria a todos aquellos que nunca claudicaron dando vida y hacienda por la independencia sagrada de nuestra patria,

Gracias Maestro Don Pedro Albizu Campos por enseñarnos el camino.

Gracias doy por tener la suerte de haber nacido en Ponce un 21 de marzo, día en que honramos aquellos valientes patriotas y hermanos caídos en las calles Marina y Aurora.

Orgulloso estoy de haber compartido con los patriotas y maestros: Carlos Feliciano Vázquez, Oscar Collazo, Lolita Lebrón, Irvin Flores Rodríguez, Rafael Cancel Miranda, Andrés Figueroa Cordero, Daniel "El Barbero" Feliciano, Antonio Cruz Colón, Juan Jaca Hernández, Pelegrín García, Gregorio "Goyito" Hernández, Isabelita Rosado, Ruth Reynolds, Pedro Albizu Meneses, Laura Esperanza Albizu-Campos Meneses, Clemente Mattei Padilla, José "Nin" Negrón, Luis Sosa Font, Relín R. Sosa, Wilson Espejo, Luis Cabán, Griselio Torresola, hijo, Rosa Collazo Cortés, Miguel Quiñones, Kermit Flores Rodríguez, Pascual

Morales, Juan Borrero, Tomás Medina, Carmen Zoraida Collazo, Rebeca Torresola, Dr. Sergio Irizarry, Jesús "Chucho" Diaz Diaz, Egmidio Marín Pagán, Bernardo Rivera, Evaristo González, Nelson Rochet, José Castillo Morales, Rosa "Piqui" Meneses, Cristina Meneses -Albizu Campos, Gilberto Gerena Valentín, Filiberto Ojeda Ríos, Juan Mari Brás, Luis Nieves Falcón y Oscar López Rivera.

El Maestro nos dejó el siguiente mensaje para la historia:

"…Grande es el inmenso dolor con que hiere la plena conciencia intelectiva, la presencia de la esclavitud, agravada en su natural angustioso por ser de la de nuestros hermanos, Y grande el tesón, grande la voluntad que ha de informar esa conciencia para mantenerse en una recta inquebrantable. Patriotismo es voluntad y esfuerzo. Sacrificio no. Para el Patriota el deber no es sacrificio.

El deber es vida.

El patriotismo requiere la ofrenda. Y en esta no hay parcialidad. O todo o nada. Podemos, en la alucinación del amor propio, creer haber hecho mucho.

No hemos hecho nada, porque el patriotismo no es el amor propio sino el amor Patrio…"

-Pedro Albizu Campos

Don Pedro Albizu Campos falleció en el 1965 y en altas y bajas el Partido se ha mantenido activo hasta el día de hoy. Algunos necios se empeñan en decir que el Partido Nacionalista de Puerto Rico ya no existe o que nuestro único propósito es el de conmemorar las diferentes fechas históricas. Se olvidan de que ese fue parte del legado histórico del Maestro. También se les olvida que de esas fechas históricas es que se ha nutrido siempre el movimiento independentista. De esa gloria de nuestro partido es que decenas de escritores se nutren para trazar sus libros y sus escritos.

¿Porque tantas fotos en este libro se preguntarán?

Las fotos hablan por sí mismas con hechos. No todas las personas conocen a todos nuestros héroes. Muchas personas no tuvieron la dicha de compartir o conocer a nuestros patriotas.

Pocos conocen a muchos de estos hombres y mujeres de nuestra lucha ni han visto sus fotos, pues siempre se mencionan a los más "importantes" y reconocidos.

También quiero señalar por este medio que es una falta de respeto que muchos publiquen fotos de las cuales se han apropiado de los Archivos del Partido Nacionalista y las publique como si fueran de ellos personales.

Gracias especiales a los historiadores y escritores:
Pedro Aponte Vázquez.

Ovidio Dávila.
José Manuel Dávila Marichal, historiador y documentalista.
Pedro Betances de Cayey.
Edwin F. Rosario de Casa Albizu, Fundación Casa Albizu.

Mis excusas si se quedó alguien sin mencionar o darle crédito pues no ha sido mi intención omitir a nadie en este escrito que lo que busca es honrar los 100 años gloriosos del Partido Nacionalista de Puerto Rico.

Agradecemos a todos esos que se han esmerado en escribir algo a través de los tiempos sobre Don Pedro Albizu Campos y el partido en libros o por otros medios.

Para todos aquellos escritores que en los últimos años se pasan escribiendo libros sobre Don Pedro y el nacionalismo y todavía usan constantemente la palabra "asesinos", "atentado de asesinatos" en hechos históricos como: La Masacre de Rio Piedras, el ajusticiamiento del coronel Francis Riggs, La Masacre de Ponce, el atentado contra el juez Cooper, el atentado contra el gobernador Winship, el atentado contra Iglesias Pantín, la revolución nacionalista del 1950, el ataque a la Casa Blair y la del congreso de los Estados Unidos en 1954.

Todos esos actos fueron en contra de los asesinos de nuestro pueblo, por lo tanto, se le deben llamar por su justo nombre; AJUSTICIAMIENTOS.

Así que por favor es hora de que dejen de llamar a esos actos como actos de asesinatos.

Dedicatoria ... 3

Indicé

Capítulo I ... 11
El Partido Nacionalista de Puerto Rico
Los presidentes y lideres del partido desde el 1922.

Capitulo II ... 63
Los Cadetes de la República y Las Hijas de La Libertad desde el 1930.

Capitulo III ... 90
El Servicio Militar Obligatorio y la Represión.

Capitulo IV ... 98
1931 Luis Baldoni Cruz y el Dr. Arthur P. Rhoads, Otros eventos de 1932 al 1934 (37)

Capitulo V ... 112
1935 La Masacre de Rio Piedras

Capítulo VI ... 131
23 de febrero de 1936
Elías Beauchamp e Hiram Rosado

Capitulo VII ... 143
1937 la Masacre de Ponce
Los patriotas son llevados a Prisión en los Estados Unidos

Capitulo VIII ... 197
1938 Esteban Antongiorgi y los Nacionalistas de Ponce contra el gobernador Winship

Capitulo IX ... 209
1947 regresa El Maestro a su patria

Capitulo X ... 250
1950 la Revolución Nacionalista en Puerto Rico

Capitulo XI	369
La Prensa y Las carpetas

Capitulo XII	416
Noviembre 1ero del 1950
Oscar Collazo y Griselio Torresola, Ataque a la Casa Blair

Capitulo XIII	433
Marzo 1ero del 1954, un acto sublime
El Ataque al Congreso de los Estados Unidos

Capitulo XIV	463
Las torturas y el asesinato a Don Pedro han sido consumado

Referencias y Bibliografia	497

Nacimiento de Pedro Albizu Campos

Barrio Tenerías de Ponce en el 1888

Pedro Albizu Campos nació el 29 de junio de 1893 o el 12 de septiembre de 1891. Según algunos estudiosos de Albizu Campos la fecha del 29 de junio de 1893 es la correcta (día de los santos Pedro y Pablo).

La discrepancia en las fechas de nacimiento se debe a que don Alejandro Albizu Romero no reconoció a Pedro Albizu hasta los 18 años cuando iba a estudiar a las universidades de Estado Unidos. Pedro tuvo un hermano mayor que nació el 12 de septiembre que falleció de niño y su padre Alejandro Albizu le dio (posiblemente) el acta de nacimiento a Pedro Albizu para que la usara como documento para la universidad. Albizu Campos utilizó ambas fechas en documentos oficiales, pero el documento en el que su padre lo reconoció como su hijo se utiliza la fecha del 12 de septiembre de 1891.

"bien pueden descifrar el enigma confirmando la misma de Albizu, según la cual, quien aparece inscrito el 12 de septiembre de 1891, no es él sino un hermano suyo, muerto poco después de nacido, y a él, por nacer el Dia de San Pedro, se le da el mismo nombre y se le deja sin inscribir, habiendo visto su familia materna, como designio providencial su nacimiento el día en que, en el Santoral, corresponde al nombre del hermano muerto".
-Juan Antonio Corretjer, 1978

Como sea lo importante es recordar al patriota, su vida y su gesta por la patria puertorriqueña.
Ingeniero químico, abogado y político.

Ingeniero químico, abogado y político.

Educado en
Universidad de Vermont
Universidad de Harvard

Información profesional
Se graduó como estudiante sobresaliente tanto en la Universidad de Vermont como en la Universidad de Harvard donde obtuvo 4 títulos universitarios: Ingeniería Química, Filosofías y Letras, Ciencias Militares y Derecho.

Albizu Campos hablaba con fluidez 6 idiomas: Francés, Italiano, Portugués, Alemán, Inglés y Español.
Aunque no los hablaba fluido, conocía bastante bien el Griego y el Latín.

1916

COSMOPOLITAN CLUB (1916)

Albizu Campos como estudiante de Harvard.

Capítulo I
Historia de los presidentes y liderato del Partido Nacionalista

En el 1922 se funda El Partido Nacionalista de Puerto Rico

Domingo 17 de septiembre de 1922: Asamblea donde quedó constituido el Partido Nacionalista de Puerto Rico. Su primer presidente fue José Coll y Cuchi. Teatro de la Universidad de Puerto Rico.

El 17 de septiembre de 1922
Asamblea General del Partido Nacionalista de Puerto Rico en el Teatro Nuevo de Rio Piedras.
Se laboró la constitución del Partido Nacionalista de Puerto Rico.
Se elige una Junta Directiva y se aprobó un programa con la independencia como única finalidad.

Se eligió a José Coll Cuchi como presidente.
José S. Alegría es electo vicepresidente.

1923

1923. Tres lideres del Partido Nacionalista de Puerto Rico.
Rafael Diez de Andino, José S. Alegría y Julio Cesar González.

En el 1924:
En la asamblea celebrada en San Juan el Lcdo. Marcos Morales es elegido presidente.

El 16 de abril de 1925
Plaza Baldorioty de San Juan
En el Dia de José de Diego Pedro Albizu Campos es el orador de clausura.
"Bandera de los Estados Unidos, yo te saludo, porque tú eres el símbolo de una patria libre y soberana que se distingue como defensora de la democracia en el mundo. ¡Y algún día habrás de reconocer nuestro derecho!"
Él también se dirigió a ella, en esta o parecida forma:
"Bandera de los Estados Unidos, ¡yo no te saludo!, porque, aunque sea cierto que tú eres el símbolo de una patria libre y soberna, en Puerto Rico representas la piratería y el pillaje...".

1925:
Ese mismo año en una Asamblea General del Partido en la ciudad de Ponce el Lcdo. Federico Acosta Velarde es elegido presidente
Pedro Albizu Campos es elegido Vicepresidente.
El Lcdo. Samuel R. Quiñones es elegido Secretario.

1928:
José S. Alegría es electo presidente en la Asamblea celebrada en Caguas.

A los pocos meses abandona el puesto de honor para ingresar al partido Liberal de recién creación. Con él se va también el secretario general Samuel R. Quiñones.
Antonio Vélez Alvarado es electo presidente provisionalmente.
En ausencia de Don Pedro Albizu Campos por motivos de su peregrinación por la América Latina es electo el segundo vicepresidente Antonio Ayuso Valdivieso a la presidencia interina.

1930-1936
Pedro Albizu Campos es elegido presidente.

1937
El Licenciado Julio Pinto Gandía es elegido presidente.

1940-41
Ramón Medina Ramírez es elegido presidente.

1941-1942
Julio de Santiago
Pedro Pérez Pagan.

Pedro Albizu Campos desde el 1921 Colabora con El Nacionalista de Ponce Periódico semanario fundado por Ramón Mayoral Barnes.
Desde el 1925 Albizu Campos dirige el periódico "El Nacionalista de Ponce" y que se convierte en "El Nacionalista de Puerto Rico".

José Coll y Cuchi

José Coll y Cuchi 1910. Miembro fundador del Partido Nacionalista de Puerto Rico.

Nació en Arecibo, Puerto Rico, el 12 de enero de 1877, murió en Santurce, Puerto Rico, el 2 de julio de 1960.

Se graduó de abogado en la Universidad de Barcelona, España. En las elecciones de 1904, siendo miembro del Partido Republicano Puertorriqueño, fue elegido a un escaño en la Cámara de Delegados. Fue reelecto en 1908, esta vez dentro del Partido Unión de Puerto Rico. En este organismo combatió la Ley Foraker por entender que la misma destruía la personalidad de Puerto Rico. En 1920 presidió la Asociación Nacionalista compuesta por un grupo de militantes del Partido Unión de Puerto Rico que defendía la independencia para la isla. Esta organización se transformó, en abril de 1922, en el Partido Nacionalista, y Coll y Cuchi su primer presidente. En 1930 abandonó el partido por desacuerdos con Pedro Albizu Campos.

Publicó varios libros: "La cuestión secular del pueblo hebreo", "La doctrina de América", "Un problema de América" y "El nacionalismo en Puerto Rico", premiado por la Academia Española de la Lengua como la mejor obra escrita ese año.

Abogado, político, escritor, poeta y periodista. Se destacó por sus aportaciones en el desarrollo cultural de Puerto Rico y en la recopilación del costumbrismo puertorriqueño a través de sus escritos.

Federico Acosta Velarde

ederico Acosta Velarde, Presidente del Partido Nacionalista de Puerto Rico.

Federico Acosta Velarde nació el 17 de septiembre de 1896 en Humacao, Puerto Rico.

Abogado, uno de los fundadores del Partido Nacionalista de Puerto Rico. Fue presidente del Partido Nacionalista de 1925 a 1927. Albizu Campos era el vicepresidente en esa época. Acosta Velarde era hijo de Ángel Acosta Quintero y nieto de José Julián Acosta. Ángel Acosta Quintero fue uno de los primeros magistrados del Tribunal Supremo de Puerto Rico creado por la ley Foraker. Federico Acosta escribió el libro: El Primer Tribunal Supremo de Puerto Rico, como un homenaje a su padre, Acosta Quintero.

Los hermanos de Federico Acosta fueron abogados e ingenieros de corporaciones azucareras y empresas norteamericanas, muy allegados al nuevo régimen estadounidense. Su hermano Mariano Aurelio Acosta Velarde fue juez superior en Mayagüez, presidente del Colegio de Abogados en la década de 1930, y formó parte de la Comisión Hays que investigó los sucesos de la Masacre de Ponce. Al parecer Federico Acosta era el único independentista de la familia Acosta Velarde.

El 7 de septiembre de 1927 se instalan en la Plaza de la Revolución en Lares, un obelisco en homenaje a los héroes y mártires del Grito de Lares, iniciativa de Federico Acosta Velarde y los masones de Lares, siendo presidente del Partido Nacionalista, donde asistieron José Coll y Cuchi, Luis Lloréns Torres y otras personalidades. Federico Acosta Velarde como presidente del Partido Nacionalista estableció relaciones de solidaridad con grupos de intelectuales en Huelva, España y con la Liga Antimperialista de Estados Unidos, grupo de izquierda.

Acosta Velarde apoyó a Albizu Campos en su gira por el Caribe y Suramérica, proveyendo fondos económicos e informando en la prensa las gestiones de Albizu fuera de Puerto Rico. Pero en 1930 cuando es elegido Albizu Campos Presidente del Partido Nacionalista, Acosta Velarde discrepó del nuevo formato creado por Albizu dentro del Partido Nacionalista y a finales de 1930 renuncia. Acosta Velarde se establece en Nueva York donde consigue trabajo como abogado y sigue escribiendo en la prensa en apoyo a la independencia de Puerto Rico.

José Santos Alegría

José Santos Alegría

José Santos Alegría nació en Dorado, Puerto Rico el 17 de julio de 1886. Murió el 29 de julio de 1965 en San Juan de Puerto Rico.

Padre de Ricardo Alegría y uno de los fundadores del Partido Nacionalista de Puerto Rico.

De joven tomó clases de pintura, y se perfeccionó con la ayuda de Francisco Oller. También escribió poemas en su juventud. En 1901, José S. Alegría, se graduó de maestro normalista, y en 1908 obtuvo su bachillerato en Leyes de la Universidad de Valparaíso. A su regreso, laboró como Juez Municipal en Salinas, en Santa Isabel y en Manatí. Se dedicó a coleccionar piezas taínas y todo objeto de carácter cultural puertorriqueño, de historia y arqueología, que más tarde hereda su hijo, Ricardo Alegría.

Dentro del ámbito político, Alegría militó en el Partido Unión, del que también formaban parte José de Diego, Rosendo Matienzo Cintrón y Luis Muñoz Rivera. Esta organización estaba formada por un grupo heterogéneo que incluía antiguos autonomistas, republicanos, sindicalistas y otros grupos que rechazaban el régimen colonial existente; proponía, a su vez, que deberían ser los puertorriqueños los que decidieran su futuro político con respecto a Estados Unidos, bien fuera la anexión, la autonomía o la independencia. Ante la muerte de dos de los líderes unionistas, Luis Muñoz Rivera y José de Diego, los unionistas que abogaban por la independencia se separaron del partido. Se estima que -alrededor de 1918- Alegría y otros independentistas fundaron la Asociación Independentista. Los

Nacionalistas, bajo el liderazgo de José Coll y Cuchí, fundaron a su vez la Asociación Nacionalista de Puerto Rico.

Colaboró en la fundación del Partido Unión de Puerto Rico al que abandona para ingresar a la Asociación Nacionalista de José Coll y Cuchí. En septiembre de 1922, José Coll y Cuchí, José S. Alegría, Antonio Vélez Alvarado, Federico Acosta Velarde y otros, fundan el Partido Nacionalista de Puerto Rico. Coll y Cuchí fue elegido presidente y José S. Alegría, vicepresidente. Alegría abandonó el Partido Nacionalista en 1932 e ingresa al Partido Liberal. Fue electo a la Cámara de Representantes de Puerto Rico en 1936 al 1940. Presentó proyectos a favor de la cultura puertorriqueña y para crear un Instituto de Cultural que fuera custodio de la herencia cultural puertorriqueña. Dirigió la revista Puerto Rico Ilustrado, desde 1938 hasta 1949.

Antonio Vélez Alvarado

Antonio Vélez Alvarado
Padre de la Bandera Puertorriqueña,
Nacido en junio 12, 1864, fue periodista, político y patriota. Falleció en el 1948.

Don Antonio Vélez Alvarado, Cofundador del Club Borinquén, la Sección de Puerto Rico del Partido Revolucionario Cubano y del Gran Glorioso Partido Nacionalista de Puerto Rico.

Para 1881, bajo el nombre "Yuri", Don Vélez Alvarado comenzó a escribir para "El Criterio" en Humacao. Después escribió para "La Crónica" en Ponce, "La Propaganda" en Mayagüez y "El Agente" en San Juan. Sus artículos trataban sobre sus ideales respecto a la independencia de Puerto Rico de España. Para 1887 fue exiliado a la Ciudad de Nueva York. Allí Don Vélez Alvarado estableció una buena amistad con José Martí -líder de la independencia cubana- y con la ayuda de Louis Weiss con quien también estableció una buena amistad, publicó dos revistas, "Revista Popular" y "Gaceta del Pueblo".

En febrero 24, 1892, Vélez Alvarado junto a Sotero Figueroa, Francisco Gonzalo Marín y Modesto A. Tira publicó un anuncio en el periódico "El Porvenir" convocando a una reunión entre aquellos que simpatizaban con la causa de la independencia. El resultado de esa reunión fue la fundación del "Club Borinquen", organización política por la independencia de Puerto Rico.

En junio 12, 1892, Don Vélez Alvarado estaba en su apartamento mirando la Bandera Cubana por unos minutos y después le echo una mirada a la pared blanca donde estaba enganchada la bandera. De repente percibió una ilusión óptica donde vio el color del triángulo de la bandera invertida con el color de sus rayas.

De inmediato Vélez Alvarado fue a comprar papel para hacer un prototipo crudo de lo que vio. Lo presentó en una cena en la casa de su vecina con la presencia de José Martí. Este quedo impresionado con el prototipo crudo e hizo una nota al respecto en el periódico "Patria".

En diciembre 22, 1895, el Comité Revolucionario de Puerto Rico adoptó el diseño que presentó Don Vélez Alvarado para lo que sería hasta hoy día la Bandera Puertorriqueña. Vélez Alvarado permaneció en N.Y. hasta 1917 hasta que regresó a Puerto Rico. Para este entonces Puerto Rico era colonia estadounidense por lo que Vélez Alvarado ingresó al Partido Unión del Lcdo. Antonio R. Barceló que aspiraba a la independencia.

Pero para 1919 lo abandonó y junto al Lcdo. José Coll y Cuchi y otros compañeros fundó en San Juan la Asociación Nacionalista de Puerto Rico.

Posteriormente esta organización se fusionó con otras dos para formar el Partido Nacionalista de Puerto Rico en septiembre 17, 1922. Don Vélez Alvarado fue elegido al Consejo Supremo del partido.

Está enterrado en el Antiguo Cementerio Municipal de Manatí. En la Plaza de la Historia en la Calle Patriota Pozo de Manatí hay un busto de bronce de Don Vélez Alvarado y el gobierno de Puerto Rico honró su memoria nombrando una escuela pública de Manatí la "Escuela Antonio Vélez Alvarado."

Portada interior, a colores del libro "El Nacionalismo en Puerto Rico (publicado en 1923) por José Coll y Cuchi donde aparecen los integrantes del Concejo Supremo del Partido Nacionalista de Puerto Rico.
José Coll Cuchi: presidente
Marcos Morales vicepresidente
Rafael Bernabé: tesorero
Federico Acosta Velarde: secretario

Documento expedido por el Partido Nacionalista de Puerto Rico que certifica la fundación del partido el 17 de septiembre de 1922. Es obra de José Coll y Cuchi. Entre los firmantes está Antonio Vélez Alvarado (izquierda, segunda firma). El documento fue aprobado en asamblea el 18 de mayo de 1924.

El 17 de septiembre del 1922: se funda El Partido Nacionalista de Puerto Rico en Rio Piedras, Puerto Rico.

El 11 de mayo de 1930: Albizu Campos asumió la dirección del Partido Nacionalista en una asamblea llevada a cabo en el Ateneo Puertorriqueño.

1931: se funda en Rio Piedras la Asociación Patriótica de Jóvenes Puertorriqueños integrada por estudiantes de las escuelas públicas y de la Universidad de Puerto Rico.

1933: la Asociación Patriótica de Jóvenes Puertorriqueños pasó a formar parte del Partido Nacionalista con el nombre de los Cadetes de la República.

1935: Los Cadetes de la República en unión a las Damas Nacionalistas de Las Enfermeras de La República o Hijas de la Libertad se convierten en el Movimiento Libertador.

En el 1921 Albizu Campos ingresó al Partido Unión de Puerto Rico

En el 1922 Pedro Albizu Campos hizo su ingreso y en 1925 fue nombrado vicepresidente.
El 6 de septiembre La Asamblea del Partido reanuda en Ponce y nombró a Albizu Campos, delegado del Partido Nacionalista, para realizar una gira por el Caribe y Latinoamérica para llevar el caso colonial de Puerto Rico ante esos pueblos y crear un movimiento de solidaridad hacia la independencia de Puerto Rico.

En el 1930 Albizu Campos fue elegido presidente. A partir de entonces este partido se convirtió en un movimiento de liberación nacional, antimperialista y revolucionario.
Bajo el liderato de Albizu, el Partido se convirtió en una vanguardia de lucha y en un movimiento de liberación nacional. Después de la muerte de Albizu, el Partido Nacionalista fue duramente atacado por las fuerzas represivas del gobierno de los Estados Unidos, pero a pesar de todo sobrevivió gracias al legado revolucionario de Don Pedro Albizu Campos.
El Nacionalismo es el espíritu dedicado a los intereses de la Nación; un deseo por el avance, el bienestar y la prosperidad de la Nación y de todos aquellos que la

componen. Es el alma de la Nación. El Nacionalismo es Patriotismo, y el Patriotismo es el Amor a la Nación. El Nacionalismo es la Patria organizada para el rescate de su Soberanía.

A 100 años de su fundación el Partido Nacionalista de Puerto Rico continúa activo en la lucha por la independencia de la Patria Puertorriqueña.
En estos momentos el Partido Nacionalista de Puerto Rico ha emprendido un proceso necesario de reorganización. Este proceso ha comenzado por consultar a sus militantes sobre la postura que el Partido asumirá en el Siglo 21 y culminará en un plan nacional, revolucionario y moderno, basado en las enseñanzas de nuestro Consagrado Maestro y Apóstol Don Pedro Albizu Campos, que contribuya a liberar nuestra Nación, convirtiéndola en un País Libre, Soberano e Independiente.
Al igual ha estado activo en la ciudad de Nueva York bajo la Junta de Nueva York de El Partido Nacionalista de Puerto Rico.

1924: miembros del Partido Nacionalista de Puerto Rico durante una asamblea celebrada para tomar importantes acuerdos relacionados con el funcionamiento del partido. Se observa a Pedro Albizu Campos (última fila, cerca de la bandera).

Más empuje con Albizu Campos

El Partido Nacionalista volcado a la lucha municipal

San Juan de Puerto Rico, 1924.- Desde el cambio de dirección producido por el alejamiento de José Alegría, que dejó paso a Pedro Albizu Campos como presidente, el Partido Nacionalista se dedicó mucho más intensamente a la lucha política desde los municipios.

Los nacionalistas se abstuvieron, hasta el momento, de participar en los procesos electorales generales.

Los nacionalistas se están dedicando, sobre todo, a propiciar los valores culturales propios del pueblo puertorriqueño, interviniendo en la polémica sobre el uso obligatorio del idioma inglés en la enseñanza pública y dándole énfasis a la defensa de los símbolos de identidad nacional. Propician también todos los estudios y reflexiones sobre la realidad histórica puertorriqueña.

Don Pedro Albizu Campos, presidente del Partido Nacionalista

1926. Dedicación del monumento a Betances en la Plaza de recreo de Cabo Rojo. Sus restos fueron trasladados a este lugar desde el Casa Alcaldía de Cabo Rojo.
Se observa a un joven Pedro Albizu Campos (izquierda) en la histórica ceremonia. Cabo Rojo, Puerto Rico.

1927: Reunión del directorio del Partido Nacionalista de Puerto Rico. Se observa al vicepresidente del partido, Pedro Albizu Campos (sentado, cuarto de izquierda a derecha). A la extrema derecha de la mesa está el Dr. Leopoldo Figueroa y al lado de Albizu esta José Alegría, uno de los fundadores del partido.

1930

1930: Un banquete en honor a Pedro Albizu Campos y Gerardo Selles Solá

Albizu fue homenajeado como presidente del Partido Nacionalista y Sellés Solá como presidente de la Asociación de Maestros de Puerto Rico.
San Juan Puerto Rico, 1930.

Asamblea del Partido Nacionalista en la década de 1930.

1931: Albizu Campos dictando una conferencia.

1932: Albizu Campos durante su participación en un acto del Grito de Lares. Pedro Albizu Campos en Lares - 23 de septiembre de 1932 - el día que sembró el árbol de tamarindo. Fue el Partido Nacionalista el que rescató la fecha del 23 de septiembre y la gesta del Grito de Lares, como celebración nacional.

1932: Albizu Campos participando de una actividad política.

1934: Albizu Campos dirigiéndose a un grupo de trabajadores de la caña durante la huelga de la caña.

Pedro Albizu Campos se despide de sus partidarios al ser detenido en una ocasión al principio de su campaña revolucionaria. (Wide World Photo) 1936.

Partido Nacionalista de Puerto Rico Movimiento Libertador

"El nacionalismo es la fuerza que se yergue contra cualquier poder que nos niegue la personalidad. Es un movimiento que aspira a despertar las fuerzas de la sabiduría en el pueblo, a salvar la nacionalidad para la cultura y la historia... El nacionalismo no es meramente la reintegración de las tierras a manos puertorriqueñas ni la salvación de su comercio y sus finanzas; es la nacionalidad en pie para rescatar su soberanía y salvar a este pueblo para los valores superiores de la vida."

- Pedro Albizu Campos

1930

El 11 de mayo de 1930, se reunió el Partido Nacionalista en asamblea general, en el Ateneo Puertorriqueño, en San Juan, por convocatoria de su presidente Antonio Ayuso Valdivieso, quien presentó en esta asamblea su renuncia.

1. El Nacionalismo Puertorriqueño sostiene que existe hace más de un siglo el imperialismo sistemático de Estados Unidos dirigido primer contra las naciones Iberoamericanas, encaminado actualmente a imponer una hegemonía mundial;
2. Que la ocupación militar de Puerto Rico es uno de los casos en el avance norteamericano hacia el sur, invasión que es parte de guerra continua contra nuestras nacionalidades;
3. Que Estados Unidos pretende someter a nuestras nacionalidades a una explotación económica permanente y que para ello recurrirá a cualquier método;
4. Que no es posible forma alguna de panamericanismo, pues en América se ha reproducido la lucha tradicional entre los pueblos del norte y los del sur de Europa, con la diferencia que los Iberoamericanos no han sabido mantener la hegemonía que les legó España;

5. Que hay que rescatar el concepto de unidad de Bolívar para restablecer la hegemonía del Ibero americanismo;
6. Que los pueblos se desmoralizan, producto de la ideología defensiva imperante que los convierte en víctima del invasor;
7. Que debe intensificarse la organización cultural, política, económica y militar de cada una de nuestras repúblicas para enfrentar cada intervención yanki.

"Nuestra labor ha dado fruto: Puerto Rico, es la estimación internacional, no es ya una mera posesión de Estados Unidos. Es una nación civilizada con derecho a la libre determinación de sus propios destinos"

Son principios fundamentales del nacionalismo Albizuista:

1. Integridad nacional como el concepto de que el patrimonio territorial es sagrado y no sustentable y es único.
2. Unidad nacional: es irrenunciable el privilegio de ser puertorriqueño.
3. Paz e independencia. Necesarios el uno para el otro.

Juramento Albizuista:

Juremos aquí solemnemente que defenderemos el ideal Nacionalista y que sacrificaremos nuestra hacienda y nuestra vida si fuera preciso por la independencia de nuestra Patria.

En toda la historia del Albizuísmo se efectúan solamente cuatro atentados personales.
Sus objetivos son:
1. El coronel Riggs.
2. Santiago Iglesias Pantín.
3. El juez Robert Cooper.
4. General Blanton Winship.

Ninguno es puertorriqueño y cada uno de ellos justificó con su conducta la agresión.

El 11 de mayo. Albizu Campos es electo presidente del Partido Nacionalista en la Asamblea que celebra la colectividad en el Ateneo Puertorriqueño en San Juan.

En el Ateneo en San Juan.

Don Pedro Albizu Campos (Centro) comparte con amigos y seguidores durante la conmemoración del Grito de Lares. Casa Alcaldía de Lares. Lares, Puerto Rico. 23 de septiembre de 1930.

Pedro Albizu Campos (centro) siendo recibido en el ayuntamiento de Lares durante la conmemoración del Grito de Lares. Esta fue su primera participación en su carácter de presidente del Partido Nacionalista. Lares, Puerto Rico. 23 de septiembre de 1930.

Don Pedro Albizu Campos (Segundo de izquierda a derecha) participa del homenaje que le rindió el Ateneo Puertorriqueño al periodista cubano Sergio Carbó (Tercero de izquierda a derecha). San Juan, Puerto Rico. 1931.

Pedro Albizu Campos (Centro) durante un banquete dedicado a Francisco Pagán Rodríguez (A la derecha de Albizu Campos) delegado del Congreso Hispanoamericano. La actividad fue auspiciada por la Federación de Estudiantes y por el Partido Nacionalista. Hotel Condado. Condado, Puerto Rico. 1933. Cortesía: Universidad del Sagrado Corazón.

Antonio Vélez Alvarado acompaña a Pedro Albizu Campos - saliendo del Tribunal Federal de San Juan en 1936.

Década del 30

En 1930, Pedro Albizu Campos, comprometido cabalmente con la independencia de nuestra patria, es electo presidente del Partido Nacionalista. De inmediato comienza la más infame canallada de poder de los gobernantes yankis. Nuestro pueblo respeta a Don Pedro, lo respalda y lo quiere; pronto lo llamará El Maestro. Washington, bajo la presidencia de Franklin Delano Roosevelt, responde con la política de mano dura.
uniforme: falda negra (campana polka), blusa blanca, chalina negra, cruz negra en el brazo izquierdo y gorrito negro adornado con dos machetes en miniatura cruzados y una estrella, para los efectos de la campaña y de comisiones.
Las Hijas de la Libertad también se reestructuraron e imitaron la trayectoria de sus mentoras Nacionalistas. Como parte de la reorganización militar comenzaron a usar uniforme, que consistía en falda, blusa y gorra, "cuyos colores hacían juego con el uniforme de los Cadetes."

También se otorgaron rangos militares.
Por ejemplo, Margot Adrover era la capitana de las Hijas de la Libertad de Jayuya,
la directora del Cuerpo de Enfermeras de Ponce, María Hernández, era enfermera de profesión
El respeto se manifestó en la inclusión de algunas mujeres en los cuadros revolucionarios del movimiento libertador. Entre ellas destacan, Blanca Canales,

Candita Collazo, Julia de Burgos y María Roura González de Quiñones Escuté. Canales, quien fue Hija de la Libertad y Enfermera de la República, narra en sus memorias que tuvo el privilegio de ser aceptada en el grupo de revolucionarios del Partido Nacionalista para participar en misiones y en actividades de lucha subterránea. Collazo también fue integrante de las Hijas de la Libertad y, en 1937, fue acusada y enjuiciada por colocar, junto a otros Nacionalistas, una bomba envuelta en una bandera de Estados Unidos en el balcón de la residencia del Sacerdote Aguilera. La poeta Julia de Burgos fue vicepresidenta de las Hijas de la Libertad y formaba parte de un grupo Nacionalista que llevaba a cabo prácticas de tiro al blanco en una finca en Río Piedras.

El Partido Nacionalista y el pueblo de Utuado:
El 9 de noviembre del 1930: 6 meses después de Don Pedro Albizu Campos ser electo presidente. En la Primera Asamblea de Utuado En el Teatro Herrera, 22 Utuadeños aceptaron unirse al partido.
Entre ellos, Gustavo Medina: sastre y músico. Fue presidente de la Junta Municipal y Capitán de los Cadetes. Tenía a su mando 45 cadetes.
El 26 de diciembre del 1931 se constituyó una subjunta en el barrio Ángeles.
Luis Rivera: Presidente.
Juan Toledo: vicepresidente.
Daniel Marrero hijo: secretario.
Francisco Álvarez: tesorero.
En el 1931: Los estudiantes de la Escuela Superior de Utuado también formaron una subjunta.
Bienvenido Figueroa: presidente, Manuel Mejías: vicepresidente, Adrián Cortés: secretario y Francisco Salvá: Tesorero
Bienvenido Figueroa en el 1931 dirigió la subjunta de la escuela superior Luis Muñoz Rivera de Utuado entre 1936-37, con solo 23 años fue el secretario del partido de la Junta Municipal de Utuado.
12 de noviembre del 1931 ocurre el caso del Dr. Arthur P. Rhoads.
Luis Baldoni presenta su renuncia el 2 de enero 1932. Baldoni le hace llegar la carta del Dr. Rhoads a Don Pedro por recomendación de su tía Lola.
El 23 de mayo de 1932 Pedro Albizu Campos habla en un mitin en la plaza pública de Utuado. Lo acompañaron; Juan A. Corretjer, Lcdo. Federico Vilella, Rev. Domingo Marrero, y el Lcdo. José Paniagua. Pedro Carrasquillo es otro de los oradores.
En el 1933 La junta es reorganizada y el Lcdo. José Paniagua es electo Vocal.
En el 1935 es asesinado el Nacionalista de 23 años Víctor Manuel Rivera Figueroa:
El 17 de abril de 1935 un cuerpo fue hallado con un disparo en la cabeza en la playa de Isla Verde. Se llegó a la conclusión de que no fue un suicidio. El caso se quedó sin esclarecer.

El 25 de enero de 1936 hay un encuentro Nacionalistas Vs. Liberales
El Partido Liberal llevó a cabo una manifestación en la plaza pública en Utuado. Los del grupo portaban insignias y la bandera puertorriqueña que no era símbolo oficial para ese entonces.

Hacía tiempo los Nacionalistas y los Liberales llevaban disputándose las banderas como estandarte de sus respectivas organizaciones.

Según los Nacionalistas de la época, la persona o grupo que no fuera a defenderla con la vida no tenían el derecho de portarla.

La situación se volvió tensa, cuando los Nacionalistas, entre ellos Luis Baldoni, vieron a los liberales con la bandera.

Luis Baldoni intervino con el grupo tratando de arrebatársela. Hubo un forcejeo para tomar la bandera, lo que provocó que se rompiera el asta.

Tal situación se convirtió en un motín y miembros de la policía tuvieron que intervenir. Baldoni sacó un revólver, las autoridades trataron de desarmarlo y éste le disparo al policía Barrios y al jefe de la policía Francisco Vélez Ortiz. Baldoni alegó que actuó en defensa propia.

A Vélez Ortiz una bala le rozó su brazo izquierdo. Barrios recibió un disparo en el brazo derecho y fue recluido de emergencia en la clínica del Dr. Susoni de Arecibo.

Vélez Ortiz le dio un contundente golpe por la cabeza a Baldoni.

De los civiles hubo un solo herido de bala de nombre Claudio Nieves.

Desde la Comandancia de Arecibo se enviaron policías para ayudar a mantener el orden en Utuado.

Luis Baldoni cumplió entre 1-2 años de cárcel.

Edelmira Santana para el 1936 el FBI la calificaba como miembro honorario del partido.

La Directora la componían: Juanita Ojeda, Presidente.

En la junta había un Secretario, un Tesorero y un Jefe de los Cadetes.

En el 1936 Edgardo Pérez fue presidente, Bienvenido Figueroa Secretario y Edelmira Santana la Tesorera.

En ese año entre los cadetes están; Elias Beauchamp y Gilberto Martínez.

Muere asesinado Ángel Mario Martínez y La Junta Municipal Nacionalista de Utuado se convierte en Junta Municipal Nacionalista de Utuado Ángel Mario Martínez.

En el 1936 Francisco Galeno Cabán es un agricultor, Dueño de fincas, fábrica de tabaco. Se presentó a corte con $90,000 para fiar a Don Pedro luego de su arresto después de La Masacre de Rico Piedras.

El 9 de febrero de 1936 se celebra la Asamblea por la independencia de Puerto Rico. Entre los oradores están Juan A. Corretjer y Bienvenido Figueroa de El Partido Nacionalista de Puerto Rico.

Jesús Ramírez por el Partido Liberal, Amadeo Rodríguez Vargas del Partido Socialista y Gerardo Vargas del Partido Comunista.

El 23 de febrero, 1936

Ángel Mario Martínez asesinado por la policía.

Pedro Crespo herido por la policía, sobrevivió.

Entierro de Martínez, nacionalista muerto en Utuado.

Horas después de los asesinatos de Elías Beauchamp e Hiram Rosado.
La policía interceptó a Ángel Mario Martínez y Pedro Crespo mientras se hallaban en el cafetín, El Osiris. Eran provenientes del Barrio Caguana y eran choferes públicos.
Se desató un tiroteo entre la policía y los Nacionalistas.
El agente Marrero resultó herido en su mano derecha.
Martínez fue muerto acribillado, luego de haber sido herido en la espalda.
El teniente Vélez acorraló a Crespo y lo golpeó en la cabeza.
Pedro Crespo herido por la policía, sobrevivió.
El 28 de abril de 1936 el policía Antonio Marrero recibió cuatro balazos por parte del Nacionalista Vázquez Pineda.
Guillermo Vázquez Pineda de 21 años es un gran amigo de Ángel Mario.
Pineda estuvo en la cárcel Oso Blanco entre 4-5 años. En la cárcel se le conocía como "El Nacional".
De los años 30's
José Ginard era otro destacado Nacionalista.
El Lcdo. Luis Pérez Matos. Era Nacionalista. (Se cambio al Partido Liberal) y en el 1947 es presidente del partido liberal de todo Puerto Rico.
Bienvenido Figueroa es uno de los Nacionalistas destacados.
José "Pepito" Lafontaine es asesinado.
Pepito Lafontaine dueño de fincas de café en Utuado. Pequeño de cuerpo, de mucho arraigo entre los campesinos, fuerte y delgado, gran tirador, valiente
José "Pepito" Lafontaine era el dirigente campesino más destacado de Utuado y sus pueblos limítrofes. Era uno de los lideres más destacados del Partido Nacionalista.
Una tarde, casi al anochecer recibió una puñalada por un peón de confianza; trabajador agrícola de su finca y fue acusado por la muerte de Lafontaine. Falleció horas más tarde.
El gobierno le ofreció un buen trato y grandes consideraciones al acusado, este no cumplió cárcel por los hechos.
José Lafontaine era el tío de José Aníbal Gerena Lafontaine, conocido como "La Palomilla".
Entre algunas de las visitas de lideres Nacionalistas a Utuado en los 30's: Pedro Albizu Campos y Juan A. Corretjer. El Rev. Domingo Marrero: fue profesor de Teología de la Universidad de Puerto Rico (1940-1960). El Lcdo. José Paniagua Serracante fue abogado, escritor, periodista Obdulia Bauzá: fue poeta, Juez del Tribunal Supremo. Participó en la redacción de la constitución para la Republica de Puerto Rico del Partido Nacionalista. En los 50's fue uno de los fiscales en contra de los Nacionalistas. José Buitrago: en el 1940 fue Cadete de la República. Fue miembro de la primera Junta de Directores del Instituto de Cultura PR (1955) y primer Administrador general WIPR- Radio y en el 1960: fue Secretario y Asesor Legal.

Entre 1941-42 Eduardo Pérez Ayala era el Presidente, Bienvenido Figueroa era el Secretario y Juanita Ojeda era la Tesorera.
Entre 1943-46 Oscar Colón Delgado era el Presidente de la junta.
En el 1946 Julio Ortiz era el vicepresidente de la junta.
1948:
Luis Baldoni y Bienvenido Figueroa aparecen en las listas del FBI sobre los Cadetes de la República.
Juanita Ojeda y Pedro Castro seguían activos en el Partido Nacionalista.
Heriberto Castro es el Presidente y Capitán de los Cadetes, Damián Torres es el Tesorero, Manuel González Torres es Secretario.
*Para ese año Juanita Ojeda también ocupó la presidencia de la junta.
En el mes de Diciembre Damián Torres es el Presidente, Heriberto Castro es el Capitán de los Cadetes y Rafael Negrón Saldaña es el Tesorero.
1949: En el mes de diciembre en una Asamblea General del Partido Nacionalista de Puerto Rico en el Teatro Navas de Arecibo, se nombró la Junta Nacional. Para el distrito de Arecibo se designó a Damián Torres.

1950:
Damián Torres es el presidente de La Junta Municipal Nacionalista de Utuado Ángel Mario Martínez.
Heriberto Castro es el Capitán de los Cadetes.
Rafael Negrón Saldaña es el secretario.
Gilberto Martínez es Nacionalista y cadete y es uno de los participantes de la Insurrección Nacionalista. Efraín Gil de Lamadrid es encarcelado en el 1950, miembro del partido.
Se celebra mitin público en Utuado (sin fecha) en donde asisten:
Julio de Santiago Galafate, el presidente Interino del Partido Nacionalista y Oscar Colón Maldonado es el presidente Interino de la Junta de Utuado.
Algunos de los resultados en el Incidente de Utuado durante los actos del 1950 resultaron heridos:
1. Antonio Ramos.
2. Eladio Olivero: herido de bala en la espalda y otro en la pierna derecha.
3. Gilberto Martínez: una bala le rozó un brazo.
4. Ángel Colón: herido en la nariz.
5. Heriberto Castro: herido de 2 tiros de carabina, uno en el cuello y otro en el pecho. Falleció.
6. José Álvarez Torres (Bombero) y Ramon Cabañas
7. David Torres Ramos (La Ardilla): murió en el acto.
8. José Ángel de Jesús: falleció. No tenía nada que ver con los Nacionalistas.
Mueren: Julio Colón Feliciano, Antonio Ramos Rosario, Agustín Quiñones y Antonio González.
Son acusados: Damián Torres, José Ángel Medina y José Avilés.

Tomás González y Octavio Ramos fueron acusados por la muerte de José Ángel de Jesús.
Carlos Jordán era otro Nacionalista de Utuado.
En la calle Washington había un oficial con una ametralladora
Carlos Rodríguez Alicea fue el Sargento de la Guardia Nacional que murió.
De la policía muere el cabo Luis Rivera Cardona y resultaron heridos Juan J. Torres Mateo y Jaime Nieves Vázquez

En noviembre 14, 1950 Juan Esteves Núñez Laracuente intentó incendiar el edificio del correo y del servicio telefónico que estaba ubicado en frente a la plaza pública. Núñez andaba con un envase de cristal lleno de queroseno y una lata. Fue sorprendido por la policía cuando trataba de prender fuego. Se dio a la fuga, pero luego fue capturado. Cumplió una pena de aproximadamente tres años por "Tentativa de Incendio Malicioso".
Damián Torres nació el 27 de diciembre de 1912 en Utuado. Tenía un negocio frente a la plaza pública de Utuado en donde vendía ropa, joyería, telas y calzado.
Heriberto Castro nació el 22 de abril de 1922. Carpintero. Su familia era Nacionalista y su padre Pedro Castro era Nacionalista desde los 30's. Heriberto ingresó al Partido a los catorce años.
Gilberto Martínez es Nacionalista y cadete, es uno de los participantes de la Insurrección Nacionalista del 1950.
Arturo Chabriel era cadete Nacionalista y era el dueño de "La Plaza Modelo".
Los hermanos José y Rufo Noya eran hombres de confianza de Albizu.
José "Pepe" Noya era dueño de un garaje en Rio Piedras y era de la mayor confianza de Albizu Campos.
Algunos resultados en Utuado por los actos del 1950
Fueron arrestados los padres de Heriberto Castro, su hermano Carlos, su esposa, hija y otros miembros de su familia.
Josefa Emilia Ríos era la madre de Heriberto Castro.
También fueron encarcelados la esposa y el hijo de Jordán.
La mayoría estuvieron arrestados en Arecibo.
Para el 17 de mayo de 1951, fueron trasladados a la cárcel La Princesa en San Juan.
En julio del 1952 fueron procesados.
Fueron vistos en Tribunal por grupo, a excepción de Damián Torres, quien se defendió solo.
Los abogados eran: Hernández Vallé, Hernández Vargas y Ángel Cruz Cruz.
Hernández Vallé fue preso por el ataque Nacionalista al congreso de EEUU en 1954.
Algunos de los que testificaron en contra de los Nacionalistas estaban los ex-Nacionalistas Gabriel Arvelo y Emilio Cortés Fontanilla; Luis Andújar, ex -

empleado de Damián Torres; el bombero Moisés Montero; Longinos Medina, testigo ocular de los hechos; y el policía Marcelo Cacho, entre otros.

Resultados
1-Damian Torres:
Asesinato en primer grado: Sentencia a perpetua.
Ataque para cometer asesinato: de 6 a 14 años en presidio.
Portación de armas: 8 meses de cárcel.

2- Gilberto Martínez: asesinato en primer grado: sentencia a perpetua.
Asesinato en primer grado: sentencia a perpetua.
Ataque para cometer asesinato: de 4-6 años en el presidio.
No registro de armas de fuego: 6 meses de cárcel.
Portar armas: 1 año de cárcel.

3-José Ángel Medina:
asesinato en primer grado: sentencia a perpetua.
asesinato en primer grado: sentencia a perpetua.
asesinato en primer grado: de 4-6 años en el presidio.
No registro de armas de fuego: 6 meses de cárcel.
Portación de armas: 1 año de cárcel.

4-José Avilés Massanet:
asesinato en primer grado: sentencia a perpetua.
asesinato en primer grado: sentencia a perpetua.
Ataque para cometer asesinato: de 4- 6 años en el presidio.

5-Eladio Olivero:
asesinato en primer grado: sentencia a perpetua.
asesinato en primer grado: sentencia a perpetua.
Ataque para cometer asesinato: de 4- 6 años en el presidio.
No registro de armas de fuego: 6 meses de cárcel.
Portación de armas: 1 año de cárcel.

6-Angel Colón:
asesinato en primer grado: sentencia a perpetua.
asesinato en primer grado: sentencia a perpetua.
Ataque para cometer asesinato: de 4- 6 años en el presidio.
No registro de armas de fuego: 6 meses de cárcel.

7-Tomás González:
asesinato en primer grado: sentencia a perpetua.

asesinato en primer grado: sentencia a perpetua.
Ataque para cometer asesinato: de 4- 6 años en el presidio.
No registro de armas de fuego: 6 meses de cárcel.
Portación de armas: 1 año de cárcel.

8-Octavio Ramos:
asesinato en primer grado: sentencia a perpetua.
Ataque para cometer asesinato: de 4- 6 años en el presidio.
*excarcelados en libertad bajo palabra por el Gobernador Sánchez Vilella en el año 1968.
La Junta Municipal Nacionalista de Utuado es nombrada Ángel Mario Martínez después de los actos del 1936.

Testigo de los fiscales:
Gabriel García Arvelo: ex -Nacionalista y cadete se convierte en testigo de los fiscales en 1950. Delató a los Nacionalistas en un acto diciendo que tenían un automóvil que contenía armas y bombas. Declaró en contra de Albizu Campos y otros Nacionalistas.

1930- 1939
Después de la Asamblea de 1930 muchos de los militantes Nacionalistas deciden retirarse de la vida pública porque veían la agresividad de Pedro Albizu Campos como un riesgo mayor.
Durante los 1932 a 1936 el Partido militarizó a su juventud en medio de todo el desastre económico y político que existía en toda la isla.

Nace el Partido Nacionalista de Puerto Rico el 17 de septiembre de 1922.
Se celebra Asamblea Constituyente en el Teatro Nuevo en Rio Piedras.
José Coll y Cuchi: Presidente
José S. Alegría: Vicepresidente

Se unen los dos sectores disidentes del Partido Unionista.
Asociación Nacionalista de José Coll y Cuchi
Asociación Independentista de José S. Alegría.
La directiva:
Federico Acosta Velarde, Rafael Bernabé, Miguel Marcos Morales, Antonio Vélez Alvarado, Ángel Villamil, P. Rivera, Collazo y Ramón Mayoral Barnés.
Ejército Libertador del Partido Nacionalista de Puerto Rico
1931-32: Cadetes de La República
Hijas de la Libertad
Cuerpo de Enfermeras

El uniforme de los Cadetes de la República consiste en una camisa negra de manga larga con botones negros con la insignia de la cruz de Jerusalén en el hombro izquierdo, pantalones blancos, guantes blancos, una corbata negra, un gorro militar negro tipo kepis, una correa negra y zapatos o botas negras. Los oficiales usan un saco blanco sobre la camisa y corbata negras, y un gorro de oficial blanco.

En el pasado desfilaban con rifles de madera.

Camiseta negra de manga larga y pantalón blanco.
Los oficiales: pantalón blanco, chaqueta blanca sobre la camisa y corbata, ambas negras. Usaban una gorra regular de oficial de color blanco
Las Hijas de la Libertad: falda, blusa y gorra, cuyos colores hacían juego con el de los Cadetes.
El uniforme de la Enfermeras era todo blanco.

En el 1924 Pedro Albizu Campos colabora con Mayoral Barnes en el periódico El Nacionalista de Ponce. Luego se convierte en El Nacionalista de Puerto Rico.
Presidente del Partido: Lcdo. Miguel Marcos Morales.
En el 1925 Pedro Albizu Campos es vicepresidente.
Albizu se convierte en el director del periódico El Nacionalista de Ponce y luego del El Nacionalista de Puerto Rico.
En el 1927 José Vasconcelos es el Delegado del Partido en Europa. Amigo de Albizu desde el 1926.

El 16 de abril de 1925 es la conmemoración de natalicio de José de Diego, celebrada en la Plaza Baldorioty de San Juan.
Como parte de su discurso, dice Pedro Albizu Campos "¡Bandera de los Estados Unidos, yo no te saludo, porque, aunque sea cierto que tú eres símbolo de una patria libre y soberana, en Puerto Rico representas la piratería y el pillaje!"
En el 1927 Federico Acosta Velarde es el presidente.
En el 1928-9 José S. Alegría es el presidente. En el 1929 ingresa al Partido Unión.

En el 1929 Antonio Ayuso Valdivieso es el presidente interino

En el 1930 Antonio Ayuso Valdivieso entrega la presidencia del partido.

El 11 de mayo de 1930 se celebra la Asamblea en el Ateneo Puertorriqueño. Albizu se queja de que no se oyera la voz de las mujeres.

En la asamblea renuncian José Coll Cuchi y Ayuso Valdivielso

Pedro Albizu Campos es electo presidente gracias al apoyo de la juventud Nacionalista
Rescata la bandera de Lares en la Conmemoración de El Grito de Lares y nombra al Dr. Ramon Emeterio Betances, como el Padre de La Patria. El nacionalismo procede de la histórica revolución de Lares en el 1868.
Dice Pedro Albizu Campos "El Nacionalismo es la patria organizada para el rescate de su soberanía".

Los organismos del partido son:
- Asamblea Nacional.
- Juntas Municipales.
- Subjuntas de Barrios.

La Asamblea Nacional era el cuerpo soberano del partido.
Se reúne anualmente
Elige los miembros de La Junta Nacional. Programa sus acciones/actividades.

Junta Nacional:
1. Presidente.
2. Vicepresidente
3. Tesorero.

Dos vocales: por cada uno de los distritos en que se hallaba divida la Isla.
*luego cambia.
Secretario.
1er vicepresidente,
Segundo vicepresidente,
El presidente tenía/tiene el derecho de a nombrar entre las personas de confianza un Secretario General y un Secretario de Relaciones Exteriores como integrantes de La Junta Nacional.

Las Junta Municipales:
Presidente
Vicepresidente
Secretario
Tesorero
Vocales

Subjuntas:

Ejecutar resoluciones, acuerdos y encomiendas del Partido.

1930: el mandato de la Junta nacional: debe darse la participación de las damas.
1932: presidente honorario Marcos Morales.

El 23 de marzo de 1931 28 jóvenes redactaron la constitución de la Asociación Patriótica de Jóvenes Puertorriqueños (A.P.J.P).

Firmaron: Manuel Rivera Matos (Secretario General del Partido Nacionalista), Antonio Pacheco Padró y Carlos Carreras Benítez. Padró y Benítez luego pertenecieron al Partido Nacionalista.

Nombran a Don Pedro Albizu Campos como Presidente honorario y consejero de la Asociación.

Se convierten en los Cadetes de la República para aumentar la disciplina, mejorar la condición física y estimular el patriotismo por la patria.

El 16 de septiembre de 1931 la Asociación patriótica de los Cadetes se presentó uniformada por primera vez en público con motivo del natalicio de Ramón Emeterio Betances en Cabo Rojo.
Significado:

Pantalón blanco: te lleva hacia la luz.
Zapatos y camisa negros de manga larga: el luto de la patria por la opresión colonial.

Insignia de la Cruz de Jerusalén en el hombro izquierdo y un gorro militar tipo kepis (se inspira en el que usaba Albizu Campos en la Universidad de Harvard).
La cruz es también la cruz que figura en el escudo de Puerto Rico.

1932
Oscar Collazo visita la Junta Nacional en la Calle Cristo en el Viejo San Juan y conoce al viejo líder Nacionalista Buenaventura Rodríguez Lugo.
El 3 de junio de 1932 se presentó en el local de la Junta Nacionalista y fue presentado a la directiva de la APJP.
Al par de meses ingresó al Partido Nacionalista.
Negros en el Cuerpo de cadetes: Tomas López de Victoria, Félix Feliciano Morales, Casimiro Berenguer, Osiris Delgado y Dionisio Pearson.

Tomas y Berenguer: fueron capitanes en Ponce. Eran espiritistas.

Nemesio Vera era uno de los cadetes desde el 1930 de Mayagüez

1932
Hijas de La Libertad. Marzo de 1932.
José A. Buitrago: expresidente de la asociación
Se opone a la militarización de los jóvenes.
El 6 de noviembre se celebra la asamblea en Bayamón
Elías Beauchamp: Capitán de los Cadetes.
Vicente Feliu Balseiro: Teniente primero
Rafael C. Ramírez: Teniente segundo
Rigoberto Mediavilla: Sargento primero.
   El 22 de octubre de 1932 se celebra La Asamblea General para dar forma al Estado Mayor del Cuerpo de Cadetes
Inocencio Tirado: Jefe del Estado Mayor.
José Enamorado Cuesta: Comandante de Instrucción. Había sido capitán de Infantería de la Reserva hasta el 1929. Está en el 1934 en Nueva York -en la Junta de del Comité de Propaganda Internacional del Partido

   El 8 de marzo de 1932 Luis García Casanova es el Vicepresidente del Partido, farmacéutico en Caguas.
   Lamia Azize Mawad: de origen libanés residiendo en Caguas.
   Es electa presidenta de La Asociación Hijas de la Libertad.
   En Julio de 1932 la Junta de Damas Nacionalistas: falda negra, blusa blanca, chalina negra, dos machetes en miniatura cruzados y una estrella.
   Las Hijas de la Libertad: falda, blusa y gorra haciendo juego con el uniforme de los cadetes.

El 23 de mayo de 1932 se celebra un mitin en la plaza pública de Utuado con Pedro Albizu Campos.

Aparición pública por primera vez de Las Hijas de la Libertad.
60 y 150 jóvenes bajo el mando de Luis Baldoni.

El 12 de diciembre de 1933 durante la Asamblea General Extraordinaria del Partido Nacionalista celebrada en Humacao los delegados decidieron que los Cadetes quedaran bajo la presidencia de Albizu Campos y la Junta Nacional del Partido Nacionalista de Puerto Rico.

Según el reglamento para ser cadete debía ser miembro bona-fide del partido, y tener de 18 a 38 años.
Pero hubo cadetes menores de 18 años.
El 1935 se organiza el Cuerpo de Enfermeras del Partido Nacionalista.

*camisa negra y pantalón blanco limpio y planchado.

1934:
José Lamerio es el Secretario General.
El 16 de abril de 1934, se celebra el día de la conmemoración de José de Diego con Pedro Albizu Campos.
Aguedo Ramos Medina es el comandante general de los Cadetes

El 24 de marzo en la Plaza Baldorioty del Viejo San Juan el profesor Clemente Pereda comienza un ayuno voluntario por siete días.
Fricción entre la Junta de Mayagüez y La Junta Nacional.

Juan Escanellas es el Capitán de los Cadetes. Dice que hacía tiempo la Junta está buscando desvincularse del Partido y había echado a los elementos rebeldes de la Junta. Trataron de disolver los Cadetes de Mayagüez.
La Junta Nacional decidió expulsar a ese liderato que participó en los actos de indisciplina.

Las Juntas Municipales apoyaron las acciones de Pedro Albizu Campos y La Junta Nacional.
12 de agosto de 1934 se organiza una Directiva provisional.
Juan Escanellas: Vicepresidente y Capitán de los cadetes.
Dominga Cruz Becerril: Secretaria (Hijas de la Libertad).
Orlando Colon Leiro: Vocal, Cadete y luego capitán
19 de agosto de 1934:
Albizu se presentó en Mayagüez y se constituyó la nueva Junta de Mayagüez.
Juan Gallardo: Vicepresidente (cadete).
Dominga Cruz Becerril: Tesorera.
Rafael García Toro: Secretario y cadete.
Orlando Colón Leiro: Vocal.

El liderato disidente de Mayagüez estuvo activo posteriormente en la creación de la Junta de Mayagüez Pro-Independencia de Puerto Rico y luego reorganizarse en un Partido Independentista local.

1935

La Junta Nacionalista de Mayagüez se queja por la militarización del partido. Los disidentes mayagüezanos defendían un tipo de nacionalismo que difería tanto de la política de 1922 como de la de 1930.
No sólo encabezaron la resistencia al proceso de militarización, sino que fundaron una Junta Independiente en la ciudad.
Los líderes de aquella revuelta fueron Juan A. y Salvador Perea, Regino Cabassa y Emilio Soler López descendiente de cafetaleros catalanes.
A mediados del 1935 se descubrió la existencia de un plan en el interior del partido con el propósito de sacar a Albizu Campos de la presidencia y hasta se consideró el asesinato contra Albizu Campos.
Son expulsados del partido: Emilio Soler y Regino Cabassa.

Se descubre un complot para asesinar a Don Pedro Albizu Campos a mediados del 1935 durante una reunión secreta de la Junta de Santurce.
Ramon S. Pagan: estuvo presente en la reunión secreta.
Aguedo Ramos Medina: presidente Junta de Santurce. Comandante de Instrucción de los cadetes.
José Lameiro: ex secretario general. Expulsado un poco antes por insubordinación por parte de La Junta Municipal de Santurce.
*Juan Arce: estuvo presente confirmo que se trataba de asesinar a Albizu Campos.
Reunión el 5 de agosto en la casa de: Lcdo. Carlos Santana Becerra.
Presentes: Ramon S. Pagan Medina, Lameiro Casimiro Rodríguez, Abelardo Diaz Pratts y Juan Arce.
Están en desacuerdo con a la destitución de Lameiro como Sec. General y de Medina y de Águedo como tesorero y al Contralor del Tesoro, Ramón S. Pagan.
Lameiro fue el que dijo que había que eliminar a Albizu y que lo podía hacer con su primo Antonio Monteserrin (Jefe de la Detective), Pagan intervino y le dijo a Lameiro que estaba loco.

El 30 de diciembre de 1935 Luis F, Velázquez, es nombrado Secretario General.
6 de octubre: reunión de las Juntas Municipales y la Junta Nacional.
Ramon S. pagan le ratificó a Don Pedro lo que le había contado y las acusaciones en contra de Albizu.
Decían los conspiradores que era seductor, ladrón, vividor, paranoico, que llevaba el partido a la ruina.

El 19 de noviembre de 1935 Juan Antonio Corretjer hizo público en el periódico El Imparcial que había existido una conspiración entre el gobierno y algunos

Nacionalistas para asesinar a Albizu Campos y que Pagán había sido asesinado por el régimen por denunciar el plan.

8 de diciembre de 1935
En una Magna Asamblea Nacionalista Pedro Albizu Campos es reelecto presidente.
El Cuerpo de Cadetes y el Cuerpo de Enfermeras se organizan en el Ejército Libertador.
Manuel Rivera Matos quien había sido Secretario General se desligó del partido Nacionalista.
También renuncio Pedro Velázquez, quien renunció como Secretario de la Junta Municipal de Arroyo. Nunca aceptó los Cadetes.
Clemente Soto Vélez es oficial de los Cadetes en Caguas.
Se reorganizo el Estado mayor del Ejército Libertador:
Pedro Albizu Campos es nombrado el Comandante en jefe.
Rafael Ortiz Pacheco es el coronel de infantería e instructor general.
Julio F. Velázquez es el ayudante del instructor general y mayor de infantería.

1935:
El Semanario La Palabra luego pasó a llamarse La Acción.
Estanislao Lugo: sobreviviente de la Masacre de Ponce.
Nemesio Vera: Cadete de Mayagüez.
Osiris Delgado: Cadete
Oscar Collazo: Capitán de los Cadetes en Ciales.
Pedro Castro: Presidente de la Junta de Utuado en 1935.
Carmelo Delgado Delgado: instructor de los cadetes en Guayama.
Vicepresidente de la Junta Nacionalista en Madrid, España.
Estudiaba Derecho en Madrid, se enlistó a luchar como voluntario en el ejército republicano, fue arrestado y fusilado.
Carlos Barrera Benítez: Nacionalista y amigo de Carmelo Delgado.
Hiram Rosado: Comandante de los Cadetes

El 13 de octubre de 1935 se celebra la Asamblea Extraordinaria de La Junta Nacionalista de Santurce en el Teatro Paramount.

Juan Antonio Corretjer: Presidente.
Martin Avilés Bracero: Vicepresidente.
José C. Santiago: Secretario
Arístides Cordero: Tesorero.
Vocales: Francisco Rosado Cartagena, Pedro A. Sarkis, Manuel Ávila, Amelio Ríos, José Castro Chacón, Rolando Martínez y Pedro González Boullerce.

1936

DOMINGO SALTARI CRESPO, el que, cuando Santiago Iglesias Pantin, en Mayagüez, hacía un panegírico al gobierno yanqui, no pudo contener su ímpetu de santa cólera, y le disparó su pistola, sin lograr herirle, gracias al micrófono que recibió el impacto. Saltarí Crespo fué sentenciado a ocho años de reclusión por atentado a la vida que cumplió serenamente.

Plinio Graciani: comandante de los Cadetes en Ponce.
Elifaz Escobar: teniente de los Cadetes en Ponce.

El 11 de 1936 nombraron a Hiram Rosado como comandante y lo incorporaron al Estado Mayor. También ascendieron provisionalmente a: Francisco Ballester y Martínez de Mayagüez y a Pablo José Santiago de Rio Piedras como capitanes.
Porfirio Diaz es el secretario militar de Mayagüez.
Juan A. Corretjer es el Secretario General.

Octubre de 1936: El Cuerpo de los cadetes de Mayagüez.
Benicio Colón Leiro es hermano del capitán Orlando Colón.
Se lleva a cabo un atentado contra el Comisionado Santiago Iglesias Pantin.
Domingo Saltari Crespo es el Sargento de los cadetes. Fue sentenciado a diez años de prisión por el atentado en contra de Iglesias Pantin, los cuales cumplió.
Águedo Ramos Medina es el líder del partido en Santurce.
Rafael Ortiz Pacheco es el comandante de Instrucción.
Juan F. Velázquez es el ayudante de instrucción.

1936. Sentencia donde se detalla la convicción de un año a Juan Antonio Corretjer por negarse a entregarle a un Gran Jurado documentos del Partido Nacionalista de Puerto Rico.

1937
Rafael Burgos Fuentes de Cayey es el Coronel de los Cadetes.
Candita Collazo es parte de las Hijas de la Libertad.
Julia de Burgos fue presidenta y vicepresidenta de las Hijas de la Libertad.

1938:
Ramón Medina Ramírez es el presidente interino del Partido Nacionalista.
  Se activan la Asociación Hijas de la Libertad, Asociación Patriótica de Jóvenes Puertorriqueños, Junta de Damas Nacionalistas, Cuerpo de Enfermeras del Partido Nacionalista de Puerto Rico.

Historia sobre directivas del Partido Nacionalista de Puerto Rico

Esto fue un informe del FBI en el 1936.
Este informe señala una fortaleza organizativa del Partido Nacionalista en la región oriental de la Isla. Crecimiento que debe estar relacionado a la huelga de la caña de 1934.

Documento que se consideraba secreto y que cubría una investigación hecha del 10 al 20 de febrero de 1936, La investigación fue hecha por los Agentes D. Dilillo de la oficina de Pittsburgh y Edgar K. Thompson del negociado.
De acuerdo con la información que contienen los reportes confidenciales de J.M. Hernández, el movimiento nacionalista se han extendido por toda la isla de Puerto rico. En cada localidad existe una Junta Local con su respectivo oficial, La Junta Local está relacionada y supervisada por la Junta Nacional, con cuarteles Generales en Aguas Buenas.
Asambleas Nacionalistas de 1930,1932,1933, 1935,1937, 1938.
Referencia:
Nosotros Solos
(Pedro Albizu Campos y el Nacionalismo Irlandés),
Por: Juan Ángel Silén
1996 -Editorial Librería Norberto González

Gurabo:
José González Quiñones: presidente
Benigno Carrasquillo: vicepresidente.
José Ángel De León: secretario.
Aproximadamente 25 personas conocidas como nacionalistas.

Isla de Vieques
Ángel Pérez: presidente
Herminio Gómez: Vicepresidente.
Adrián Emeric: Tesorero.
Marcalo Rivera: miembro del Concilio
Nacionalistas: 20

Guayama
Eugenio Vera: Comandante de los Cadetes,
Luis Caballero: Miembro del Concilio.
Adolfo Caballero: Miembro del Concilio. Comandante las fuerzas del sur.

Jorge Caballero: Excomandante de las Fuerzas del Sur.
20 nacionalistas.

Arroyo
Santiago Ortiz Jr.: presidente.
Nieto Semiai: vicepresidente.
Pedro Félix Velásquez: tesorero.
250 nacionalistas.

Patillas
Aurelio Santiago: presidente
Juan Rivera: vicepresidente.
Miembros del Concilio José Sánchez y Fernando Valle.

Barranquitas
León Rivera: Presidente.
Félix A. Guerrero: vicepresidente. Maestro.
Ramon Guzmán: Secretario.
Brígido Barrios: Miembro del Concilio.

Aguadilla
Gonzalo Balette: presidente. (Director del periódico semanario "Tribunal Libre")
Juan García Marín: vicepresidente.
20 nacionalistas.

Aguada
Baltazar Quiñones: Presidente.
Ramon Domenech:Tesorero.
Emilio Bou: Secretario.
Luis Olivadi y Osvaldo Ruiz: miembros del Concilio.
Rafael Ramírez: Asistente de del Superintendente de escuelas en Aguada es miembro activo nacionalista.
Domenech fue cabo de La Guardia Nacional y ahora Instructor de los Cadetes.

Rincón
Juan Antonio Castillo: Presidente
Francisco Pérez: secretario.
Francisco Colon Guerra: Tesorero.

Isabela
Ramon Medina Ramírez: Presidente
Virgilio Medina Daliz: vicepresidente

Carlos Samalot: Secretario.
Francisco Oyoroga Abreu:miembro del Concilo.
517 nacionalistas.
50 cadete entrenados bajo el liderato de Ramon Abreu, Segundo Teniente y el Cabo Manuel Giral.

Lares
Luis Ledesma: presidente
Ángel Santiago López: Secretario.
Salvadore Vilella: miembro del Concilio. Abogado.
Francisco Seilvestrini: Miembron del concilio.
Nacionalistas:20

Arecibo
Ulpinio crespo: presidente
Adolfo Pérez Simono: Secretario. Maestro.
Isaías Crespo. Miembro del Concilio. Abogado.
Nacionalistas: 300
Tiene dos compañías de Cadetes de la República, con 40 miembros cada una, bajo el comando de el Capitán Ruiz Diaz y Roberto Porta Correa.
José Lupisqui Reyto delegado por la independencia de Puerto Rico en Cuba, Venezuela, Santo Domingo y Haití.

Utuado
Eduardo Pérez: Presidente.
Bienvenido Figueroa: Secretario.
Edelmira Dávila: Tesorera.
Nacionalistas: 108
Un grupo de 45 Cadetes comandados por Gustavo Medina.
*1935; 29 de octubre una bomba explotó en la oficina postal de Utuado.
*1936: el 23 de febrero de 1936 el jefe de la policía de Utuado fue ajusticiado por miembros del Partido Nacionalista.
El mismo día que Elias Beauchamp y Hiram Rosado fueron asesinados después de ajusticiar al Coronel Elisha Francis Riggs.

Barceloneta
Juan Cancel Matos: presidente.
Julio Cancel Matos: vicepresidente.
Juan Rivera Hernández: Secretario.
Julio Rodríguez: Tesorero.
Nacionalistas: 30

San Juan
Hermelindo Santiago: presidente.
José Rivera Lebrón: vicepresidente.
Anfiliporo Gándara: secretario.
Joaquín Arzuaga: Tesorero.
Bien conocidos líderes son:
Luis F. Velázquez: Tesorero General de la Republica.
José enamorado Cuesta: Formalmente de Ponce y ahora emisario en España y Francia.
Luis F. Velázquez Jr.: estudiante de la Universidad de Puerto en Rio Piedras.
Buena Ventura Rodríguez: alegadamente manufacturero de bombas.
Graciani Miranda Archilla: Director de la publicación "Alma Latina".
Pero González: conocido como Sandino, por el líder sandinista de Nicaragua.
Manuel Rivera Matos: reportero.
José Lameiro: extesorero del partido.
Narciso Basso y Horacio Basso: dos pilotos conocidos por los Cadetes de la República como la división de aviación del ejercito revolucionario.
José Sacarrante: Abogado.
Pablo Rosado: Capitán de los Cadetes.
Abelardo Casanova Pratts: Abogado.
*se cree que Hiram Rosado está emparentado con Pablo Rosado.

Bayamón
Placido Hernández: Presidente.
Juan Alamo Diaz: vicepresidente,
Jorge Pérez Otero: secretario.
Tomas C. Ongay: tesorero.
Miembros del Concilio: Ana Ramírez de Mediavialla, Mirta Gutiérrez de Arroyo, Edmundo B. Fernández y Andrés Diaz.
*confidencias dicen que Pablo Santiago Lavandero es un estudiante de leyes en la Universidad de Puerto Rico, Coronel del ejército de Albizu Campos, es miembro de la Guardia Nacional y al mismo tiempo es sargento en el ROTC, siendo instruido por un Capitán del Ejército de los Estados Unidos.
Nacionalistas: 300

Dorado
José Bermúdez: Presidente
Pelegrín López Santana; Tesorero.
Apolonio Malecio: secretario.
Miembros del Concilio: Gonzalo Rodríguez, Secundino Claudio, Benito Santana.

Los lideres más importantes son: Pedro Bermúdez Jr., Santiago Nieves, José Nieves, Pedro Claudio, Ramon Claudio, Francisco Rodríguez, Pedro Bermúdez y Arturo Figarella Valera.

Vega Baja
Juan Dater Jr.: presidente.
Miembros del Concilio: Fermín Arraíza, Pedro R. Valle y Manuel Arraíza.
Los lideres más importantes son: Roberto Trapaga, Francisco Arraíza, David Rodríguez, Jacinto Seijo, Genaro Otero y Américo Derez Gonzales.

Comerio
Ernesto Sánchez Ortiz: presidente.
Ángel Cobián Espina: vicepresidente.
Los lideres más importantes son: Rafael Cobián Espina, Ramon Romero y Cándido Torres.
Nacionalistas: 100

Vega Alta
Manuel Medina Jr.: presidente.
Francisco Seijo: vicepresidente.
Manuel Maldonado: tesorero.

Toa Baja
No hay Concilio.
Los miembros más activos son: Jesús Vázquez, Martin Soler, Justo Diaz y Galo Melecio.
Nacionalistas: 100

Cataño
No hay Concilio.
Los miembros más activos son: Paulino Castro, Manuel Fernández Mascaro, Héctor Ramos Mimoso y Agustín Pérez, Jr.
Paulino Castro: es el administrador del periódico Nacionalista "La Palabra".
Mimoso y Pérez son estudiantes de leyes en la Universidad de Puerto Rico.
Nacionalistas: 40

Humacao
Ramon Nadal: presidente.
Félix Feliciano Morales: vicepresidente.
Águedo Mojica Marrero: secretario.
Sixto Peña: tesorero.
Alejando de León: miembro del Concilio.

Los miembros más activos son: Eugenio Ortiz, Alejandro Cerra y Pedro Pérez Pimentel.
Nacionalistas: 50

Yabucoa
Joaquín Cintrón: presidente
Marino Colón: vicepresidente.
Rafael Dávila Ortiz: secretario.
Miembros del Concilio: Leónides Martínez y Rafael Berrios.
Los lideres más importantes son; Jacinto Delgado, Raimundo Suarez, Rafael Ángel Berrios y Julio Cintrón Jr.
Nacionalistas: 100. La mayoría jóvenes entre las edades de 18 y 20 años.

Naguabo
Alfredo Escalona: presidente.
Alfredo Cintrón: secretario.
Justo Ramon Rivera: miembro del Concilio.
*en diciembre del 1923 Alejandro López trato de izar la bandera Nacionalista frente a una propiedad particular durante la fiesta de inauguración del edificio municipal. El dueño de dicho edificio objetó la acción por lo cual López le disparo al dueño, sin lograr matarlo. López fue multado por $100.00

Maunabo
Modesto Delgado: presidente.
Crucita Carrasquillo: vicepresidenta.
Ramón Ortiz: secretario.
Claudio Rivera: tesorero.
Miembros del Concilio: Sebastián Ortiz, Francisco Torres y Sicilio Dávila.
Nacionalistas 100.
José Miguel Dávila: ingeniero químico se destaca en las actividades nacionalistas,

Fajardo
Ignacio Rodríguez: presidente.
Vicente Pacheco: presidente Honorario.
Juan Mendis: vicepresidente.
Jesús Siaca Pacheco: secretario.
Gregorio Méndez: Tesorero.
Miembros del Concilio: Luis Ramos y Juan Ramos.
Nacionalistas: 141
Existe una compañía de Cadetes de la República comanda por el Capitán Salvador Nenadich.

Mayagüez
Juan Galdardo: presidente.
Zenón Zapata: secretario.
Orlando Colón: tesorero.
Nacionalistas: 362
Se destacan: Claudio Vázquez y Juan Francisco González.
Existe una compañía de Cadetes, de 48 miembros a cargo de Orlando Colón.
*visita del presidente de los Estados Unidos Theodore Roosevelt a Mayagüez en Junio de 1934.
*1935: el nacionalista Abraham Valentín Hernández fue arrestado acusado de tratar de ir ajusticiar a Beniamino, jefe de la policía de Rio Piedras por el asesinato ocurrido en Rio Piedras el 24 de octubre del 1935.

Lajas
Urcicinio Pugal Rodríguez: presidente.
Maximino Morales; vicepresidente.
Julio Milán: tesorero.
Nacionalistas: 25

Añascó
No hay concilio.
Los lideres más importas son: José Cassau, Francisco Arroyo y Fabian Méndez.

Cabo Rojo
No hay Concilio.
Los lideres más reconocidos son: Ovidio Martí Pabón, Pedro Torres y Eurípides Dávila.

San German
Pedro Ulises Pabón: presidente
Mario Frau Colón: vicepresidente.
Frau Tui Álvarez: tesorero.
José A. Martínez: secretario.
José Toro Nazario: abogado, miembro del Concilio.
*entre 1932 y 1933 existió un cuerpo de cadetes de 68 soldados jóvenes.

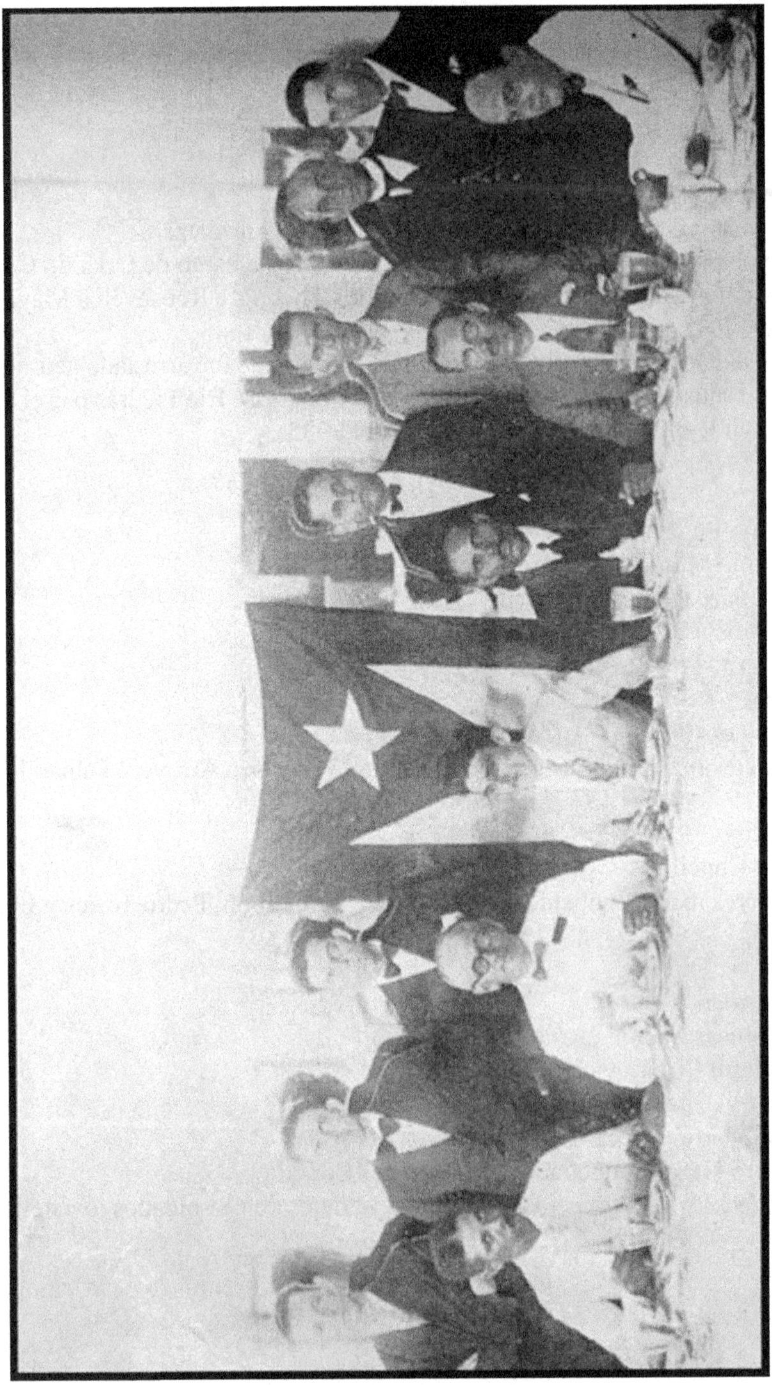

Capitulo II
Los Cadetes de la República y las Hijas de La Libertad desde 1930

Los Cadetes existían como organización obligatoria para todos los miembros del partido desde el 1930.

Es por esta razón que, en julio de 1932, siguiendo la orientación de los Cadetes de la República, las mujeres de la Junta de Damas Nacionalistas de San Juan deciden militarizarse y adoptan un uniforme: falda negra (campana polka), blusa blanca, chalina negra, cruz negra en el brazo izquierdo y gorrito negro adornado con dos machetes en miniatura cruzados y una estrella, para los efectos de la campaña y de comisiones.

La organización juvenil oficial dentro del Partido Nacionalista de Puerto Rico fue denominada el Ejercito Libertador de Puerto Rico o Cadetes de la República. No todos los cadetes han sido miembros de la Juventud Nacionalista y no todos los miembros de la Juventud Nacionalista (JNPR) necesariamente han sido cadetes.

El uniforme de los Cadetes de la República consiste en una camisa negra de manga larga con botones negros con la insignia de la cruz de Jerusalén en el hombro izquierdo, pantalones blancos, guantes blancos, una corbata negra, un gorro militar negro tipo kepis, una correa negra y zapatos o botas negras. Los oficiales usan un saco blanco sobre la camisa y corbata negras, y un gorro de oficial blanco.

El color negro de la camisa simboliza el luto por la patria en cautiverio colonial. El uso del negro como elemento simbólico fue originalmente adoptado por el Patriota Don Ramón Emeterio Betances (El Antillano) e inspirado del Carbonarismo, una sociedad política secreta, que jugó un papel importante, en Francia e Italia, especialmente durante las primeras décadas del siglo XIX.

El uniforme solo era utilizado en las conmemoraciones y desfiles que se organizaban. Los cadetes tenían prohibido, además, llevar armas a los desfiles y actividades del partido.

A principios de los años 30, hubo variantes en respecto al aspecto relativo del uniforme. Para el año 1934, el uniforme de los Cadetes de la República ya estaba establecido básicamente como es usado en el presente. Pero aun hoy existen variaciones que resultan producto de la falta de, o acceso a, recursos.

La insignia del Partido Nacionalista de Puerto Rico (PNPR) se lleva en el lado izquierdo del gorro de cadete y sobre el brazo izquierdo de las camisas. Esta consiste en un parcho redondo con un fondo negro y una Cruz Potenzada blanca en su centro. Esta es la misma insignia que aparece en la bandera Nacionalista. La Cruz Potenzada es un signo de la Luz Divina y la Vida, que, junto a la eterna presencia del Maestro Don Pedro Albizu Campos, es un símbolo sagrado y duradero del Partido Nacionalista.

La Cruz Potenzada tiene brazos con extremos que terminan en "T" (taus). Esta cruz es a veces conocida como la Cruz de Jerusalén o la Cruz Tau. La Cruz Potenzada se utilizó en la alquimia del siglo XVII (17) como el símbolo del crisol (Creuse), el caldero en el que se funden los metales.

En el pasado, los Cadetes se componían exclusivamente de miembros varones. La organización juvenil femenina del Partido Nacionalista de Puerto Rico se componía entonces del Cuerpo de Enfermeras y/o las Hijas de la Libertad y su uniforme era el mismo de los cadetes, excepto por el uso de faldas blancas en vez de pantalones.

En la historia de la lucha por la libertad, la independencia y la soberanía de nuestra Nación, los Cadetes de la República (Ejército Libertador de Puerto Rico), como el cuerpo militar del Partido Nacionalista de Puerto Rico, se ha ganado los más altos honores. Los Cadetes de la República fueron la creación del propio Don Pedro Albizu Campos, y representan el curso y la continuación de la organización y la disciplina, la cual el Maestro instituyó como el deber más necesario para la liberación de Puerto Rico y la fundación de la Gran Nación Puertorriqueña.

El Nacionalismo es la Patria organizada para el rescate de su soberanía
- Don Pedro Albizu Campos

Los Cadetes de la República, como el cuerpo militar del Partido Nacionalista de Puerto Rico, tiene sus inicios en los primeros dos años de la década de los 30. Nuestro Consagrado e Iluminado Maestro, Don Pedro Albizu Campos, proveyó su estructura y naturaleza militar. Para el Maestro, la organización y la diciplina son la llave para el victorioso desarrollo de la lucha por la independencia y soberanía de Puerto Rico.

No será hasta que nuestra Nación alcance el bien supremo de la Libertad, la Igualdad y la Fraternidad, que la historia completa de Cadetes de la República será contada. Nos dice Don Juan Antonio Corretjer que existen elementos de la lucha, así como los méritos heroicos de muchos, y la deshonra de algunos, que al menos por ahora, inevitablemente deben mantenerse en silencio. Uno de los sacrificios requeridos por la organización y la diciplina revolucionaria es la discreción.

Durante la década de los años 30, varias compañías de Cadetes de la República se organizaron en la isla. Todas llevaron a cabo tareas importantes de organización y disciplina militar como método de entrenamiento y desarrollo Nacionalista.

El 17 de diciembre de 1932, se celebró la Asamblea General del Partido Nacionalista en el Teatro Victoria de Humacao.
Se designó entonces una comisión encargada de redactar la nueva constitución de la República de Puerto Rico.
Allí mismo se procedió también a la creación de una milicia popular que llevaría la denominación de Cadetes de La República.

Las oficinas de la Junta Nacional del Partido Nacionalista de Puerto Rico estaban localizadas en el número 11 de la Calle del Cristo, en el Viejo San Juan. Era desde allí que el Estado Mayor dirigía el cuerpo de cadetes. El Estado Mayor estaba compuesto por la Presidencia del Partido Nacionalista.

Los ejercicios militares se llevaban a cabo en el Arsenal, en el sector conocido como la Marina. La instrucción militar estaba a cargo de veteranos de las filas del Partido Nacionalista. La doctrina militar utilizada siempre fue variada. A principio de los 30, existieron también variaciones en respecto al comando, rango y doctrina militar utilizadas por los Cadetes de la República.

Las actividades de los Cadetes de la República a través de la isla no se limitaron nunca a entrenamientos locales y actividades disciplinarias, también hubo concentraciones de compañías en actos nacionales. Uno de estos actos se celebró el 6 de abril (cumpleaños de José de Diego) del 1934 en la plaza de Barrio Obrero en Santurce, donde compañías de cadetes de los pueblos de Utuado, Caguas y Mayagüez participaron.
En la Convención de Caguas de 1935 se trata de extender ese carácter a otros Nacionalistas.
"Su naturaleza era aumentar la disciplina, mejorar la condición física de todos los miembros del partido y aumentar su devoción por la patria".

Luego de la encarcelación de Don Pedro Albizu Campos en 1936, el desarrollo de los Cadetes de la República como una organización militar abierta fue gravemente alterado. La persecución llevada a cabo por el régimen colonial en la isla obligó a la organización a operar con extrema discreción. Durante este tiempo, de los Cadetes de la República solo participaron abiertamente en celebraciones nacionales públicas, como las de la conmemoración del Grito de Lares, el cumpleaños de José de Diego, etc.

Un buen ejemplo de la represión y persecución en contra de la organización lo fue el incidente ocurrido el día 21 de Marzo del 1937, Domingo de Ramos, cuando los Cadetes de la República y las Hijas de la Libertad se congregaron en la ciudad de Ponce para una demonstración pacífica organizada por el Partido Nacionalista. La policía abrió fuego contra los participantes matando sobre veintiuna personas inocentes e hiriendo sobre150, este trágico acto se conoce como la Masacre de Ponce.

Beauchamp y Rosado son dos cadetes que llevaron a cabo la ejecución del jefe de la Policía Francis Riggs

También en 1936 el Comisionado Residente Santiago Iglesias Pantín fue herido durante un intento por parte de partidarios del Partido Nacionalista de Puerto Rico. Este canalla en más de una ocasión pedía la represión y la cárcel en contra de Don Pedro y miembros del Partido Nacionalista de Puerto Rico.

Además, hubo otros atentados contra el Juez Robert. A. Cooper quien sentenció a Albizu Campos y al responsable de la Masacre de Ponce, el Gobernador Blanton B. Winship. Estos últimos tres atentados fracasaran y ocasionará que terminen presos altos oficiales del cuerpo de cadetes y líderes del Partido Nacionalista como Domingo Saltari Crespo, Raimundo Díaz Pacheco y Tomás López de Victoria.

Los Cadetes de la República se mantuvieron activos hasta el 1947, cuando Don Pedro Albizu Campos regresó luego de haber estado encarcelado en Atlanta, Georgia. Los Cadetes de la República estuvieron directamente involucrados en las preparaciones militares para el levantamiento armado de octubre del 1950, conocido como la Insurrección del 1950, la cual terminó con 25 patriotas muertos y el arresto de Albizu. Después de estos eventos, en los que varios valientes cadetes como Raimundo Díaz Pacheco, ofrendaron sus vidas, los Cadetes de la República cesaron de funcionar como órgano militar oficialmente organizado por el Partido Nacionalista.

A finales del 1970 y el comienzo del 1980, los Cadetes de la República fueron reorganizados en Puerto Rico, como un solo cuerpo compuesto de cadetes varones y hembras. En el 1980, la organización ya contaba con dos compañías, una en Arecibo y la otra en Vega Baja. La Junta de Nueva York del Partido Nacionalista de Puerto Rico está actualmente reorganizando su propio cuerpo de Cadetes de la República.

Los Cadetes de la República participan en ceremonias oficiales del Partido Nacionalista, como paradas, funerales y actos conmemorativos. En el pasado, los Cadetes cargaban rifles de madera y los oficiales llevaban sables militares ceremoniales. Los Cadetes siempre llevan los símbolos Nacionalistas, como la bandera puertorriqueña, la de Lares y la Nacionalista.

Las Hijas de la Libertad
Cuerpo de enfermeras de la República de Puerto Rico
Partido Nacionalista de Puerto Rico, 1932-1937

"Luego de la elección de Pedro Albizu Campos como Presidente del Partido Nacionalista de Puerto Rico, el 11 de mayo de 1930, las mujeres comenzaron a ser reclutadas, integradas y organizadas dentro de la colectividad. No debe extrañar esa acción, pues el nuevo presidente favorecía la participación política de la mujer en el estado colonial siempre y cuando su compromiso político estuviese al servicio de la lucha por la independencia de la Isla. Puerto Rico necesitaba la mujer libertadora, aquella dispuesta a dar su vida por la libertad de la patria. A ella iban dirigidas sus prédicas: "Saludemos a la mujer libertadora. La patria quiere sumarse inmediatamente a sus fuerzas."
El 16 de noviembre de 1930 Pedro Albizu Campos y Juan Antonio Corretjer realizan una Asamblea del Partido Nacionalista de Puerto Rico en Vieques, donde se constituye el primer grupo de mujeres Nacionalistas del país. "Vosotras, dijo Albizu Campos a las mujeres viequenses, ocuparéis un puesto de honor en la historia patria porque sois el primer grupo de mujeres que en forma organizada os disponéis a defender la independencia de Puerto Rico".

En 1932, un grupo de sesenta y dos jóvenes Nacionalistas, estudiantes de la Escuela Superior Central de Caguas, reunidas en el hogar del vicepresidente del Partido Nacionalista de Puerto Rico, Luis García Casanova, tomó la iniciativa de organizar la Asociación de las Hijas de la Libertad en esa ciudad. Lamia Azize Mawad fue electa la presidenta de la Asociación.

Las Juntas de Damas del Partido Nacionalista, las Hijas de la Libertad se organizaron en los principales pueblos de la Isla: Aguadilla, Arecibo, Guayama, Jayuya, Ponce, Humacao, Mayagüez, Utuado, Río Piedras, Santurce y San Juan.
La primera vez que la prensa informó sobre la presencia de las Hijas de la Libertad fue el 28 de mayo de 1932, en el periódico El Mundo, con motivo de un mitin celebrado en Utuado, el 23 de mayo, que contó con la participación de Pedro Albizu Campos. Ese día, las sesenta jóvenes que componían el capítulo local de las Hijas de la Libertad marcharon por las calles de la población junto al batallón local

de la Asociación Patriótica de Jóvenes Puertorriqueños, compuesto por ciento cincuenta miembros, bajo el mando de Luis Baldoni Martinez.

En julio de 1932, siguiendo la orientación de los Cadetes de la República, las mujeres de la Junta de Damas Nacionalistas de San Juan deciden militarizarse y adoptan un uniforme: falda negra (campana polka), blusa blanca, chalina negra, cruz negra en el brazo izquierdo y gorrito negro adornado con dos machetes en miniatura cruzados y una estrella, para los efectos de la campaña y de comisiones.
Las Hijas de la Libertad también se reestructuraron e imitaron la trayectoria de sus mentoras Nacionalistas. Como parte de la reorganización militar comenzaron a usar uniforme, que consistía en falda, blusa y gorra, "cuyos colores hacían juego con el uniforme de los Cadetes."
También se otorgaron rangos militares. Por ejemplo, Margot Adrover era la capitana de las Hijas de la Libertad de Jayuya.

En marzo de 1933, las asociadas organizaron, en la ciudad de Caguas, una Asamblea Nacional Extraordinaria, en la cual se nombró el Consejo Nacional de la institución.

El 23 de diciembre de 1934, en la Decimocuarta Convención Nacional Ordinaria del Partido Nacionalista presentaron la resolución, firmada por Albizu Campos y otros reconocidos líderes del nacionalismo, que leía "Las mujeres bajo la denominación Hijas de la Libertad formarán el cuadro de enfermeras."
A las Enfermeras de la República se les otorgó un nuevo uniforme que era todo blanco, y se les invitaba a asistir a cursos de primeros auxilios, en donde debían "aprender a curar a un herido." Su función debía ser la de auxiliar a los cadetes en alguna situación que así lo ameritara. Además, eran instruidas en movimientos básicos militares ya que, al igual que las Hijas de la Libertad, las enfermeras tenían el deber de asistir y marchar en las conmemoraciones Nacionalistas.

Las Enfermeras de la República tuvieron corta vida ya que fueron desarticuladas en 1937, como consecuencia de la Masacre de Ponce

Entre ellas se destacan:

1- Blanca Canales, quien fue Hija de la Libertad y Enfermera de la República, narra en sus memorias que tuvo el privilegio de ser aceptada en el grupo de revolucionarios del Partido Nacionalista para participar en misiones y en actividades de lucha clandestina.
2- Candita Collazo Torres. Collazo también fue integrante de las Hijas de la Libertad y, en 1937, fue acusada y enjuiciada por colocar, junto a otros

Nacionalistas, una bomba envuelta en una bandera de Estados Unidos en el balcón de la residencia del Sacerdote Aguilera

3- Julia de Burgos. La poeta Julia de Burgos fue vicepresidenta de las Hijas de la Libertad y formaba parte de un grupo Nacionalista que llevaba a cabo prácticas de tiro al blanco en una finca en Río Piedras.

4- María Roura González de Quiñones Escuté. Participó en misiones clandestinas junto a los hombres del partido.

5- María Hernández, (Cambucha), fue la Directora del Cuerpo de Enfermeras de Ponce y era enfermera de profesión.

6-Dominga Cruz Becerril, la directora del Cuerpo de Enfermeras de Mayagüez.

Los Cadetes de la República

Los Cadetes de la República, 1932, del Batallón Julio Cesar Sandino que comandaba Pedro González Bougorsie en 1932 (Fotografías para la historia de Puerto Rico 1844-1952 -Osvaldo García)

1932
Caguas, Asociación Hijas de la Libertad.
Lamia Azize Mawad: de Siria, primera presidenta de las Hijas de la Libertad.

El Batallón Suárez Díaz durante su entrada al pueblo de Lares en los actos conmemorativos del Grito de Lares. Lares, Puerto Rico. 23 de septiembre de 1932. Cortesía: Universidad del Sagrado Corazón. Nota: El 16 de abril de 1932 (Natalicio de José de Diego) miembros del Partido Nacionalista llegaron al lado sur del Capitolio para evitar la aprobación de una ley que convertiría la bandera del Partido Nacionalista (Actual bandera de Puerto Rico) en bandera oficial de Puerto Rico. Ya en el Capitolio, hubo un forcejeo entre Nacionalistas y miembros de la Policía Insular. En el forcejeo se produjo el derrumbe de una baranda (El Capitolio estaba en reparaciones) y la muerte del joven Manuel Rafael Suárez Díaz (Primer mártir proclamado por el nacionalismo). Al final, el Proyecto de la ley no fue aprobado.

En 1932, el Partido Nacionalista perdió su credencial para participar en elecciones. Bajo el mando del Dr. Pedro Albizu Campos derivó a una organización de tendencia revolucionaria. La foto presenta Los Cadetes de la República - General Valero, de Fajardo, formados en la plaza de Humacao.

Los Cadetes

El Comandante Raimundo Diaz Pacheco.

Nuestra Julia de Burgos en El Cuerpo de Enfermeras del Partido Nacionalista de Puerto Rico.

Isolina Rondón

Roberto Acevedo

1937

Marzo 21 de 1937 en Ponce, el día de La Masacre.
Foto tomada minutos antes de que comenzara la Masacre.

Grupo de policías y cadetes en la calle Aurora esquina Marina esperando para comenzar el desfile del 21 de marzo de 1937

1937- Junta Nacionalista En Ponce y familiares recordando a los caídos en Ponce.

1937 en Guanica.

El joven que vaya a inscribirse tendrá que decir que es un ciudadano norteamericano y podrá ser movilizado por la fuerza como soldado para ayudar al Gobierno de Estados Unidos a la destrucción de la nacionalidad puertorriqueña.

Grito de Lares 1980

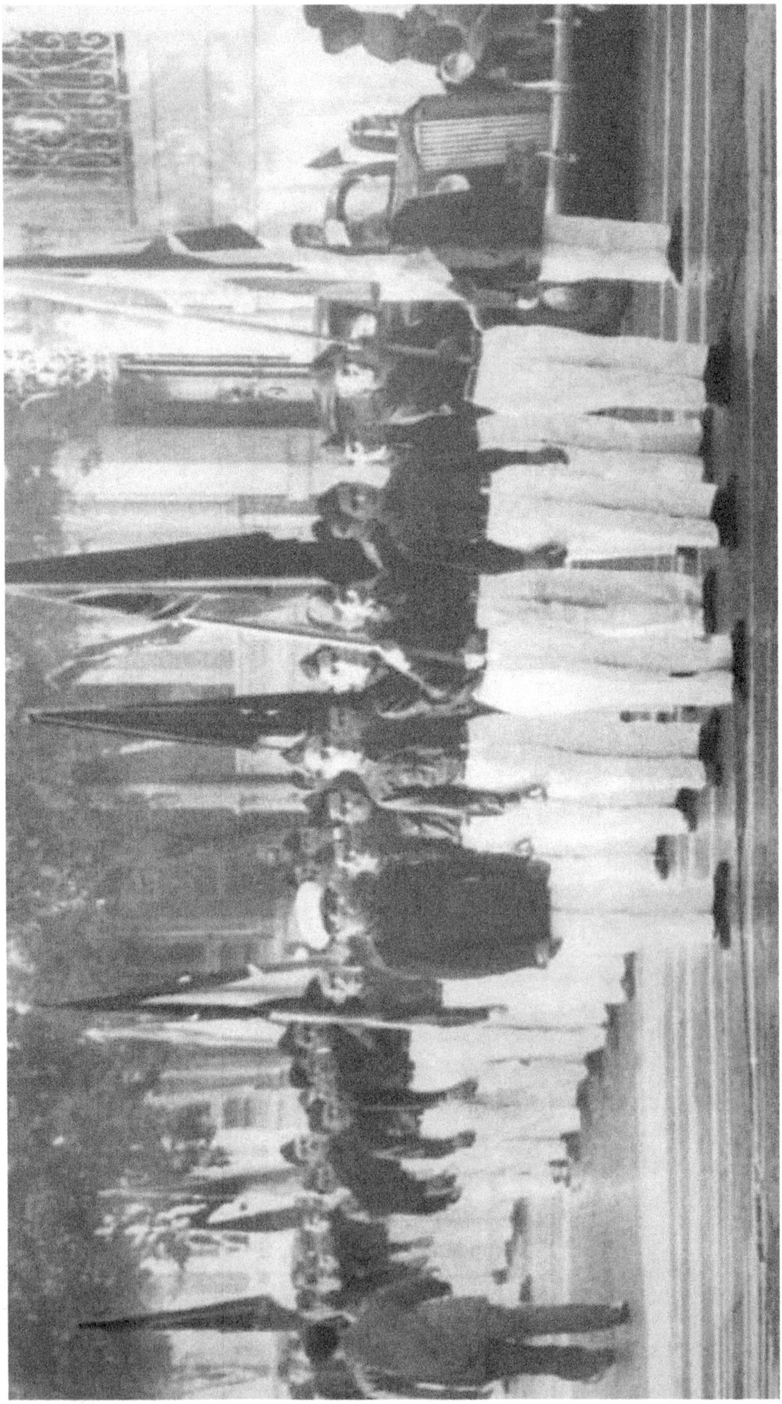

1944 - Los Cadetes de la República e Hijas de La Libertad al lado de la estatua de Simón Bolívar en el Parque Central de Nueva York, después de una celebración de El Grito De Lares.

Cadetes nacionalistas. Rafael Cancel Miranda, primera fila, cuarto de izquierda a derecha. c. 1945-1947.

María Trinidad Castillo Ramos
En su pueblo de Cayey, en el año 1946 vistiendo el uniforme del Partido Nacionalista.
María Trinidad Castillo Ramos, hija de Guillermo Castillo (El Turpial) y de doña Julia Ramos. María formaba parte de los cadetes de la República y "cayó en el cumplimiento del deber" el 9 de junio de 1949.

1947

15 de diciembre del 1947. Los Cadetes de la República del Partido Nacionalista de Puerto Rico Firmes bajo las órdenes del comandante Raimundo Díaz Pacheco en el recibimiento a Pedro Albizu Campos en el Parque Sixto Escobar. Foto del Imparcial.

15 de diciembre del 1947. Los Cadetes de la República del Partido Nacionalista de Puerto Rico Firmes bajo las órdenes del comandante Raimundo Díaz Pacheco en el recibimiento a Pedro Albizu Campos en el Parque Sixto Escobar.

1947: De izquierda a derecha; Víctor Pérez Mercado, Juan Rodríguez Cruz, Ezequiel Lugo, Carlos Feliciano (al centro) y a su lado izquierdo, Irvin Flores Rodríguez y Eladio Sotomayor Cancel en el recibimiento a Pedro Albizu Campos.

En Guanica, 25 de Julio de 1948 (foto de Gil Ramos Cancel)

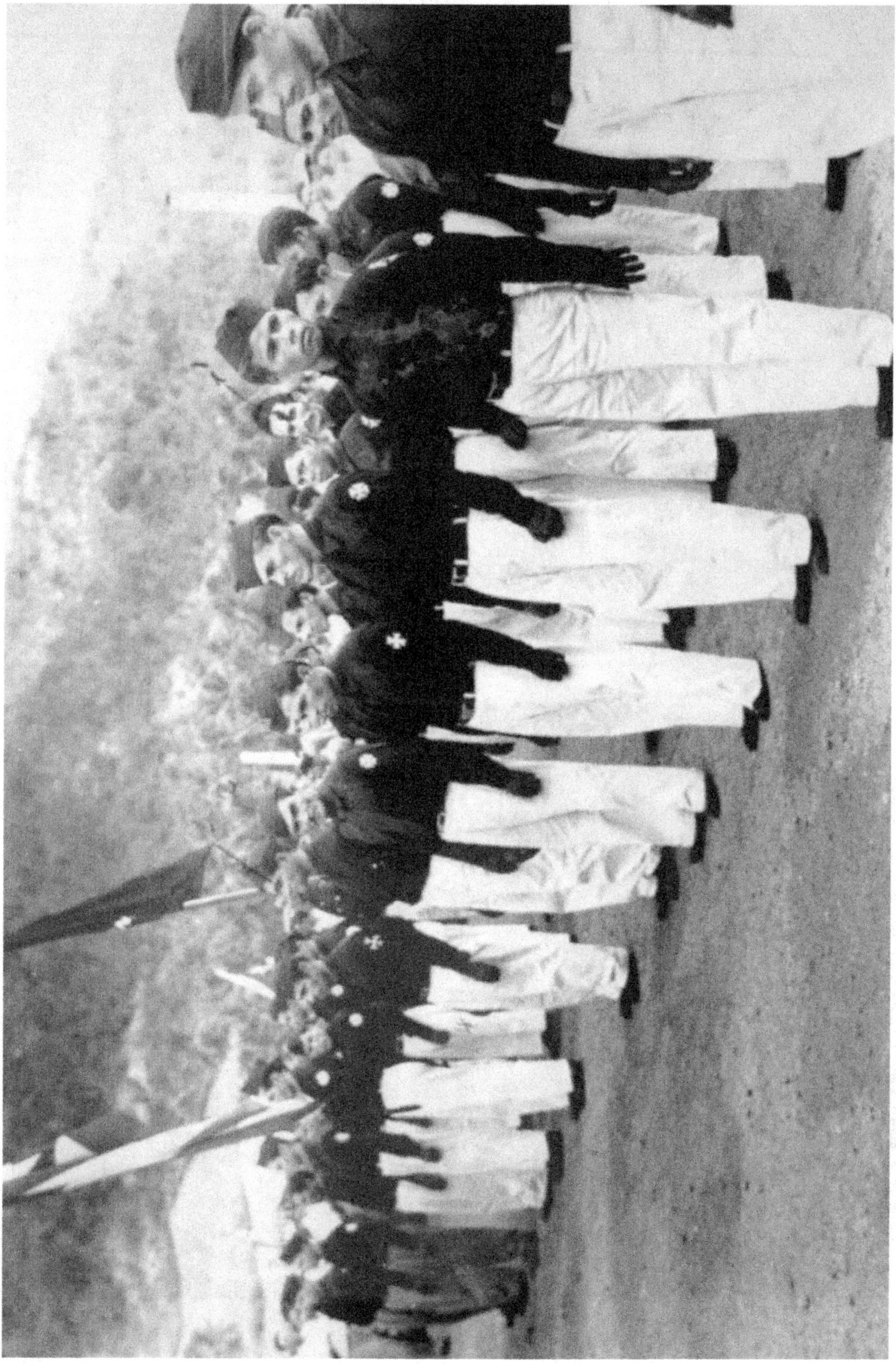

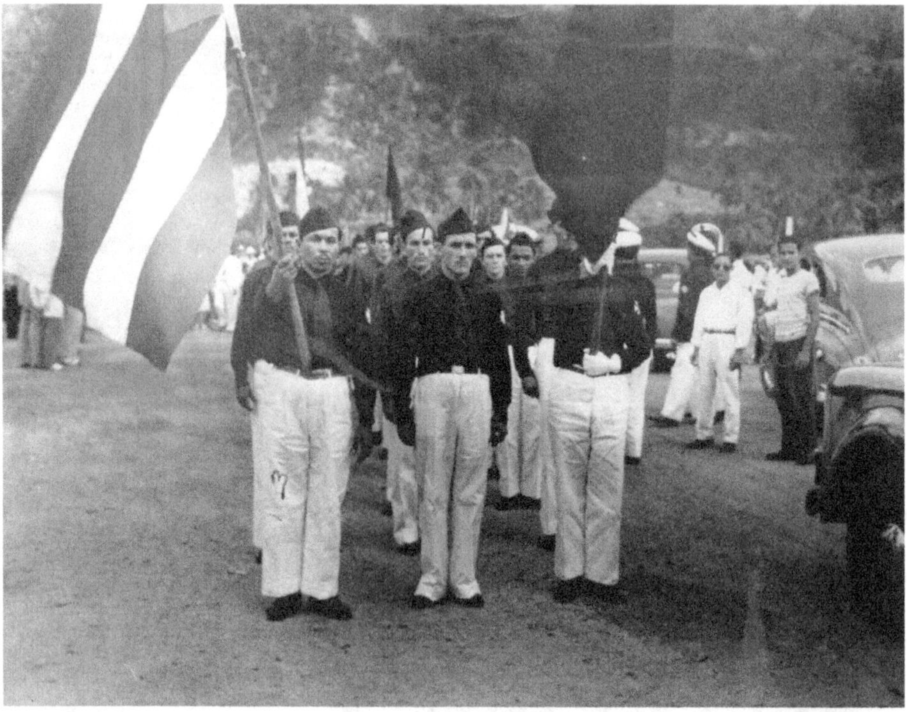

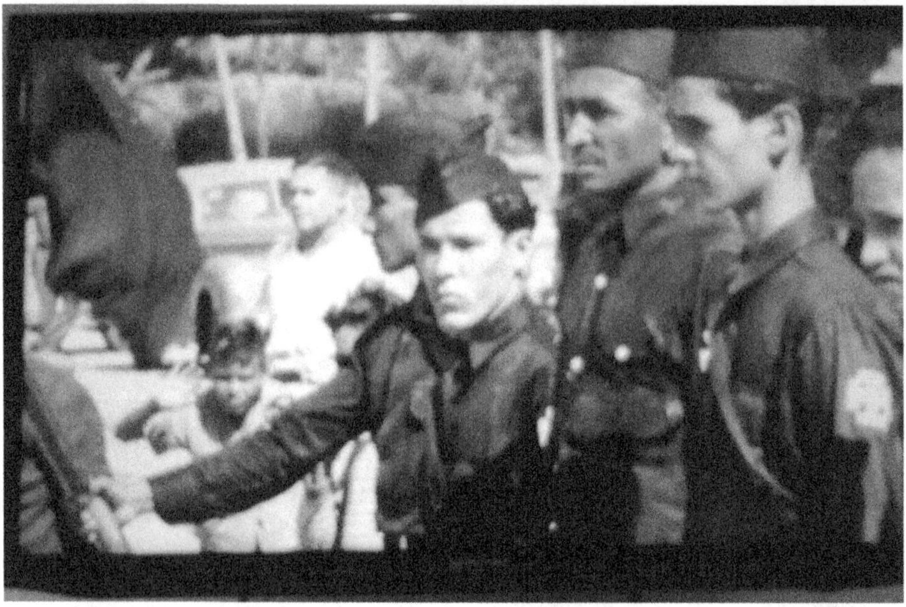

1948

1948 en el Grito de Lares.

Desfile de los cadetes de la República, Cabo rojo, 8 de abril de 1948.
Comandante Raimundo Diaz Pacheco dirige los Cadetes de La República. Rafael Cancel Miranda aparece al lado izquierdo vestido de cadete, al fondo.

1949

Lares, Septiembre 23, 1949 Foto de Gil Ramos Cancel.

De Lydia Collazo Cortez

Andrés Figueroa Cordero.

Lolita Lebrón en el desfile Nacional Puertorriqueño de Nueva York en el 1979.

También participó en el año 2000 cuando el desfile fue dedicado al Dr. Pedro Albizu Campos.

Capitana nacionalista (sin nombre)    Antonio Cruz Colón

Las siguientes fotos son de junio del año 2000 -Nueva York con motivo del Desfile Nacional Puertorriqueño dedicado a Don Pedro Albizu Campos.

Año 2000, Los Cadetes que viajaron desde Puerto Rico a Nueva York con motivo del Desfile Nacional Puertorriqueño dedicado a Don Pedro Albizu Campos, comandados por Antonio Cruz Colón (Toñito), Egmidio Marin Pagán (combatiende del 1950), Evaristo Gonzalez (Vice-presidente del Partido Nacionalista.) Nelson Rochet (Comandante de los Cadetes), José Castillo Morales y Zulma de Jesus entre otros.
Descansen en paz Don Bernardo Rivera y Toñito Cruz Colón.

Lolita Lebrón acompañada de Ponce Laspina, presidente de La Junta Nacionalista de Nueva York en el 2000, al lado izquierdo Rosa Meneses presidenta del Partido Nacionalista de Puerto Rico.

Cadetes de La República de Puerto Rico y Nueva York.

89

Capítulo III
El Servicio Militar Obligatorio y La Represión

1917-1954
El Servicio Militar Obligatorio y La Represión en contra de los Nacionalistas.

"El Congreso de Estados Unidos no tiene autoridad en ley ni en equidad para imponer el servicio militar obligatorio en Puerto Rico, privando así a los puertorriqueños de su libertad, de su vida y del disfrute de su propiedad mandándolos fuera por la fuerza a los remotos campos de batalla de Estados Unidos en todas partes del mundo, para ser mutilados, lisiados, enloquecidos y muertos, y a mutilar y matar a gente con quien no tienen pleito de clase alguna. El Pueblo de Puerto Rico no tiene representación en el Congreso de Estados Unidos, Puerto Rico no fue consultado en cuanto a la imposición del Servicio Militar Obligatorio, en su territorio, por Estados Unidos, y, por supuesto, no será consultado tampoco, en cuanto a cuando deberá el Congreso de Estados Unidos declarar la guerra contra cualquier nación, y así traer sobre los puertorriqueños todas las calamidades de la guerra. Tal cosa es claramente "injusta, injustificada, discriminatoria e inhumana"
— Pedro Albizu Campos.

En la misma década, entre 1917 y 1919, se reprime fuertemente a las personas que se oponían al Servicio Militar Obligatorio (SMO). Este hecho, muy poco conocido en la historia puertorriqueña, resultó en el encarcelamiento de más de 200 puertorriqueños.

En marzo de 1917 se les impuso colectivamente a los puertorriqueños la ciudadanía estadounidense.

En mayo el presidente Woodrow Wilson firmaba la ley del servicio militar compulsorio, que comenzó a regir en Puerto Rico el 5 de julio. A los pocos días comenzaría el desfile de puertorriqueños hacia las diferentes cárceles de los siete distritos del país.

Durante el periodo mencionado 5,041 puertorriqueños fueron declarados delincuentes por el Servicio Selectivo, De esta cifra más de 330 fueron arrestados, de los cuales 229 fueron puestos tras las rejas al ser sentenciados por no inscribirse en el registro militar o por no presentarse al examen físico compulsorio.

Las sentencias por estas violaciones fluctuaron desde un día de cárcel hasta un año, aunque en la practica la condena mayor fue de 33 días.

Florencio Ramos fue el primer puertorriqueño condenado a sufrir prisión federal por desobedecer la Ley del Servicio Militar Obligatorio de los Estados Unidos en Puerto Rico. Este reto ocurrió en el 1917.

Ramos sufrió dos años de cárcel en Atlanta.
Este patriota ingresó como miembro fundador del Partido Nacionalista de Puerto Rico en el 1922, y fue miembro del partido hasta su muerte.
Jesús Siaca Pacheco fue sentenciado y encarcelado en Tallahassee, Florida. Nunca llegó vivo a su hogar.
Fuente: Juan Antonio Corretjer: La sangre en la Huelga.

1937
12 de febrero de 1937: El tribunal supremo de Estados Unidos confirma la sentencia impuesta al liderato Nacionalista por la Corte Federal en San Juan.

21 de marzo 1937: En Ponce, la Junta Municipal Nacionalista solicita y obtiene de la Administración Municipal, permiso para organizar un desfile de cadetes y un mitin en la plaza pública de Ponce en protesta por el encarcelamiento del liderato Nacionalista. La policía se opone a la actividad y moviliza a centenares de agentes bien armados y con instrucciones de disparar a matar. Al iniciar los Nacionalistas el desfile en la esquina de las calles Marina y Aurora, la policía los tirotea, masacrando a 19 personas y dejando mal heridos a cerca de 200 personas. Este suceso se conoce como La Masacre de Ponce.

7 de junio: Albizu Campos y los otros siete lideres Nacionalistas son enviados a la Penitenciaria de Atlanta, Georgia en Estados Unidos.

Los Nacionalistas son acusados de atentar contra el juez Cooper después de que Albizu y los demás fueron enviado a Atlanta. Diez miembros de la junta nacionales son arrestados. Ocho son sentenciados a cumplir 5 años en Atlanta. Dos se hicieron testigos del gobierno: Jesús Casellas Torres y Aníbal Arsuago Casellas.
En Guánica: el juez Antonio Oliver Frau de la corte de Yauco ordena los arrestos de Alejandro Víctor Sallabery, Agapito del Toros Rivera, Enrique Chacón Izquierdo, Casimiro Alicea Morciglio, Ramon Rivera Pietri, Adrián Víctor Ramos, Ernesto Almodóvar Figueroa. Los cargos: estar colectando fondos para la defensa de los Nacionalistas encarcelados y violar las leyes de transportación.

El 13 de julio de 1937
Dos bombas explosivas
Alejandro "El Curita" Tulio Medina Rodríguez fue acusado junto a los Nacionalistas Antonio Buscaglia, Ramon Morales, Cruz Fajardo Archevald, Jesus Ruiz Arzola, Candita Collazo Torres, Virgilio Torres y Guillermo (William) Hernandez de atentado a la vida y actos dinamiteros por colocación de explosivos.
El primero fue colocado el 3 de julio de 1937 en la residencia del banquero y periodista republicano y anti-Nacionalista Pedro Juan Rosaly Cabreara en la Calle Mayor esquina Estrella de Ponce

El segundo el 6 de julio de 1937, en la residencia del párroco Nestor J. Aguilera de la iglesia Santa Teresita de la Calle Victoria de Ponce y Capellán del regimiento 296 de la Guardia nacional.

25 de agosto del 37: Arrestaran a diez Nacionalistas, entre ellos a Raimundo Diaz Pacheco, por atentar contra la vida del Juez Federal Robert A, Cooper el 8 de junio del mismo año, juez que presidiera el juicio del 1936 contra Albizu y sus compañeros

Septiembre: siete personas son arrestadas en Ciales por infracción a las leyes de tránsito. Acusados por obstruir el tránsito por colectar fondos por la carretera. José Padro Mislan, Eugenio Matos, Juan Ortiz Pérez, Lino Ortiz, José Figueroa Gómez y Ángel Manuel Rodríguez. Rodríguez era el presidente de la Junta en Ciales.

Octubre:
José A. "Nin" Negrón Rodríguez es encarcelado por explosivos.

Jesús Ruiz Arzola es confinado en el distrito de Ponce por tres semanas sin ninguna explicación.

1938
Enero
10 de enero: Raimundo Diaz Pacheco y los demás compañeros fueron condenados a cinco años de prisión.

Por el ataque a la residencia a la residencia del sacerdote anti-Nacionalista Néstor J. Aguilera y al banquero Pedro Juan Rosaly fueron sentenciados:

- Antonio Buscaglia - 10 años
- Alejandro Medina Rodríguez – 10 años
- Guillermo Hernández, 8 años
- Candida Collazo Arce Torres, 4 años
- Encontrados inocentes:
- Virgilio Torres (esposo de Candita Collazo)
- Ramon Morales

Pero ya habían pasado 2 meses en prisión
Cándida Collazo debe ser reconocida como la primera mujer independentista encarcelada

Candita Collazo Torres también fue integrante de las Hijas de la Libertad y, en 1937, fue acusada y enjuiciada por colocar, junto a otros Nacionalistas, una bomba envuelta en una bandera de Estados Unidos en el balcón de la residencia del Sacerdote Néstor J. Aguilera.

Febrero:
Cinco Nacionalistas de Barrio Obrero, Santurce
Son sentenciados a 1 año de prisión por posesión ilegal de explosivos:
- Carlos Llauger Diaz.
- Agustin Pizarro.
- Guillermo Roque Cortijo.
- Eli Barreto Pérez.
- Pedro Brenes.

Julio
25 de julio: 40 aniversario de la invasión a Puerto Rico. Las autoridades coloniales decidieron hacer una parada en Ponce después de suspender todo acto que el nacionalismo iba a celebrar en el país, especialmente en Guánica y la costa sur.

Ángel Esteban Antongiorgi muere acribillado por la policía al disparar contra el Gobernador Blanton Winship durante estos actos.

Recrudeció la represión y las oficinas de los Nacionalistas fueron allanadas y saqueadas. Se abrieron nuevos procesos judiciales.

Los Nacionalistas son acusados por conspiración y 6 son encontrados culpables.

Tomás López de Victoria, Prudencio Segarra Encarnación, Santiago González Castro, Elifaz Escobar, Casimiro Berenguer y Juan Pietri

Cumplieron 8 años de prisión. El gobernador Redford Guy Tugwell les dejó en libertad por la injusta condena.

25 de julio de 1938 en Ponce: atentado contra el gobernador Blanton Winship. Hasta los comunistas condenaron el atentado con otras organizaciones políticas.

Los Nacionalistas fueron condenados por asesinato en primer grado y se les condenó a cadena perpetua por la muerte del coronel Irizarry.

1940
Servicio Militar Obligatorio, más encarcelamientos y represión.

La Segunda Guerra Mundial requirió de soldados. Se activa en la isla el servicio militar que era obligatorio y los puertorriqueños son enviados a participar del conflicto por el ejército norteamericano.

La oposición al servicio militar por el Partido Nacionalista provocó que más de cincuenta Nacionalistas fueran acusados y llevados a los tribunales.

En la década del 40 cumplieron entre uno a cinco años de cárcel, alrededor de 50 Nacionalistas.

El primero fue Juan Ramón Martínez de Maricao en el año 1940.

En el segundo grupo figuraron Rafael López Rosas y Ramón Medina Ramírez con sus cinco hijos; Eugenio (Geñito era ciego), Armando, Alberto, Fernando y Ramón.

Rafael López Rosas y Ramón Medina Ramírez fueron arrestado y sentenciados a cumplir tres años de prisión en Lewisburg, Pennsylvania por delito de conspiración contra el régimen.

El Servicio Militar Obligatorio. Las sentencias ahora varían entre 1-5 años.

Mariano Juan Ramon Martínez de Maricao es el primero arrestado. Un total de 23 Nacionalista son arrestados en los primeros dos años de la década. Martínez es arrestado dos veces por la violación del SMO. En la segunda ocasión acusado por no cargar con su tarjeta del SMO. Estos son los primeros Nacionalistas enviados a cumplir en la prisión de Tallahassee, Florida.

En este periodo del 1940 otras dos juntas directivas ingresaran a prisión: la de Ramon Medina Ramírez y la de Julio de Santiago.

Al par de días otro grupo de Nacionalistas fueron arrestados. Entre ellos miembros de la Junta Nacional: Medina Ramírez y Rafael López Rosas. Los 5 hijos de Ramón Medina Ramírez también fueron arrestados.

El número de arrestados aumentó por evadir el SMO a 20 que incluía a miembros de la Junta Nacional interina, Julio de Santiago, Paulino Castro Abolafia y a José "Don Pepe" Rivera Sotomayor.

Encarcelados en Tallahassee, Florida por los mismos cargos.

El Servicio Militar y Daniel Santos.

En 1941, los puertorriqueños fueron enviados por el ejército de Estados Unidos a la Segunda Guerra Mundial. Entonces Daniel grabó uno de sus grandes éxitos: "Despedida", la cual fue compuesta por Pedro Flores donde cuenta la historia de un recluta firme que tuvo que dejar a su novia y a su madre enferma. La misma canción fue prohibida en la radio excepto en discos gramofónicos, discos de vinilo, discos de acetato y discos de LP ya que creaba conciencia en la ciudadanía y a los muchos no quisieron participar en el conflicto bélico, con la incertidumbre de su retorno. Daniel sufrió el mismo drama que el joven de la canción al saber que fue reclutado firme.

Después de la guerra, él se hizo partidario del Partido Nacionalista de Puerto Rico de Don Pedro Albizu Campos que propugnaba por la independencia de Puerto Rico de los norteamericanos. Incluso grabó junto a Pedro Ortiz Dávila "Davilita un disco de corte nacionalista con temas como *Patriotas, La lucha por la independencia de Puerto Rico* y *Yanki, go home.*

Daniel Santos profesó la ideología nacionalista de Pedro Albizu Campos, contraria al dominio norteamericano sobre su país, lo que plasmó en varias canciones de protesta (*Amnistía, Los Patriotas*, etc.)

Este tipo de actitudes le acarrearía problemas con el FBI y el Departamento de Estado de los Estados Unidos.

1942
Félix Feliciano Morales, Nacionalista de Humacao, se negó a inscribirse. Por tal motivo, fue arrestado y enviado a la prisión lejana de Tallahassee en Florida para los años 1942-1944.

En Nueva York:
Hay cuatro casos de arrestos por violar el SMO. Tres casos envuelven a miembros del Partido Nacionalista: Amaury Ruiz, Roberto Acevedo y Cesar B. Torres Rodríguez
El otro es el periodista Rafael López Rosas quien había sido sentenciado anteriormente en Puerto Rico.
Durante este periodo siete hombres son arrestados por el SMO y el atentado contra el Juez Cooper.
Para 1942 eran cuatro los presidentes del Partido Nacionalista que estaban encarcelados: Pedro Albizu Campos (1936), Julio Pinto Gandía (1937), Ramón Medina Ramírez (1941) y Julio de Santiago (1942).
Al final del 1942 ya había el total de 20 sentenciados.

1943
Falleció Ernesto Concepción de Gracia quien había sido parte de la Junta Nacionalista en Nueva York.
Estuvo encarcelado en Las Tumbas, prisión de Nueva York por no aceptar el Servicio Militar. Finalmente fue al ejército como ciudadano puertorriqueño y murió en un avión, como artillero en un combate sobre Coventry Inglaterra, en 1943.
El total de encarcelamiento fue de diecisiete de unos que ya habían estado en prisión y otros nuevos.

En el 1944 arrestaron a seis patriotas.

1948
El 10 junio de 1948 la Ley 53 (Ley de La Mordaza) es aprobada y declaraba:
…Delito grave el fomentar, abogar, aconsejar o predicar voluntariamente o a sabiendas, la necesidad, deseabilidad o conveniencia de derrocar, destruir o paralizar el Gobierno Insular por medio de la fuerza o la violencia.

Los criterios del gobierno para arrestar a los Nacionalistas por el Servicio Militar obligatorio:
No inscribirse en los registros militares.
Por no poseer o llevar consigo la tarjeta de inscripción.
Por no poseer o llevar consigo la notificación de clasificación militar.
Por no devolver el cuestionario.

Por no reportarse a examen físico.
Por no reportarse al llamado del reclutamiento militar.
Por no reportarse a trabajos de importancia nacional.
Por no cumplir con funciones del trabajo de importancia nacional.

Con motivo de la Segunda Guerra Mundial se reactiva el SMO y son arrestados por violar esa ley: Rafael Cancel Miranda, Ramon Medina Maisonave, Luis M. O'Neill, Reinaldo Trilla, Dario Berrios y Miguel Ángel Ruiz Alicea. Todos son cadetes.
 Cancel Miranda y Medina Maisonave son sentenciados 2 años y 1 día de prisión. Los demás fueron sentenciados a 1 año 1 día por no inscribirse.1949
 Mayo de 1949: es arrestado en Naranjito Andrés Viera Figueroa por evadir el servicio militar selectivo.
 19 de agosto: el líder Nacionalista Julio de Santiago es arrestado por evadir el servicio militar selectivo.
 1950: presos en La Princesa.
 Paulino Castro, Juan Rodríguez Cruz de Mayagüez (de 16 años), Ramon Medina Ramírez, José Enamorado Cuesta, Melitón Muniz Santos, Ramón Pedroza Rivera y Estanislao Lugo.
 En Nueva York son arrestados por el ataque a la Casa Blair los Nacionalistas:
 Carmen Otero Torresola (esposa de Griselio Torresola), Rosa Collazo (esposa de Oscar Collazo),
 Julio Pinto Gandía, Juan Bernardo Lebrón, Juan Correa y su esposa.
 Salieron todos en libertad provisional.
 Menos Juan Pietri Pérez: había sido arrestado por el atentado en contra del gobernador Blanton Winship. No lo dejan salir porque estaba en libertad bajo palabra y lo enviaron a presidio a cumplir lo que le que le faltaba para terminar su condena.

13 de octubre de 1954:
Trece Nacionalistas eran declarados culpables por violar la Ley Smith en Nueva York.
Gonzalo Lebrón Soto: testigo en contra de su hermana Lolita.

22 de diciembre de 1954: Ley 53.
Fueron declarados culpables: Juan Jaca Hernández, Juan Hernández Valle, Ramon Medina Ramírez y José Rivera Sotomayor.

Encontrados no culpables: Domingo Saltari Crespo, Rafael Burgos Fuentes, Eduardo López Vázquez, Antonio Moya Vélez, Amadeo Rivera Lozada, Domingo Feliciano Vega, Tomas Ruiz Cancel, Joaquín Padín Concepción, Paulino Castro

Abolafia, Emilio Aníbal Torres Arroyo, Diego Quiñones y Víctor Carrasquillo Santos.

Fueron encontrados culpables y sentenciados de 7 a 10 años de presidio:
- Juanita Mills- Pertenecer al Partido Nacionalista.
- Doris Torresola-recoger dinero para pagar gastos del partido.
- Angelina Torresola- pagar la renta mensual del Club Nacionalista en san Juan.
- Carmen M. Pérez- pagar la renta mensual del Club Nacionalista en san Juan.
- Isabelita Rosado-vender boletos para un baile a beneficio del partido.
- Juanita Ojeda- Asistir a una misa en Rio Piedras en memoria de los Nacionalistas que murieron en el ataque a Fortaleza.
- Estanislao Lugo- Le encontraron materiales del Partido Nacionalista en su casa y una carta a su madre en que decía "yo siempre dispuesto a dar mi vida por mis compatriotas".
- Miguel Olmo Cuevas- Ser Nacionalista.
- Meliton Muniz Santos- Ser Nacionalista.
- Antonio Buscaglia-admitir ser Nacionalista y estar vestido de cadete.
- Pedro M. Lozada Soler- Ser Nacionalista.
- Manuel B. Caballer- Distribuir un periódico Nacionalista
- Eufemio Rodríguez Pérez- ser Nacionalista.
- Inocencio Montalvo Montalvo - Haber dicho "Me siento Nacionalista, en mi corazón soy Nacionalista"

Capitulo IV
1931 Luis Baldoni Cruz y el Dr. Arthur P. Rhoads

1931
Luis Baldoni Martínez (Luis Cruz Baldoni)
y el Dr. Cornelius Packard Rhoads

El Dr. Cornelius P. Rhoads, era además asesor médico de la CEA.

La participación de Rhoads en experimentos de radiación con humanos y su cómoda relación con la CEA.

Mientras trabajaba en el Instituto Rockefeller, Rhoads fue enviado a San Juan, Puerto Rico para completar una comisión de investigación en el Hospital Presbiteriano como parte del servicio sanitario de la Fundación Rockefeller comisión allí.

En 1931 el médico estadounidense Cornelius Packard Rhoads, alias "Dusty", le dijo a un colega suyo, Fred Waldorf Stewart, alias "Ferdie", que había matado a ocho puertorriqueños en el hospital presbiteriano en El Condado, en San Juan, y les había trasplantado el cáncer a "varios más". Agregó que, entre estos últimos, ninguno había muerto "todavía". Esos puertorriqueños estaban participando, sin saberlo, en la repetición de un experimento sobre la anemia que otro médico, George Hoyt Whipple, había conducido en California, pero con perros.

El 11 de noviembre, Rhoads se emborrachó en una fiesta y se fue para encontrar su automóvil destrozado. Luego escribió una carta peyorativa y la dejó en su escritorio. La carta decía:

"Los puertorriqueños son sin duda la raza más sucia, holgazana, degenerada y ladrona que jamás haya habitado esta esfera. Te enferma habitar la misma isla con ellos. Son aún más bajos que los italianos. Lo que la isla necesita no es salud pública trabajo, sino un maremoto o algo así como para exterminar por completo a la población.

Cuando los empleados puertorriqueños del laboratorio encontraron y leyeron la carta, la cual Rhoads había dejado inadvertidamente sobre su escritorio, uno de ellos, Luis Baldoni Martínez, quien pertenecía al Partido Nacionalista, se apoderó de la misma, reveló su contenido y se la entregó a Pedro Albizu Campos.

Surgió entonces el inevitable escándalo, pero el impuesto gobernador James Rumsey Beverly, encubrió el caso y Rhoads nunca enfrentó ni siquiera el más inofensivo interrogatorio.

El 26 de diciembre de 1931 Baldoni renuncio a su puesto de trabajo y un mes después: ya en poder del abogado Pedro Albizu Campos; el contenido de la carta fue divulgado al país. Albizu, como abogado defensor de la nación puertorriqueña, exigió una investigación de las autoridades.

Le tocó a Pedro Albizu Campos hacer la denuncia de estos hechos criminales mediante la publicación en la prensa del país de la carta del doctor Rhoads junto a una declaración jurada del técnico de laboratorio Luis Baldoni, donde éste relataba las circunstancias que se produjeron cuando se descubrió la carta y de cómo el médico trató de sobornarlo y callarlo. Albizu también envió al Vaticano y a los países del mundo para que se conocieran las prácticas genocidas que los Estado Unidos, vía la Fundación Rockefeller, realizaba en Puerto Rico con sujetos puertorriqueños.

El 25 de enero: Se hace pública una carta manuscrita del Dr. Cornelius P. Rhodes, del instituto Rockefeller para investigaciones médicas, quien trabaja en el hospital Presbiteriano de San Juan, en la que el médico norteamericano confesaba haber matado a ocho pacientes puertorriqueños y trasplantado cáncer a varios más. La divulgación del contenido de la carta, publicado en inglés y español, causó un gran revuelo en el país.

La declaración de Luis Baldoni: el Dr. Rhoads era un hombre sin escrúpulos. Su práctica médica, según la describe Baldoni, causa asco por la escasa profilaxis científica y por la ausencia de sensibilidad. Después de describirlo como "un hombre de modales bruscos y de pocas palabras",

Luis Baldoni dice del médico lo siguiente: "Que el doctor Cornelius P. Rhoads se dedicaba a la investigación de la anemia y del esprúe; tomaba muestras de sangre a los pacientes de las orejas y de las venas del brazo; para este fin usaba generalmente una jeringuilla de diez centímetros cúbicos, la que esterilizaba de vez en cuando, a intervalos de días; la jeringuilla y la aguja las ponía sobre el maletín expuestas a todo contacto; que el promedio de muestras de sangre que diariamente el doctor Cornelius P. Rhoads tomaba no era menos de diez; que nunca desinfectó ni esterilizó la jeringuilla o la aguja después de usarlas en un paciente antes de extraer la muestra a los próximos pacientes; que se limitaba a lavar la jeringuilla con agua corriente de la pluma y luego, con solución salina para sacarle la sangre, y después con agua de la pluma otra vez para remover la sal; que cuando había mucho trabajo, para ahorrar tiempo usaba agua de la pluma solamente..."

La investigación inicial demostró que el Dr. Rhoads había huido hacia Nueva York y las autoridades judiciales se negaron a traerlo a Puerto Rico.

Del informe del propio fiscal se desprende que durante los experimentos murieron trece personas, de los cuales, curiosamente, ocho habían sido tratadas por el Dr. Rhoads

Entre la lista se encontraba la niña Raimunda Quiñones, de doce años, residente de Guaynabo.

Luis Baldoni Martinez.

Luis Baldoni había consultado con una de sus tías, la escritora Dolores Baldoni Pérez, sobre qué debía hacer con tan importante documento. Luego de entregárselo a Albizu, renunció a su puesto en el laboratorio con la Fundación Rockefeller. En su carta de renuncia se identificó como Nacionalista. (Carta de Baldoni al doctor William B. Castle, 29 diciembre 31, ANPR, lugar citado).

Juana Baldoni Pérez (Tía de Luis Baldoni Martínez) fue una médium medicinante o consultiva o, como lo explica Allan Kardec, servía de intérprete a los Espíritus para las prescripciones medicinales. Estudiosos del espiritismo kardeciano aseguran que Juana fue una de las mejores médiums del país en aquella época. Juana se comunicaba con los Espíritus y su hermana Lola, la escritora, tomaba las notas.

Juana fue la primera hija del matrimonio de Eduardo Baldoni y Dolores Pérez, una familia libre pensadora que profesaba la doctrina espiritista en la Isla.

Otros eventos

El 11 de mayo de 1930
Juremos aquí solemnemente que defenderemos el ideal Nacionalista y sacrificaremos nuestra hacienda y nuestra vida si fuera preciso por la independencia de nuestra patria.

Pedro Albizu Campos: presidente.
Cándido Martínez: vicepresidente.
Manuel Fernández Mascaró: segundo vicepresidente.
Abelardo Morales: Tesorero.

1931:
El 23 de marzo quedó fundada la Asociación Patriótica de Jóvenes Puertorriqueños.

José Enamorado Cuesta es el Comandante general del Cuerpo de Cadetes de la República, le toca organizar los Cadetes en Ponce en el 1931 y fue precedido por el Batallón Suárez Díaz en Utuado.

Las mujeres quedaron organizadas bajo el Cuerpo de Enfermeras, luego del 1935 bajo las Hijas de la Libertad.

El Cuerpo de Cadetes vestía pantalones blancos y camisa negra, que simboliza el luto por el cautiverio colonial. También llevan gorros militares. En sus ejercicios y en los desfiles utilizaban rifles de madera,
Los oficiales utilizaban pantalón y chaqueta blancos, camisa y corbata ambas negras. Utilizaban la gorra regular de oficiales. Para las paradas (desfiles) utilizaban espadas.

El Cuerpo cambio su nombre a Ejercito Libertador en la asamblea del Partido Nacionalista celebrada en Caguas el 8 de diciembre de 1935.

1931

El día 4 de julio del 1931 Seleccionan al licenciado Emilio del Toro, Juez Presidente del llamado "Tribunal Supremo de Puerto Rico" para que haga el discurso del 4 de julio, fiesta de independencia de Estados Unidos de Norteamérica

Del Toro ataca los patriotas en especial al Movimiento Libertador.

Un buen día Luis Florencio Velázquez, un líder Nacionalista de Santurce, y dirigiéndose al escritorio del Juez del Toro, lo abofeteo en su propia oficina.

Le formularon cargos por asalto grave.

El día del juicio fue a sentenciado a un año de presidio. Apelo la sentencia y salió en libertad provisional

El día del segundo juicio en la Corte Municipal, Sección Segunda de San Juan se presentó el acusado Velázquez con su abogado Pedro Albizu Campos.

Al final La Corte Suprema revocó y exoneró a Velázquez de los cargos por encima de la decisión del Tribunal Supremo de Puerto Rico

El 16 de abril de 1932:

En medio de su discurso Albizu Campos invitó a la multitud a que le acompañara al Capitolio con el fin de evitar la aprobación de una ley que convertía la Bandera del Partido Nacionalista en bandera oficial de la colonia.

Cerca de 800 personas estaban presentes. El Partido Nacionalista era el único partido en usar la bandera puertorriqueña en aquel entonces.

Manuel Rafael Suárez Díaz (1914-1932). Nació el 27 de abril de 1914 en San Juan.

Joven estudiante que en 1932 y mientras se celebra el 16 de abril un acto en honor al patriota José de Diego en la Plaza de Armas de San Juan, formó parte de la multitud que junto a Don Pedro y otros lideres Nacionalistas se dirigieron en protesta hasta el Capitolio.

La protesta se debió a que la Legislatura reunida en sesión ordinaria tenía planes de aprobar un proyecto que convertía la bandera de Puerto Rico en una simple bandera colonial.

Al subir las escalinatas interiores del edificio ésta se desplomó causando la muerte de Suárez Díaz, lo que lo convirtió en el primer mártir de la independencia de Puerto Rico.

En el momento de su muerte vivía en la casa #5 de la calle Wilson en Santurce.

Luis F. Velázquez

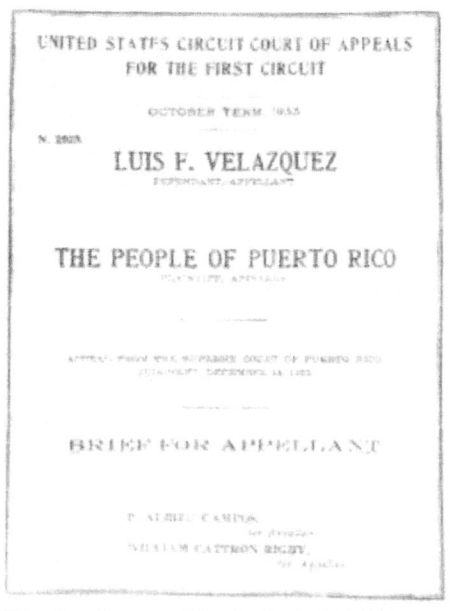

Uno de los actos agresivos más difundido fue la agresión de Luis F. Velázquez, Nacionalista de Ponce, al Juez Presidente del Tribunal Supremo Emilio del Toro y Cuebas el 15 de junio de 1932. Toro Cuevas era anexionista y sería el Juez Presidente que el 25 de junio de 1937 autorizó el desaforo de Albizu Campos después de su condena a la cárcel de Atlanta, Georgia.

La agresión de Luis F. Velázquez, Nacionalista de Ponce, al Juez presidente del Tribunal Supremo Emilio del Toro y Cuebas el 15 de junio de 1932 lo hizo llevar a juicio donde Albizu Campos fue su abogado defensor. Velázquez abofeteó a Toro y Cuebas en terrenos del Tribunal Federal. La acción consistió en que Velázquez abofeteo a Toro y Cuebas en terrenos del Tribunal Federal por una afrenta a la bandera nacional y lo reta a duelo en el campo del honor: una acción muy de acuerdo con el hispanismo dominante entre los Nacionalistas. Velázquez era una figura prominente de su tiempo: no se trataba del "tipo común". Velázquez había sido miembro de Partido Autonomista Puertorriqueño en el siglo 19, periodista destacado, colaborador de Luis Muñoz Rivera en sus campañas y masón activo, además de ser un empresario destacado.

Velázquez fue arrestado por la Policía Insular y procesado por los Tribunales de Puerto Rico, por un delito que había sido cometido en la Jurisdicción Federal por lo que debió ser arrestado y procesado por el sistema de Tribunales de Estados Unidos.

La bófeta de Velázquez fue un caso donde Albizu Campos cuestionó la legalidad del Tratado de París y la Ley Orgánica Jones, después que Luis F. Velázquez le diera una bofetada al juez Emilio del Toro y Cuebas, donde fue llevado a juicio en la corte insular y hallado culpable. La apelación de Albizu ante el Tribunal Supremo de Boston dejó con la boca abierta a muchos juristas cuando Albizu desarrollo como defensa la ilegalidad entre lo insular y lo federal en la Ley Jones, por lo que había que anular el juicio a Luis F. Velázquez. El Tribunal Supremo de Boston falló a favor de Albizu Campos y hubo que anular el juicio a Velázquez y el tribunal insular de San Juan debió ser removido del edificio de la Corte Federal donde estaba.

Albizu Campos consiguió su absolución sobre la base de "falta de jurisdicción" al momento del arresto.

1932:
El 17 de diciembre de 1932 el Partido Nacionalista celebró su Asamblea General en el Teatro Victoria, de Humacao y allí designada una comisión en cargada de redactar la nueva Constitución de la República de Puerto Rico.

Se procedió también a la creación de una milicia popular que llevaría el nombre de "Cadetes de la República de Puerto Rico" los cuales irían uniformados con pantalón blanco y camisas negras, y se creó además otra organización llamada "Cuerpos de Enfermeras de la República" quienes vestirán falda, blusas y gorras blancas y negras, simbolizando el negro en estos uniformes el luto nacional por la cautividad de Puerto Rico.

"Todavía al presente (2021) existe el Honorable Cuerpo de Cadetes", 89 años desde su creación.

Diciembre de 1932

Se fundó la Federación Nacional de Estudiantes Puertorriqueños (FENEP) que agrupo estudiantes de secundaria y universitarios, y sostuvo como principios básicos la lucha por la independencia de Puerto Rico.

1933:
Se elige La Junta Nacional
Pedro Albizu Campos: presidente
Luis García Casanova: vicepresidente.
Buenaventura Rodríguez: Tesorero.

Vocales: José Paniagua Serracante, Evangelio Velázquez Merced, Juan Antonio Corretjer, Isais Crespo, Dioniso González, Ramón Medina Ramírez, Emilio Soler, Juan Augusto Perea, Julio Chardón (hijo), Eduardo G. Ramú, Eugenio Vera, Rafael Ortiz Pacheco, Pedro Pérez Pimentel y Vicente Mariano Colón

Entre 1933 y 1937 ocurrieron hechos significativos que culminaron en la Masacre de Ponce en 1937. Algunos los hechos más significativos de esa época (1933-1937).

En 1933 llega Francis A. Riggs, coronel del ejército de los Estados Unidos, con el nombramiento de jefe de la Policía de Puerto Rico. Enseguida militariza la policía (uniforme militar, armas largas, carabinas, rifles, ametralladoras y gases lacrimógenos entre otro equipo).
1934

Enero del 1934 Albizu Campos se dirige a los obreros de la caña en huelga.

Albizu Campos durante la huelga cañera en enero 1934.

Juan Meléndez es el presidente de la Junta Nacionalista de Ceiba.
En enero de 1934 estalla la huelga de la caña y los obreros llaman a Pedro Albizu Campos a dirigirla. Por primera vez se juntan las fuerzas del movimiento obrero con las del nacionalismo y logran el triunfo. En enero se lleva a cabo la huelga en la Central Fajardo.

En enero de 1934 durante la huelga en la Central Fajardo se celebró un mitin en la plaza del pueblo de Ceiba ignorando que el alcalde no lo permitía.

El sistema colonial se siente amenazado y en febrero de ese año, un mes después de comenzar la huelga, Blanton B. Winship, general de Estados Unidos, es impuesto como gobernador de nuestro país por el presidente Franklin D. Roosevelt

1934

José Lameira, el Secretario General es expulsado del partido por cargos de insubordinación.

En el mes de julio el presidente Franklin D. Roosevelt se propone viajar a Puerto Rico desembarcando por Mayagüez. El Partido Nacionalista organiza una protesta y encomienda a Juan Antonio Corretjer de ir a organizar la demostración y encargar a la Junta Local la distribución de copias rechazando la visita de Roosevelt.

La directiva de Junta Nacionalista de Mayagüez, compuesta por Salvador y Augusto Perea, Emilio Soler López y Regino Cabassa, se retiran del Partido Nacionalista y forman la Junta de Mayagüez Pro-Independencia.

La Junta de Mayagüez tenía diferencias fundamentales en cuanto a procedimientos y decisiones de la Junta nacional. Difería de la militarización del partido y exigía más moderación en los planteamientos políticos.

Se retiran del Partido Nacionalista y forman la Junta de Mayagüez Pro-Independencia de Puerto Rico que reclama el derecho a negociar con Estados Unidos la independencia.

La nueva Junta Nacionalista Municipal de Mayagüez
Juan Gallardo Santiago: Vicepresidente.
Cadetes: Juan Francisco González y Claudio Vázquez Santiago.
1935

El 30 de septiembre Luis F. Velázquez pasó a ser el Secretario General del partido luego de la destitución de José Lameira por cargos de insubordinación.
Agosto de 1935:
*Aguedo Ramos Medina: Presidente de La Junta de Santurce.

1934-Don Pedro con Julio Pinto Gandía.

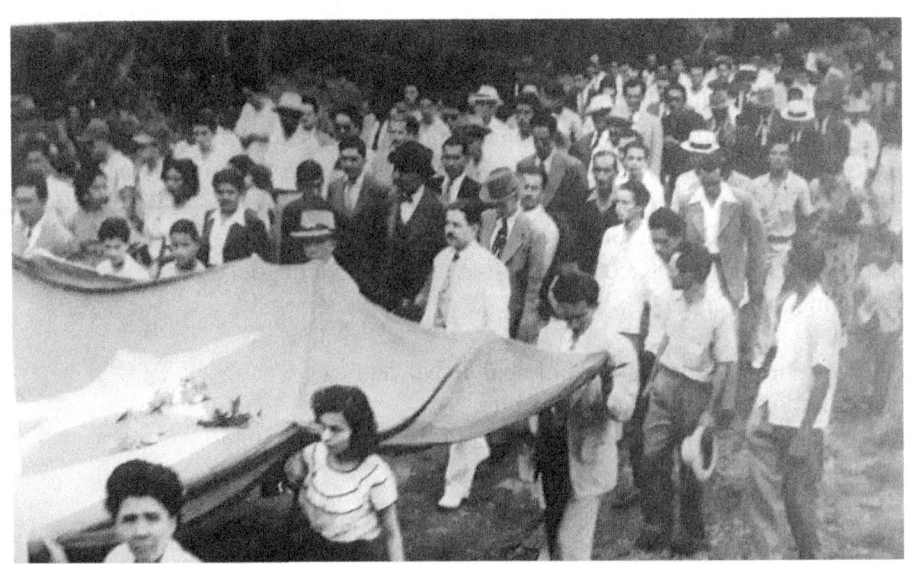

Lares, 1934, Don Pedro y su pueblo. Isabelita Rosado, la primera al frente.

Pedro Albizu Campos y el pueblo de Morovis

Don Pedro Albizu Campos y su tocayo Don Pedro Jusino.
Don Pedro Albizu Campos fue amigo de don Pedro Jusino Simonetti. Los ancestros de estas familias proceden de Córcega. En Puerto Rico se establecieron en San Germán. Luego don Pedro Jusino se mudó a Morovis al barrio Montellano con su familia. Albizu y Jusino se conocían desde la niñez. Don Pedro Jusino estaba casado con la señora Camila Archilla y procrearon a Pura Marina, Ernestina, Rita, Petra, Francisco (Paquitín) Pedro Graciano (Chucho), Augusto (Rafita), Víctor (Borracho), Ernestina, Petra y Pedro Ángel (Limber).
Don Pedro Jusino era presidente del Partido Nacionalista en Morovis. Jusino era la persona de confianza de Albizu en Morovis y lo visitaba con frecuencia.

Antes de que el Partido Nacionalista tuviera un comité en propiedad, las reuniones del partido en Morovis se llevaban a cabo en los garajes de las guaguas de la línea Jusino. Esta guagua viajaba diariamente de Morovis a San Juan y de San Juan a Morovis. Tiempo después el comité del partido se estableció en la calle Comercio en los bajos de la casona donde vivió don Ramón Collazo Otero.
Algunos miembros del Partido Nacionalista en Morovis fueron: don Pedro Jusino - del barrio Montellano, Andrés (Pochoco) Jusino - de Cuchillas, Ramón (Moncho Vaquero) González - de Montellano, Víctor Cruz - de Morovis Sur, Cheo y Millo Currás - de Barahona, Milín Lugo - de Unibón, Gilberto Ramírez - del área urbana del pueblo, Rudersindo Torres - del barrio Morovis Sur, y José (Pepe el Líder) Torres - de Morovis Sur.

Millo Currás era dueño de una ganadería y un importante donante del partido. Milín Lugo, de Unibón, su compañero de lucha siempre mantuvo izada una bandera de Puerto Rico frente a su casa. Gilberto Ramírez guio las ambulancias del pueblo durante muchos años.

Don Pedro Albizu Campos y Teresita Barea

Teresita Barea fue una maestra oriunda de San Germán que vino a vivir a Morovis a trabajar en la escuela elemental. Barea también pertenecía al Partido Nacionalista. Su hijo, José Santiago Barea era Nacionalista también y era cadete de la república. El hijo de la educadora fue baleado durante los sucesos de la Masacre de Río Piedras en 1936.

La profesora Barea, fue víctima de persecución política por sus ideales y en consecuencia cancelaron su licencia de maestra. Esto causó su ruina económica al perder su empleo.

1935
Arrecia la más brutal campaña de represión contra el Partido Nacionalista
El 24 de octubre de 1935 ocurre la Masacre de Río Piedras. La Policía de Puerto Rico, bajo el mando de Francis E. Riggs, asesina a Ramón S. Pagán, Pedro Quiñones, Eduardo Rodríguez, y José Santiago, cuatro jóvenes Nacionalistas. Dionisio Pearson, otro joven Nacionalista resultó herido. Las muertes quedaran impunes a pesar de que se llevaron a cabo manifestaciones de protesta contra el abuso policial en todo Puerto Rico.

19 de noviembre de 1935. Don Pedro Albizu Campos, dando un discurso en el Teatro Municipal hoy conocido como el Teatro Tapia.

8 de diciembre de 1935 - Caguas, Puerto Rico. Don Pedro presidiendo la Asamblea del Partido Nacionalista de Puerto Rico, Movimiento Libertador Sentados de izquierda a derecha, Juan Antonio Corretjer, Dominga Cruz Becerril, Albizu Campos, Pedro Albizu Meneses, Julio Pinto Gandía y Eduardo G. Ramú (fundador del periódico nacionalista "El Intransigente" en los 30's. A la extrema izquierda Julia de Burgos, Lcdo. Hernández Vallé, Albizu campos y a la extrema derecha inclinado, Pablo Rosado. Atrás podemos identificar a Juan Juarbe Juarbe, J.M Toro Nazario, Ramón Medina Ramírez y Clemente Soto Vélez.

Foto: Archivo familia Albizu Campos Meneses.

Pedro Albizu Campos acompañado por Isolina Rondón y Juan Juarbe Juarbe. Marzo de 1936.

Dos grandes Patriotas: Pedro Albizu Campos y Juan Antonio Corretjer, en 1935.

Concurrencia en la conmemoración de José de Diego en la Plaza de Armas de San Juan el dia 16 de abril de 1936.

Capitulo V
1935: La Masacre de Rio Piedras

octubre de 1935 - Masacre de Río Piedras
Antecedentes

Blanton C. Winship fue nombrado Gobernador de Puerto Rico en 1934 por el presidente Roosevelt, apoyado por las corporaciones azucareras, que semanas antes habían sufrido una gran huelga dirigida por Pedro Albizu Campos y el Partido Nacionalista. Winship llegó en febrero de 1934, en momentos de la huelga de la caña. El coronel Francis Riggs, quien había peleado contra Sandino en Nicaragua y fue colaborador del dictador Somoza, fue nombrado jefe de la policía de Puerto Rico en junio de 1934, y le toco negociar (con Albizu Campos) el fin de la huelga de los trabajadores de la caña.

Francis Riggs como agregado militar de EE. UU. en Nicaragua colaboró en la traición y asesinato de Augusto Cesar Sandino en febrero de 1934.

Hacia el 1933 venían sucediendo en el país diferentes movimientos huelgarios en Puerto Rico, los cuales incluían al transporte público y protestas contra los abusos de las compañías gasolineras. Luego, surgieron otros movimientos huelgarios vinculados al alza en el precio del pan y, finalmente, otros vinculados a las condiciones de trabajo prevaleciente en la industria del azúcar. Ante toda esta situación y el auge que venía tomando el Partido Nacionalista en las masas obreras, se nombra gobernador de Puerto Rico al sureño Winship, natural de Georgia. A principio de 1935 Albizu Campos se apuntó una victoria legal en el caso de Luis F. Velázquez donde Albizu comprobó la ilegalidad de jurisdicción federal versus territorial. El caso Velázquez tomó notoriedad en la prensa norteamericana, lo que escarbo el deseo de las autoridades coloniales de eliminar a Albizu.

El 10 de octubre Albizu da un discurso en Maunabo el cual exhorta a los jóvenes a "distinguirse dentro de la educación universitaria", y señala el intento de "convertir a los jóvenes en cobardes y traidores a la patria, y que responde a los jóvenes ser valientes y viriles para defender los intereses patrios." Ante ese discurso 4 estudiantes universitarios promueven una asamblea de estudiante, avalados por la jerarquía universitaria, para declarar a Albizu "enemigo público de los estudiantes universitarios". Los líderes de la Federación Nacional de Estudiantes Puertorriqueños, cuyo líder era Juan Juarbe, proponen invitar a Albizu Campos para que se dirija a los estudiantes ese día de la asamblea. La asamblea se convoca para el 24 de octubre de 1935.

La Masacre

Ese día 24 de octubre el coronel Riggs, jefe de la policía, desarrolla un amplio operativo policiaco en todo el sector de Río Piedras en espera de la llegada de Albizu Campos. Al comienzo de la asamblea hay discusiones y forcejeos entre los dos bandos de estudiantes; mientras afuera la avanzada del Partido Nacionalista entra a la calle Brumbaugh. En el auto de la avanzada (de seguridad) estaban los Nacionalistas Ramón S. Pagán, Dionisio Pearson, Pedro Quiñones y Eduardo Rodríguez Vega. A pie venía el joven Nacionalista José Santiago Barea, acompañado de Isolina Rondón, secretaria personal de Albizu Campos.

Fue entonces cuando un policía identificó el carro (un Willis-77) que conducía el líder Nacionalista Ramón S. Pagán junto a los otros tres Nacionalistas. El agente hizo detener el vehículo de Pagán y se produjo un fuerte careo que degeneró en balacera. El primero en caer fue Pagán. Luego cayó Pedro Quiñones y finalmente Eduardo Rodríguez Vega que murió camino al hospital. Dentro del auto se encontraba Dionisio Pearson que resultó gravemente herido. Mientras se da la cruel matanza, el joven Nacionalista José Santiago Barea, cadete de la república, desenfundó contra los policías en la escena (capitán Domingo Beniamino y Orlando Colón). Una vez se le acabaron las balas, Santiago Barea se entregó y los policías lo acribillaron cuando se encontraba de rodillas. En el tiroteo murió el paisano Juan Muñoz Jiménez. Resultaron heridos los transeúntes, Félix Cruz, Mercedes Huertas y José Osuna. La masacre dejó 5 muertos y un Nacionalista herido.

Todos los hechos fueron presenciados por Isolina Rondón quién sirvió de testigo para denunciar la masacre. La asamblea de estudiantes se suspendió y no se volvió a discutir el asunto sobre Albizu.

En el duelo de los cuatro Nacionalistas Albizu dio un discurso en el cual dijo en una de sus partes:

"Aquí se repite la historia de todos los tiempos. La libertad de la Patria se amasa con nuestra sangre y se amasa también con la sangre yanqui. Venid aquí a prestar un juramento para que este asesinato no quede impune. Levantad la mano todos los que se crean libres… Juramos todos que el asesinato no perdurará en Puerto Rico".

Como consecuencia de la masacre de Río Piedras los jóvenes Nacionalistas Hiram Rosado y Elías Beauchamp ajustician al coronel Francis Riggs el 23 de febrero de 1936; por tal ajusticiamiento 9 líderes del Partido Nacionalista son sentenciados por conspiración sediciosa para el verano de 1936.

El policía Orlando Colón Torres fue ajusticiado en junio de 1936.
foto: Dionisio Pearson único Nacionalista sobreviviente de la masacre de Río Piedras, en el Tribunal de San Juan.

Datos tomados del libro: El Nacionalismo y la violencia en la década de 1930 de Marisa Rosado.

Datos y foto del libro: "La Insurrección Nacionalista en Puerto Rico 1950" por Miñi Seijo Bruno/vía Isla Caribe.

EL IMPARCIAL

28 PAGINAS — 3 Centavos

Tomo IV — Año 18   San Juan, P. R., Viernes 25 de Octubre de 1935   No. 254

NACIONALISTAS Y POLICIAS TUVIERON UN TRAGICO CHOQUE EN RIO PIEDRAS

El balance trágico registra cinco muertos: Ramón S. Pagán, Juan Muñoz Jiménez, Pedro Jiménez, José Santiago y Eduardo Rodríguez.- Un herido grave: Dionisio Pearson.- Dos menos graves: Cabo Pérez y Félix Cruz.- El propósito era interrumpir una asamblea de estudiantes universitarios en

El Jurado absolvió en Guayama a Felipe Sánchez Caballero (a) Lolo

La Corte le impuso dos meses de cárcel por portar armas

Perforaciones producidas por las balas durante el tiroteo de ayer en la calle Braumbaugh, de Río Piedras, al auto ocupado por Pagán, Pearson, Rodríguez Vega y Quiñones.

24 de octubre de 1935. Se observa en la foto a los detectives Américo Ortiz y Carlos Alvarado aguantando a Dionisio Pearson gravemente herido y gritaba "No me meneen mucho, no me dejen morir". Adjunto el Detective Coca Duchesne y al jefe de la policía Domingo Beniamino en uniformado. Dentro el carro en el asiento delantero esta el cadáver de José Santiago.

Jueves 24 octubre de 1935. La Masacre de Río Piedras.

Albizu Campos, abogado defensor de Dionisio Pearson. En su mano la pistola que la policía alegaba haber ocupado en manos de Ramón S. Pagán, muerto en el tiroteo del 24 de octubre de 1935, entre la policía insular y los nacionalistas. Foto en Corte de Distrito de San Juan, el 5 de marzo de 1936.

Dionisio Pearson durante su juicio.

Foto: Dionisio Pearson único Nacionalista sobreviviente de la masacre de Río Piedras, en el Tribunal de San Juan.

Dionisio Pearson Ramos fue gravemente herido y a quien dieron por muerto.

Al ver que vivía fue conducido al hospital y luego acusado por las muertes que la policía había cometido. Fue defendido en corte por el Ldo. Pedro Albizu Campos y absuelto.

JOSE SANTIAGO BAREA - MARTIR DE LA MASACRE DE RIO PIEDRAS
DIBUJO DE EFRAIN GARCIA OSORIO

La Masacre de Rio Piedras un 24 de octubre de 1935.
Donde fueron masacrados cuatro Nacionalistas y un billetero.
Luego de este suceso, el jefe de la Policía, Elisha Francis Riggs, anuncia que no va a haber tolerancia hacia los Nacionalistas y declara una "guerra contra los puertorriqueños."

1. Ramon S. Pagán.
2. Pedro Quiñones
3. Eduardo Rodríguez Vega
4. José Santiago Barea
5. Juan Muñoz Jiménez (sólo estaba vendiendo boletos de lotería)

Ramon S. Pagán (1882 – 1935). Miembro de la Junta del Partido Nacionalista de Puerto Rico para el año 1935 y tesorero cuando, con otros Nacionalistas que lo acompañaban fue asesinado por la policía en Río Piedras el 24 de octubre

"AQUI SE REPITE LA HISTORIA DE TODOS LOS TIEMPOS LA LIBERTAD DE LA PATRIA SE AMANSA CON NUESTRA SANGRE..."

PEDRO ALBIZU CAMPOS
PARTIDO NACIONALISTA
DE PUERTO RICO
MOVIMIENTO LIBERTADOR

La Masacre de Rio Piedras

El 24 de octubre de 1935, a eso de las 11:00am, en la Calle Brumbaugh, la Policía insular asesinó a cuatro Nacionalistas y un civil en lo que nuestra historia se conoce como la "Masacre de Río Piedras". En este entonces es cuando un Policía identifica el carro que conducía el líder Nacionalista Ramón S. Pagán junto a tres Nacionalistas más. Este hace que Pagán se detenga y ante un fuerte careo comienza la balacera. El primer en caer fue Ramón S. Pagán luego cae Pedro Quiñones y finalmente Eduardo Rodríguez Vega. Dentro del auto se encuentra Dioniso Pearson gravemente herido. Mientras se da la cruel matanza, el joven Nacionalista José Santiago Barea, teniente cadete de la República. Este desenfunda contra los policías en la escena, una vez se le acaban las balas, Santiago Barea se entrega y la policía lo acribilla en ese instante. En dicho tiroteo muere el señor Juan Muñoz Jiménez, quien compraba billetes de la lotería cerca de la escena. Según El Periódico El Mundo del 25 de octubre de 1935 (págs4.), "los testigos declaran lo contrario. La policía acribillo a tiro a mansalva a Don Ramón S. Pagan."

En respuesta a lo sucedido en Río Piedras, el 22 de febrero de 1936, dos jóvenes Nacionalistas ajusticiaron al jefe de la Policía Francis Elisha Riggs. Estos jóvenes Nacionalistas de nombre Elías Beauchamp y Hiram Rosado, tomaron la justicia en sus manos. Ambos fueron asesinados por órdenes del coronel Cole, en un cuartel en la calle San Francisco en San Juan.

Muchas voces se levantaron para condenar el brutal asesinato. El Imparcial publicó un Editorial el 25 de febrero de 1936 que expresaba lo siguiente: "Elías Beauchamp e Hiram Rosado tenían derecho a ser juzgados por un jurado compuesto por hombres como ellos, nacidos aquí, con nuestras preocupaciones, prejuicios, pasiones y sentimientos. Este derecho es respetado siempre. Aun en el caso de tratarse de asesinos vulgares. ¿Por qué no se esperó la acción de la justicia y se ordenó la matanza en el Cuartel? Esta es la contestación que El Imparcial exige del General Blanton Winship, jefe Ejecutivo del Gobierno, representante de los Estados Unidos, y al Procurador General Benigno Fernández García, encargado de la administración de la justicia, para satisfacción del Pueblo de Puerto Rico, justamente indignado con este asesinato sin precedentes. ¿De quién partió la orden de ejecución?"

El periódico El Mundo, en su Editorial del 25 de febrero de 1936, denuncia el abuso de "la autoridad": "¿Con qué derecho, con qué fuerza moral, van las autoridades armadas de un país a exigir que no se usen las armas sino en los casos justificados de defensa propia cuando de unos hechos que no tienen explicación por mucho que se quiera buscársela, se desprende que quien con mayor discreción debe usarlas —la autoridad— no ha usado, sino que ha abusado de ellas…?"

Cientos de puertorriqueños llegaron desde temprano a la Junta Nacionalista de Santurce, donde estaban expuestos los cadáveres de Beauchamp y Rosado, para rendir guardia de honor. Una vez terminado el rito religioso, la comitiva siguió en perfecto orden hasta el Cementerio de Villa Palmeras:

Albizu comenzó su discurso diciendo:

Señores: El valor más permanente en el hombre es el valor. El valor es la suprema virtud del hombre y se cultiva como se cultiva toda virtud y se puede perder como se pierde toda virtud. El valor en el individuo es su supremo bien. De nada vale al hombre estar lleno de sabiduría y de vitalidad física si le falta el valor. Ese es el supremo bien del individuo y de la nación. Porque el valor es lo único que permite la transmutación del hombre para fines superiores. El valor es lo que permite al hombre pasearse firme y serenamente sobre las sombras de la muerte y cuando el hombre pasa tranquilamente sobre las sombras de la muerte, entonces es que el hombre entra en la inmortalidad…

Aquí traemos, señores, cenizas preciosas, cenizas preciosas de héroes auténticos. Traemos cenizas que dicen de la inmortalidad de Puerto Rico, de la eternidad de Puerto Rico. Traemos cenizas de héroes gloriosos y valientes. Y se decía, señores, que había muerto el valor en la patria y cuando se decía que había muerto el valor en la patria se sentenciaba a la patria a la muerte de la esclavitud, pero, señores, ha habido un mentís a aquella frase de que el puertorriqueño, colectivamente tomado, era cobarde. Eso es una leyenda que un liderato podrido trajo a la patria para justificar su tráfico con la vida de su patria. Nuestro pueblo es valeroso, nuestro pueblo es un pueblo heroico…

Un imperio, señores, inferior a nosotros, en orden, en cultura, en sabiduría, en bondad, en caridad, en todas las virtudes que hacen grandes a los pueblos, pretende dominarnos, y cuando los puertorriqueños reaccionan todos contra el engaño de ese imperio, la tiranía bochornosa y criminal se vale del asesinato como régimen de gobierno. Y no lo dijo Albizu Campos sino el doctor Rhoads del Instituto Rockefeller que en 1932 cumplía la dulce misión de matar a las mujeres de Puerto Rico, porque a los yanquis lo que les interesa no son los puertorriqueños sino la tierra grande y bella de Puerto Rico."

Fuente: El Nacionalismo y la violencia en la década de 1930 – Marisa Rosado

Laura Meneses, esposa del patriota, afirmó en su libro. "Albizu Campos y la independencia de Puerto Rico". que su familia tenía que vivir con guardia de seguridad montada de día y noche en la residencia. Su hijo, Pedro Albizu Meneses, recuerda que fueron varias las veces que tirotearon la residencia durante la noche. También, dentro del Partido Nacionalista se conspiró para asesinar al líder.

En agosto de 1935 el líder nacionalista Ramón S. Pagán sacó a relucir la conspiración y se lo notificó a Albizu Campos. Le expresó que había estado presente en una reunión secreta de los nacionalistas donde se planteó la idea de asesinarlo. Según el líder nacionalista, Juan Antonio Corretjer, con la noticia "se tocó una fibra muy sensitiva en Albizu…". Laura Meneses indicó que su esposo le advirtió a Pagán que, por haber sacado a relucir la conspiración en contra suya, su gesto implicaba su sentencia de muerte, por lo que le sugirió que no fuera a lugares públicos, excepto a su trabajo y que no asistiera a actos del nacionalismo.

Masacre de Río Piedras 1935

Estos sucesos se conocen como la Masacre de Río Piedras.

José Santiago Barea, miembro del Partido Nacionalista y sargento de los Cadetes de la República de dicho movimiento, se encontraba en Río Piedras al momento de ocurrir los sucesos, y al percatarse de lo que sucedía abrió fuego contra los oficiales. Luego del tiroteo, Santiago Barea fue perseguido, alcanzado y asesinado por la Policía. Según el historiador y nacionalista Ramón Medina Ramírez, Santiago fue fusilado sin remisión, cuando se entregó desarmado e indefenso.

Ningún policía fue acusado por el asesinato de Pagán y sus compañeros, ya que fueron exonerados por el fiscal Marcelino Romaní. Sin embargo, el único sobreviviente del bando nacionalista, el joven Dionisio Pearson, fue víctima de la represión colonial contra el nacionalismo revolucionario, lo arrestaron y acusaron de asesinato, atentado a la vida, portación de armas e infracción a la ley de explosivos. Albizu Campos fue el abogado de Pearson durante el juicio y logró que lo exoneraran. Luego de la Masacre de Río Piedras, Juan Antonio Corretjer reveló públicamente el 19 noviembre de 1935 en el periódico El Imparcial, que había existido una conspiración entre el gobierno colonial y algunos nacionalistas para asesinar a Albizu Campos y que Pagán había sido asesinado por el régimen por denunciar el plan: "Descubierto y denunciado por Don Ramón S. Pagán el complot para hacer asesinar al presidente del Partido Nacionalista, fue mandato imperioso del régimen y fatalmente cumplido y a silenciar con pólvora y plomo los labios fiscales de Don Ramón S. Pagán.

Los caídos en La Masacre de Rio Piedras:

Ramón S. Pagán Martínez
José (Pepito) E. Santiago Barea
Pedro Quiñones
Eduardo Rodríguez Vega
Dionisio Pearson

1935

Octubre, el mismo día de la Masacre de Rio Piedras.
La policía penetra en la Imprenta Puerto Rico, donde se edita "La Palabra", un semanario del Movimiento Libertador, y allí trituran a golpe de porra, hasta dejarlo sin sentido, al líder Nacionalista y administrador del establecimiento, Buenaventura Lugo, y fue arrestado. Además, destruyendo, además, todo el material que encontraron a mano.

Juan Antonio Corretjer es el Secretario General.
Julio Medina González es Nacionalista y el primer preso político bajo el régimen de los E.U.
Riggs le declara la guerra a los nacionalistas después de La Masacre de Rio Piedras.
Buenaventura Rodríguez: Nacionalista, editor del semanario La Palabra. Fue golpeado brutalmente a macanazos.
Enrique Orbeta es nombrado por el gobernador Blanton Winship como Jefe de la Policía Insular.

Agentes del Departamento de Justicia Federal (FBI) conocidos como "G-men" son equipados con ametralladoras Thompson, bombas lacrimógenas y gases asfixiantes.

5 de marzo de 1936:
La Corte de Distrito de Estados Unidos expidió una orden de arresto contra el liderato del Partido Nacionalista de Puerto Rico.

Los cargos:
I. "conspirar para derrocar por la fuerza el gobierno de Estados Unidos en Puerto Rico".
II. -"conspirar para reclutar soldados para participar en hostilidades armadas contra los Estados Unidos".
III. Conspirar para cometer ofensa contra los Estados Unidos".

1. Pedro Albizu Campos.
2. Juan Antonio Corretjer: Secretario General y Director del Semanario La Palabra.
3. Clemente Soto Vélez: director del Semanario Armas y principal instructor de los Cadetes en Caguas.
4. Juan Gallardo Santiago: presidente de la Junta Municipal de Mayagüez y comandante.
5. Luis F. Velásquez: tesorero.
6. Erasmo Velásquez: secretario de la Junta Municipal de Caguas.
7. Julio F. Velásquez: ayudante del instructor general y Mayor de Infantería del Ejército Libertador.
8. Rafael Ortiz Pacheco: instructor general del Ejército Libertador.
9. Juan Juarbe Juarbe: secretario particular de Albizu Campos.
10. Pablo Rosario Ortiz: oficial de reclutamiento en instructor del Ejército Libertador en San Juan.

A Juan Juarbe Juarbe se le desestimaron los cargos. Fue el Delegado de Asuntos Exteriores del Partido Nacionalista.

*El 7 de abril: Rafael Ortiz Pacheco no se presentó a corte. Escapó a República Dominicana en donde permaneció por tres años. Regreso en el 1939 y se entregó a las autoridades y se arrepintió públicamente de haber pertenecido al Partido Nacionalista. El 28 de abril de 1949 fue nombrado juez municipal.

Acto de José de Diego San Juan, 1935

A los obreros: "Ustedes cuando sientan la opresión sobre vuestras espaldas, el imperio tiene que sentir el puñal relampagueando sobre sus espaldas."

En el periódico La Democracia de fecha 28 de octubre de 1935 el Coronel Francis E. Riggs, jefe de la policía, lanzó entonces una amenaza contra los Nacionalistas: "Guerra, guerra, guerra!"

La Junta Nacional del Partido Nacionalista, en sesión extraordinaria conjunta con las Juntas Municipales, repudió los asesinatos de Rio Piedras, pero terminó el texto con el siguiente mensaje: "Recogemos el guante, Guerra, guerra y guerra contra los yanquis."

Santiago Iglesias Pantín nació en La Coruña, Galicia, España, naturalizado como ciudadano norteamericano, Comisionado Residente en Washington.

Iglesias se desempeñó como miembro del primer Senado de Puerto Rico en 1917 y fue reelegido varias veces, hasta su elección al Congreso en 1932.

Comisionado Residente en Washington electo por la Coalición Socialista en 1932.

Santiago Iglesias Pantín pedía acciones represivas contra los luchadores por la independencia.

Este canalla en más de una ocasión pedía la represión y la cárcel en contra de Don Pedro y miembros del Partido Nacionalista de Puerto Rico.

En 1936, fue herido durante un intento por parte de partidarios del Partido Nacionalista de Puerto Rico.

Santiago Iglesias pronuncia un discurso y se pronuncia a favor de la tiranía en el caso de Albizu Campos y los lideres Nacionalistas.

Mientras hablaba en la ciudad de Mayagüez, fue interrumpido por el Nacionalista Domingo Crespo Saltari, haciendo de saltar el altoparlante que usaba de un tiro de revolver e hiriéndolo en un hombro sus certeros disparos.

Saltari Crespo fue sentenciado a 10 años de presidio, los que cumplió como como un héroe, lamentándose de que el altoparlante hubiera salvado la vida al insolente extranjero.

1936

Juan Antonio Corretjer, Secretario General del Partido Nacionalista de Puerto Rico y director del periódico Nacionalista La Palabra es acusado por desacato al negarse a entregar las actas y libros de la Junta Nacional del Partido Nacionalista. Fue sentenciado a un año de cárcel.

Meses antes había ocurrido la Masacre de Rio Piedras en donde murieron cuatro personas por la Policía Insular.

En el año de 1936 Luis Baldoni protagonizó en su pueblo de Utuado la primera defensa a tiros de la bandera puertorriqueña.

Cualquiera que haya sido la causa, el resultado fue que —según se informó—, se entabló una lucha "cuerpo a cuerpo" entre Liberales y Nacionalistas en la cual intervinieron el jefe policial Vélez Ortiz y el agente Manuel Barrios. Luis Baldoni Martínez, el joven que había empuñado la bandera, fue agredido por Vélez Ortiz, por lo que sacó su arma y la emprendió a tiros contra los dos policías. Estos, a su vez, dispararon contra Baldoni y los tres resultaron heridos de bala, ninguno de gravedad.

20 de mayo de 1936 -Pedro Albizu Campos.

El 16 de abril de 1949. Pedro Albizu Campos en el cementerio de San Juan ante la tumba de José de Diego. El del paraguas es el cayeyano William Valentín Sánchez.

Pedro Albizu Campos dirigiéndose a la multitud (1936)

Laura Meneses y Albizu Campos.

En una Conferencia dictada el 20 de mayo de 1936.

"El valor más permanente en el hombre es el valor. El valor es la suprema virtud del hombre y se cultiva como se cultiva toda virtud y se puede perder como se pierde toda virtud. El valor en el individuo es un supremo bien. De nada vale al hombre estar lleno de sabiduría y de vitalidad física si le falta el valor. De nada vale a un pueblo estar lleno de vitalidad, y de sabiduría si le falta el valor."
Pedro Albizu Campos, 1936.

La Asociación de Jóvenes se convierte en los Cadetes de la República.

El Partido Nacionalista se nutre de la clase trabajadora urbana desplazada de la economía agrícola.

Pedro Albizu organiza 47 Juntas Nacionalistas en la Isla.
El Partido Nacionalista se involucra en la Huelga de Caña y otras luchas sociales.

Capítulo VI
1936 Beauchamp y Rosado

Elías Beauchamp   Hiram Rosado

El 23 de febrero de 1936: Ajusticiamiento del coronel Francis Riggs y el asesinato de Elías Beauchamp e Hiram Rosado

Hora Santa
por JULIA DE BURGOS
A Hiram Rosado y Elías Beauchamp

Hiram y Elías: dos nombres: dos símbolos heroicos;
dos pechos que supieron morir con dignidad;
dos almas valerosas; dos mártires estoicos;
dos glorias que caminan hacia la eternidad.

Caísteis abatidos por manos homicidas
de seres que han nacido en nuestro patrio hogar;
de seres que creísteis hermanos. ¡Parricidas!
Que vuestras juventudes no osaron respetar.

Vuestros cuerpos inertes ya no vibran,
se han ido para siempre
y descansan en connubio silente
con la tierra, que abierta,
presenció la traición;
y aquí, cada cerebro se agita
estremecido ante el contacto tierno
de dos almas valientes,
que han señalado la hora de la Revolución.

El 23 de febrero de 1936 Elías Beauchamp e Hiram Rosado ajusticiaron al coronel Francis Riggs. Ese mismo día fueron asesinados en el cuartel de la policía del Viejo San Juan los jóvenes nacionalista Elías Beauchamp (1ra foto) y Hiram Rosado (2da foto)

Augusto Cesar Sandino fue el líder de la resistencia nicaragüense contra el ejército de ocupación estadounidense en Nicaragua. Su lucha guerrillera logró que las tropas de los Estados Unidos salieran del país, pero con la ayuda financiera estadounidense se crea la Guardia Nacional y al frente de la misma se nombra al general Anastasio Somoza García quien, a traición, ordenó asesinar a Sandino por órdenes de la embajada norteamericana. Uno de los ayudantes de la embajada de Estados Unidos, y colaborador directo del dictador Somoza fue el coronel Francis Riggs, que ese mismo año (junio de 1934) fue enviado a Puerto Rico a seguir el trabajo sucio que hizo en Nicaragua, ahora contra el Partido Nacionalista de Puerto Rico.

Con la llegada de Francis Riggs a la policía esta institución represiva se militarizó aún más, comenzaron a usar ametralladoras y carabinas, y comenzaron a allanar casas y locales comerciales de conocidos Nacionalistas puertorriqueños. El plan sucio del coronel Riggs dio frutos y el 24 de octubre de 1935 ocurre la masacre de Río Piedras donde 5 miembros del Partido Nacionalista de Puerto Rico fueron asesinados por la policía que dirigía Francis Riggs. Muy sosegado Francis Riggs siguió viviendo su vida sin escrúpulos, asistiendo a la iglesia los domingos y gozando de las comodidades que le daba la colonia en este país caribeño; hasta que el domingo, 23 de febrero de 1936 fue ajusticiado por comandos Nacionalistas puertorriqueños de dos jóvenes boricuas que ofrendaron sus vidas por la patria, Elías Beauchamp e Hiram Rosado. Sorprendieron al carro del coronel Riggs frente al Callejón del Gámbaro en el Viejo San Juan. Allí, frente al Callejón del Gámbaro murió Francis Riggs. Los dos fueron asesinados sin contemplaciones el mismo día que ajusticiaron al coronel Riggs luego de ser capturados vivos.

Hiram Rosado era un joven de Ciales muy inteligente y ocupaba el puesto de director y administrador de la compañía FERRA de San Juan. Elías Beauchamp nació en Utuado y su familia eran de Lares y Mayagüez. Sus bisabuelos participaron del Grito de Lares. La familia Beauchamp era reconocidos como independentistas desde tiempos de España, y nunca claudicaron a sus ideales de liberación nacional. Elías Beauchamp era bien conocido en su pueblo de Utuado, muchacho trabajador, trabajaba con los tabacaleros, luego se muda a Bayamón donde trabajó con la compañía J. Ramírez e hijos.

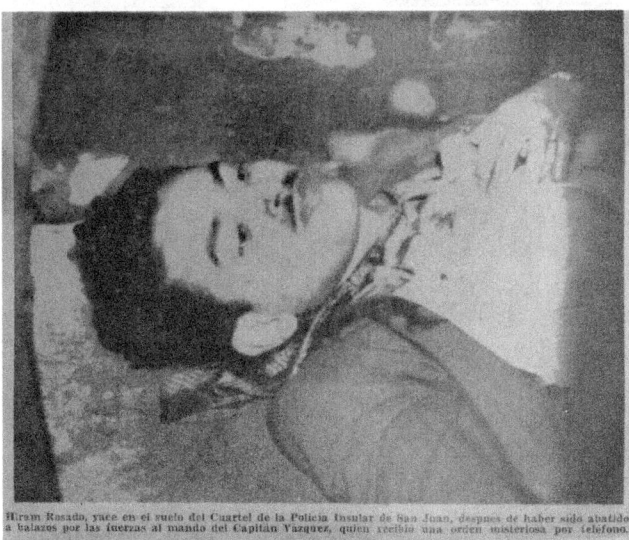

En 1936 los jóvenes Nacionalistas, Hiram Rosado y Elías Beauchamp, autores del ajusticiamiento del coronel norteamericano y jefe de la policía de Puerto Rico, Francis Riggs, responsable de la Masacre de Río Piedras, son asesinados por la policía dentro del Cuartel en San Juan. Estas muertes también quedaron impunes.

Pedro Albizu Campos en la despedida de Elías Beauchamp y Hiram Rosado.

Los restos mortales de Hiram Rosado y de Elías Beauchamp reposan en Capilla Ardiente en la Junta Municipal del Partido Nacionalista de Santurce en la noche trágica.

Albizu Campos pronuncia la oración fúnebre durante el sepelio de Elías Beauchamp e Hiram Rosado en el Cementerio de Santurce el 24 de febrero de 1936.

"Cuando el hombre se pasea serena y tranquilamente sobre las sombras de muerte, entonces es que el hombre entra en la inmortalidad." "Aquí están dos héroes auténticos, Elías Beauchamp e Hiram Rosado, sangre de héroes son el fruto de un ideal y de su reconquista; su ideario es la independencia de Puerto Rico. Es el ideario y es una consagración al heroísmo y al sacrificio. Aquí dos héroes me dicen a mí y a todos los habitantes de Puerto Rico, que el juramento de consagración a la independencia de la patria es válido y está sellado con sangre de inmortales."

- Pedro Albizu Campos, 25 de febrero de 1936.

Elías Beauchamp - el 24 de octubre de 1935 la Policía Colonial bajo las órdenes del coronel Francis Riggs jefe de la policía, asesina a cuatro jóvenes Nacionalistas, acto que pasa a la historia como la Masacre de Río Piedras. Previamente este les había declarado la guerra a los Nacionalistas. En respuesta, los jóvenes Nacionalistas Hiram Rosado y Elías Beauchamp ajustician al fascista coronel Francis Riggs. Los jóvenes son arrestados y llevados al cuartel de la Policía de San Juan. Allí fueron acribillados a balazos. Asesinatos viles que respondían a la agenda represiva del Gobierno de los Estados Unidos contra el Partido Nacionalista en Puerto Rico.

Elías Beauchamp bajo arresto luego de ajusticiar al coronel Francis Riggs.

La familia Beauchamp

Los Beauchamp eran descendientes de franceses. Llegaron a Puerto Rico a principios del siglo XIX desde la Louisiana que era territorio francés. No fue una solo familia, fueron varias familias con el apellido Beauchamp. Unos llegaron desde Haití en 1795 y otros desde Louisiana. Al conocerse en Mayagüez, Puerto Rico, se apadrinaron entre sí. Francisco Beauchamp llegó casado con Isabel Sterling (estadounidense) y compró una finca de 500 cuerdas de café y caña. Su hijo Pedro nació en Mayagüez en 1808 y luego nació José, hermano menor de Pedro. Pedro Beauchamp, ya adulto, también compró otra finca (con apoyo de su padre) y entre padre e hijo producían 290 quintales de café para 1852. Los Beauchamp se unieron en matrimonios con los Terreforte de Mayagüez. La esposa de Pedro (de la familia Terreforte) tuvo tres hijas y 5 varones. Las hijas fueron, María, María Euduviges y Sinforosa.

Los Beauchamp fueron discriminados, en parte, por los grupos comerciantes españoles, por ser criollos y de descendencia francesa. Francia tuvo varios conflictos bélicos con España desde 1800.

En ese sentido las familias Beauchamp se fueron radicalizando en sus acciones y luchas, por lo que fueron grandes colaboradores de los doctores Ramón Emeterio

Betances y José Francisco Basora. También la familia Terreforte, al estar unidos a los Beauchamp, asumió acciones radicales y a favor de la Liberación Nacional para Puerto Rico.

Una de las mayores colaboradoras de Betances y Basora fue María Eduviges Beauchamp que, al quedar viuda, se da a la tarea de ayudar fuertemente en la organización clandestina de las Juntas Revolucionarias. Sus hermanos Elías, Pablo Antonio, Pedro, Zoilo, Dionisio, y varios sobrinos se unieron a la Junta Revolucionaria Capá Prieto que dirigía Mathias Brugman y Baldomero Baurén.

Fueron Pedro y Pablo Beauchamp los que aportaron mayores hombres (la mitad esclavos) y marcharon a Lares con Juan Mata Terreforte. Mathias Brugman estaba en Las Marías y recibió el mensaje de Manuel Rojas más tarde. Brugman logró reclutar 100 hombres y marcho al mediodía del 24 de septiembre a Lares, donde ya se había dado la Batalla de San Sebastián, por lo que los mayagüezanos que participaron en Lares y en San Sebastián fueron los hermanos Beauchamp Elías, Pablo Antonio, Pedro, Zoilo, Dionisio, Juan Mata Terreforte, José Antonio Mus, Eugenio Chabrier, Enrique Brugman (hijo mayor de Mathias), Baldomero Baurén, con decenas de sus jornaleros y esclavos. En la Batalla de San Sebastián del Pepino fue herido Elías Beauchamp, y los otros hermanos tardaron en ser capturados. María Eduviges Beauchamp, aunque fue arrestada e interrogada, no fue encarcelada, pero todos sus hermanos (varones) sufrieron cárcel hasta la Amnistía decretada en enero de 1869. Los Beauchamp continuaron con su trabajo de hacendados y comerciantes en la producción de café y el azúcar. Elías Beauchamp y otros hermanos se mudaron a Lares y a Utuado.

La hija de Enrique Brugman, Emilia Brugman, se casó con Elías Beauchamp, quienes fueron los abuelos de Elías Beauchamp por parte del padre. Emilia Brugman fue abuela de Elías Beauchamp, quién nació en Utuado el 8 de junio de 1908. Mártir Nacionalista puertorriqueño. Sus padres fueron Juan Francisco Beauchamp Brugman y Julia Beauchamp Bello, por lo que Elías Beauchamp era descendiente del hijo mayor de Mathias Brugman y uno de los hermanos Beauchamp, que participaron del Grito de Lares de 1868.

Elías Beauchamp tenía 28 años de edad al morir como mártir por la Liberación Nacional de Puerto Rico, el 23 de febrero de 1936, luego de ajusticiar al coronel Elisha Francis Riggs.

Datos tomados de: Los Franceses en el Oeste de Puerto Rico – de Ricardo R. Camuñas Madera y del libro: Puerto Rico – sus luchas emancipadoras (1850 – 1898) de Germán Delgado Pasapera.

La prensa anuncia los planes de represión:

"G-Men Federales enviados a Puerto Rico.

Investigan secretamente las actividades del Partido Nacionalista. Vienen provistos de ametralladoras (Thompson), bombas lacrimógenas y gases asfixiantes".

Periódico El Imparcial
Primera Plana
20 de febrero de 1936

La violencia anunciada por el periódico El Imparcial, el 20 de febrero de 1936, fue evidencia tres días después, tanto en el área metropolitana como en la montaña.

Ese mismo día que fusilan a los Nacionalistas en el Cuartel General, la policía dio muerte a dos Nacionalistas en Utuado. La policía los detuvo para registro el auto de uno de los Nacionalistas y en plena intervención resultan muertos Ángel Mario Martínez y Pedro Crespo. En este acto resulto herido el jefe de la Policía de Utuado.

El 2 de abril de 1936 Corretjer está preso y condenado a un año de prisión en La Princesa por desacato a una orden de la Corte Federal por no entregar las actas del Partido Nacionalista, poco después sería condenado por conspiración junto a Albizu y otros dirigentes Nacionalistas.
Foto el Imparcial

1936

El 5 de marzo de 1936, a diez días de la muerte del coronel Riggs, la Corte de distrito de Estados Unidos en Puerto Rico, expidió una orden de arresto contra Albizu Campos, Juan Antonio Corretjer, director del periódico La Palabra y secretario general del Partido, Luis F. Velázquez, tesorero; Clemente Soto Vélez, director del semanario Armas editado en Caguas; Erasmo Velázquez, secretario de la Junta Municipal Nacionalista de Caguas y su hermano Julio H. Velázquez, Juan Juarbe Juarbe, secretario particular de Albizu Campos, Pablo Rosado Ortiz y Rafael Ortiz Pacheco, bajo cargos de "Conspirar para derrocar por la fuerza al gobierno de los Estados Unidos en Puerto Rico".

Juan Juarbe Juarbe fue exonerado de la acusación.

Rafael Ortiz Pacheco, sin consultar o informar a sus compañeros, huyó a Santo Domingo.

Aaron Cecil Snyder, fiscal federal y luego presidente corrupto del Tribunal Supremo de Puerto Rico. Amapuchó el caso contra Albizu Campos y los otros lideres Nacionalistas en 1936 para que un panel de jurados los declarara culpables.

Rockwell Kent, Pintor.
Testimonió la trampa que le tendieron a Albizu Campos y al liderato Nacionalista en los juicios por jurado en 1936.

Romualdo R. Rivera, abogado residente de Canóvanas. Autor de The Shadow of Don Pedro.

Luis Baldoni a la derecha, pero atrás. Beauchamp izq., al frente.

Hiram Rosado Ayala y Elías Beauchamp Beauchamp.

Luis Baldoni Martínez (Luis Cruz Baldoni)

En el año de 1936 Luis Baldoni protagonizó en su pueblo de Utuado la primera defensa a tiros de la bandera puertorriqueña.

Cualquiera que haya sido la causa, el resultado fue que —según se informó—, se entabló una lucha "cuerpo a cuerpo" entre Liberales y Nacionalistas en la cual intervinieron el jefe policial Vélez Ortiz y el agente Manuel Barrios. Luis Baldoni Martínez, el joven que había empuñado la bandera, fue agredido por Vélez Ortiz, por lo que sacó su arma y la emprendió a tiros contra los dos policías. Estos, a su vez, dispararon contra Baldoni y los tres resultaron heridos de bala, ninguno de gravedad.

Capítulo VII
1937 la Masacre de Ponce

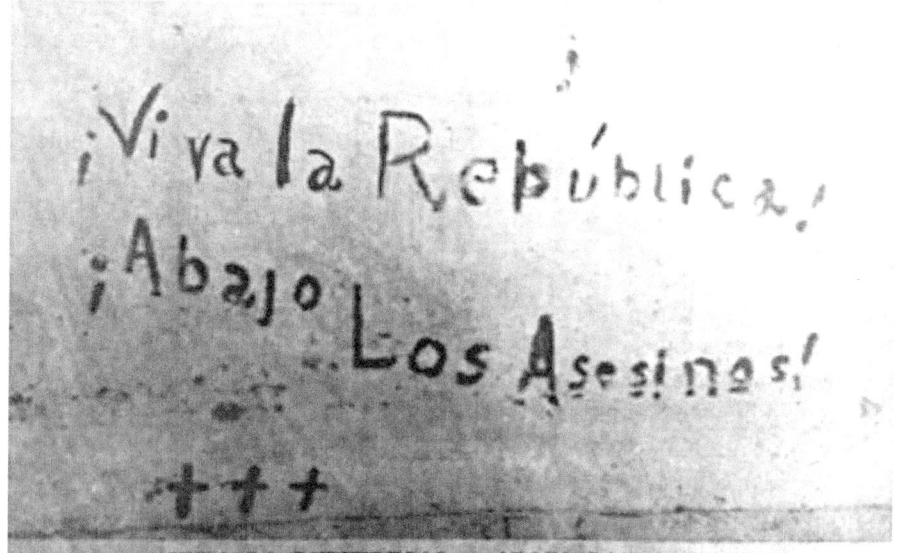

¡VIVA LA REPUBLICA! ¡ABAJO LOS ASESINOS!
ESA ES LA CONSIGNA DE UN MARTIR DE LA LIBERTAD DE PUERTO RICO, QUE LO ESCRIBIO CON SU PROPIA SANGRE EN LAS CALLES DE PONCE, ANTES DE MORIR AMETRALLADO POR LOS ESBIRROS DEL IMPERIALISMO, EL 21 DE MARZO DE 1937.

En el mes de febrero del 1937 mediante la Asamblea del Partido Nacionalista de Puerto Rico en Caguas. Asistieron alrededor de mil cadetes y enfermeras, delegaciones de todos los pueblos acudieron.

El gobierno creía que el Movimiento había sido decapitado, o por lo menos paralizado, con el encarcelamiento de Albizu Campos.

El acto de Caguas fue un mentís rotundo a esa creencia.

Fue electo: Julio Pinto Gandía como Presidente Interino.

La Masacre de Ponce

La Junta Nacionalista Municipal de Ponce: Luis Castro Quesada, presidente, Tomás López de Victoria, Capitán de los Cadetes, Elifaz Escobar, teniente. Miembros: Casimiro Berenguer, Plinio Graciani, fue presidente de la Junta Nacionalista de Ponce, y Lorenzo Piñeiro, Secretario General del Partido Nacionalista.

La junta estaba ubicada en la calle Marina esquina Aurora, frente a la escuela de enfermería del Hospital Doctor Pila, compartían el espacio con la zapatería del Nacionalista Casimiro Berenguer.
Entre los Nacionalistas que asistieron estaban los de la Junta de Mayagüez: Orlando Colon Leyro: Presidente y capitán de los cadetes.
Miembros: Julio de Santiago (Nacionalista desde el 1934), Diógenes Meseguer, Juan Gallardo y
José García Betances.
Dominga Cruz Becerril es la Directora del Cuerpo de Enfermeras de Mayagüez.

El 21 de marzo de 1937: Masacre de Ponce

Antecedentes
Después de las elecciones de 1932 el Partido Nacionalista y su líder Pedro Albizu Campos deciden cambiar de estrategia, unirse al pueblo en sus luchas diarias, dejando fuera la lucha electoral. De esa manera el liderato Nacionalista decide, en 1934, unirse y dirigir a los trabajadores de la caña que decretaron una huelga. Con Albizu como líder la huelga se extendió rápidamente por todo el sur de Puerto Rico. Los líderes obreros de la FLT como del PS (Partido Socialista) no pudieron convencer a los trabajadores a aceptar el miserable convenio. Las compañías estadounidenses de la caña se vieron obligados a aumentar el sueldo y beneficios para acabar con una de las huelgas más violenta desde la invasión de Estados Unidos. La oligarquía de la caña no se quedó de brazos cruzados y forzaron al Congreso y al presidente Roosevelt a nombrar a la gobernación al sureño Blanton Winship y al ayudante estadounidense del dictador de Nicaragua, el coronel
Francis Riggs, como jefe de la Policía, con amplia experiencia en tortura y manejo en la guerra contra los guerrilleros de Sandino en Nicaragua, para luchar contra el Partido Nacionalista y el auge de su líder (Albizu Campos) en las masas puertorriqueñas. Se comienza una estrategia de desprestigio contra Albizu a los que se prestan líderes de la juventud universitaria de Río Piedras que culmina en la masacre de Río Piedras el 24 de octubre de 1935. Por tal situación el 23 de febrero de 1936, Hiram Rosado y Elías Beauchamp ejecutan al coronel Riggs. Los amigos de Riggs en el Congreso presentan un proyecto de ley para otorgar la independencia a Puerto Rico. Albizu Campos no perdió tiempo y empieza una campaña para crear una Constituyente para declarar la República de Puerto Rico que tuvo gran aceptación en los líderes políticos de ese año (1936). El gobierno de Blanton Winship decide sacar a Albizu de carrera y el tribunal yanqui ordena el arresto del liderato Nacionalista acusados por "conspiración". En julio de 1936, en un segundo juicio, son acusados por "conspiración sediciosa" Albizu Campos, Juan A. Corretjer, Clemente Soto Vélez, Luis F. Velázquez, Rafael Ortiz, Juan

Gallardo, Pablo Rosado, Erasmo Velázquez y Julio Velázquez, condenados a 10 años de cárcel.

Tras la sentencia el Partido Nacionalista comienza una campaña para lograr la libertad de Albizu y sus compañeros, con manifestaciones semanales y mensuales. Un domingo de cada mes el Partido Nacionalista llamaba a una marcha y mitin. En enero de 1937 se celebró en Guayama y en febrero la manifestación fue en Caguas, donde el gobernador y la policía intentaron paralizar la misma, fracasando en sus gestiones.

En marzo se decidió hacer la actividad en Ponce.

El 14 de marzo de 1937 los líderes Nacionalistas Plinio Graciany y Luis Castro Quesada de Ponce gestionaron un permiso que les concedió el alcalde de Ponce, José Tormos Diego, para realizar una manifestación el domingo, 21 de marzo. Al enterarse el gobernador Winship, envía al jefe de la Policía, el coronel Orbeta, a cancelar el permiso del alcalde Tormos Diego.

El 19 de marzo de 1937, la Junta Nacionalista de Ponce envía a la prensa un comunicado en el que anunciaba una actividad que se llevaría a cabo el 21 de marzo de 1937. En ésta, se pretendía conmemorar la abolición de la esclavitud y protestar por el encarcelamiento de Pedro Albizu Campos y otros líderes del nacionalismo.

Winship ordena a Orbeta que mueva sobre 200 policías a Ponce. El coronel Orbeta lleva al jefe de la policía de Juana Díaz, capitán Felipe Blanco (iniciador de la masacre) y al jefe de Ponce, el capitán Guillermo Soldevilla. La mayoría de los policías reclutados son de Juana Díaz, de Coamo, de Ponce y algunos de San Juan. De los Nacionalistas un número grande de participantes eran de Mayagüez, de Ponce y de pueblos cercanos a Ponce.

Estaban programados para hablar Julio Pinto Gandía, presidente interino del Partido, Juan Hernández Valle, ministro protestante y Luis Castro Quesada, presidente de La Junta Nacionalista de Ponce.

Julio Pinto Gandía era el Presidente Interino y Lorenzo Piñeiro el Secretario General Interino.

El 21 de marzo de 1937 asistieron a la parada de Ponce cerca de 80 miembros del Cuerpo de Cadetes y el Cuerpo de Enfermeras de la República, la mayoría de ellos de los pueblos de Ponce y Mayagüez. Según llegaban debidamente uniformados, se iban colocando de tres en fondo, como veinte en cada fila. Al frente se encontraban los cadetes de Ponce con Tomás López de Victoria Capitán de los Cadetes en Ponce y Elifaz Escobar (teniente); seguían los de Mayagüez, bajo el mando del Capitán de Cadetes, Orlando Colón Leiro; les seguían las integrantes del Cuerpo de Enfermeras con Dominga Cruz Becerril, y la orquesta de músicos.

Como de costumbre, todos los cadetes estaban desarmados, sólo llevaban rifles de palo, que utilizaban para marchar y llevar a cabo sus prácticas militares.
Orden de los cadetes colocados de tres en fondo, los abanderados: Porfirio Rivera Walker y Santiago González, veinte en cada fila, Cadetes de Ponce, Cadetes de Mayagüez.

Pero, para sorpresa de muchos de los presentes, además de los Batallones del Ejército Libertador, también asistieron de 150 a 200 policías armados con rifles, carabinas, subametralladoras Thompson, bombas lacrimógenas, revólveres, macanas, toda la parafernalia necesaria para matar. Los policías rodearon por todos los puntos cardinales a los Cadetes y las Enfermeras, sin dejarles espacio para la retirada.
Una vez la banda finalizó, López de Victoria, quien se encontraba al frente del batallón, junto a los abanderados del cuerpo de cadetes, Porfirio Rivera Walker y Santiago González, levantó su espada de madera y, armado de valor, ignoró toda la artillería pesada que tenía de frente, dio la orden de atención, y prosiguió: "¡firmes, de frente, marchen!"
Después de una extensa discusión que comenzó al mediodía, el comandante de los cadetes, Tomás López de Victoria (natural de Ponce) a las 3:15 da órdenes de comenzar el desfile. La banda de música empieza a entonar La Borinqueña cuando se escuchan varios disparos. La policía la emprendió primero con el público que observaban desde las aceras. El escuadrón de policías con ametralladoras, detrás de los cadetes abre fuego contra los cadetes del centro del desfile. Este grupo de policía mató a dos de sus compañeros en el fuego cruzado. Una niña que salió corriendo fue acribillada subiendo una escalera (el cuerpo de la niña fue de los cuerpos que más balas recibió). Murieron también en la masacre un padre, su hijo y un sobrino. Pedro Juan Rodríguez Rivera, su hijo Iván Rodríguez Figueras y su sobrino Jenaro Rodríguez Méndez eran parte del público en la acera. Cayeron junto al abanderado del Partido Nacionalista. Dos féminas murieron en la masacre, la niña de 13 años, Georgina Maldonado y María Hernández Rosario. Hubo sobre 100 heridos, muchos de los heridos fueron mujeres pertenecientes al Cuerpo de Enfermeras del Partido Nacionalista. Además de las dos féminas y los tres familiares mencionados fueron asesinados en la masacre:
  Bolívar Márquez, Juan Delgado Cotal, Luis Jiménez, Ramón Ortiz, Ulpiano Perea, Juan Antonio Pietrantoni, Juan Reyes Rivera, Conrado Rivera López, Obdulio Rosario, Juan Santo, Juan Torres Gregory y Teodoro Vélez Torres. Fueron asesinados en el fuego cruzado, los policías Ceferino Loyola y Eusebio Sánchez.
En La Masacre de Ponce se distinguieron, además, Carmen (Cambucha) Fernández y Dominga Cruz Becerril, ambas afiliadas al Partido Nacionalista en Mayagüez. Carmen Fernández, de 35 años, vio cuando mataron al abanderado. Al ella tratar de tomar la bandera, recibió una herida de bala en el vientre. Cayó, gravemente herida. En su testimonio a la Comisión Halls identificó al policía León

R. Aponte como la persona que le disparó. Dominga Cruz Becerril, salió de su refugio, corrió hacia la bandera y la recogió. La ondeó y corrió con ella hacia el Hospital Doctor Pila. No resultó herida. Cuando le preguntaron por la razón para su hecho, ella contestó que en esos momentos recordó la enseñanza de Don Pedro Albizu Campos: "La bandera no se debe dejar caer al suelo."

Blanton Winship el autor intelectual de la Masacre de Ponce, general del Ejército de los Estados Unidos y Gobernador de Puerto Rico, hizo responsable de la matanza a los Nacionalistas. Un grupo de ellos, entre los que se encontraba López de Victoria fueron arrestados, encarcelados, y llevados a juicio. Se les acusó de motín, asesinato, portación de armas y ataque para cometer asesinatos. Sin embargo, después de tres meses de pruebas y contrapruebas terminó el juicio, y un jurado compuesto por puertorriqueños rindió un veredicto de absolución total.

Los Nacionalistas fueron defendidos por dos excelentes y prominentes abogados comprometidos con la causa de la justicia, los licenciados Ernesto Ramos Antonini y Víctor Gutiérrez Franki. Todos, los diez Nacionalistas fueron declarados inocentes. Sin embargo, las 19 muertes de inocentes y el sufrimiento de más de 150 heridos quedaron impunes; tamaña injusticia. Los juicios se llevaron a cabo entre septiembre de 1937 y febrero de 1938.

La Comisión de Derechos Civiles de EE. UU. nombró a Arthur Hayes para investigar los hechos, quien llegó a la conclusión que la masacre de Ponce fue una conspiración entre la policía y el gobernador de esa época, Blanton Winship. Pero el presidente Roosevelt no hizo caso a la Comisión dejando a Winship como gobernador hasta 1939.

No se encontraron armas entre los Nacionalistas y civiles muertos o heridos. Alrededor de 150 manifestantes fueron detenidos inmediatamente y más tarde fueron puestos en libertad bajo fianza. El Fiscal Rafael V. Pérez Marchand realizó una exhaustiva investigación que culminó con la radicación de acusaciones por asesinatos contra cuatro policías. El gobernador Blanton Winship sometió de inmediato a fuertes presiones al fiscal Pérez Marchand para que retirara las acusaciones contra los policías y presentara cargos contra los Nacionalistas sobrevivientes. Parece increíble, pero es dolorosamente cierto. Ante el dilema de conservar su puesto cometiendo una injusticia o rechazar esa infame propuesta, Pérez Marchand renunció, salvando así su honor defendiendo la verdad y la justicia El abogado Marcelino Romany reemplaza a Pérez Marchand como fiscal investigador y complace a Winship con su corrupta investigación. Les retiró los cargos a los policías y acusó a un grupo de Nacionalistas de la muerte del policía Ceferino Oyola. En las investigaciones de Pérez Marchand y el Comité Hays se comprobó que las muertes de los dos policías habían sido causadas por el fuego de los mismos policías.

La investigación del Comité Hays (mayo de 1937)

Nuestro pueblo indignado reclamó una investigación que llevara al conocimiento de la verdad y a la aplicación de la justicia. Como resultado se constituyó el

Comité Hays (comité cívico) presidido por Arthur Garfield Hays, prestigioso jurista norteamericano, y constituido por un grupo de prominentes puertorriqueños. Terminada la extensiva investigación el Comité concluyó que el Gobernador Winship fue el principal responsable de todo lo ocurrido, que el gobernador y la policía violentaron los derechos civiles de los Nacionalistas y que todos los muertos y heridos, Nacionalistas y civiles, estaban desarmados, o sea, que lo ocurrido fue una matanza de inocentes. La misma Comisión Hays la nombra como lo hizo el pueblo, una masacre, LA MASACRE DE PONCE. Lamentablemente este Comité Cívico no tenía facultad legal para llevar al gobernador y a los policías a un proceso judicial. Sin embargo, tenía la fuerza moral para denunciar los abusos y crímenes cometidos. Gracias a los testimonios de los sobrevivientes, a los valientes periodistas José L. Conde, de El Mundo, y Carlos Torres Morales, de El Imparcial, quienes tomaron fotos de la tragedia, al trabajo del licenciado Rafael Pérez Marchand, al Comité Cívico, y a nuestro pueblo se conoció la verdad del lamentable suceso.

Entre los sobrevivientes:
Tomás López de Victoria, Capitán de los Cadetes de la República de Ponce.
Elifaz Escobar, Teniente de los Cadetes de Ponce, Lorenzo Piñeiro (Secretario General), Porfirio Rivera Walter y Santiago González (los abanderados del cuerpo de cadetes).
Miguel Ángel Echevarría, Carmen "Cambucha" Fernández (de treinta y tres años del barrio Machuelo de Ponce y herida de perdigón en el vientre, el intestino y la pierna derecha) y Alfonso "Pascual" Morales del barrio Machuelo. Herido de perdigón en los brazos.
Eufemio Rodríguez, Estanislao Lugo Santiago, Manuel Caballer, Casimiro Berenguer (Cadete), Luis Castro Quesada, Plinio Graciani, Martin González Ruiz y Luis Ángel Torres.
De Mayagüez:
Julio de Santiago y su esposa (presidente de La Junta Nacionalista en Mayagüez),
Orlando Colón Leiro (Presidente y capitán de los Cadetes de Mayagüez),
Dominga Cruz Becerril (Hijas de la Libertad), Diógenes Meseguer, Juan Gallardo y José Garcia Betances.

```
MARTIRES DE LA MASACRE DE PONCE
NIÑA-GEORGINA MALDONADO        JUAN COTAL NIEVES
BOLIVAR MARQUEZ TELECHEA       MARIA HERNANDEZ DE ROSARIO
RAMON ORTIZ TORO               OBDULIO ROSARIO
PEDRO J. RODRIGUEZ RIVERA      JUAN REYES RIVERA
JUAN SANTOS ORTIZ              JUAN TORRES GREGORI
TEODORO VELEZ TORRES           LUIS JIMENEZ MORALES
         ENTERRADOS EN MAYAGUEZ
IVAN C. RODRIGUEZ FIGUEROA     CONRADO RIVERA LOPEZ
JENARO RODRIGUEZ MENDEZ        ULPIANO PEREA
   EN ESTA FOSA COMUN SE ENTERRARON POSTERIORMENTE
   TOMAS LOPEZ DE VICTORIA - COMANDANTE DE LOS CADETES
         FE GONZALEZ DE VICTORIA Y SU HIJA
            VICTIMAS DE LA MASACRE DE PONCE
     JOSE ANTONIO DELGADO - GUARDIA NACIONAL
     CEFERINO LOYOLA LOPEZ    POLICIA INSULAR
     EUSEBIO SANCHEZ PEREZ    POLICIA INSULAR
```

Víctimas de La Masacre de Ponce

1-Georgina Maldonado-Niña. Tenía 13 años, estudiante en escuela pública. Residente de la Calle Buenos Aires, Ponce. Murió a las 5:00 p.m. en el Hospital Tricoche. Tenía herida con desgarre desde el omóplato hasta la articulación quedando a la vista la pleura parietal, desde la costilla ocho hasta la doce, todo se veía por fuera.

Causa de muerte: Conmoción, anemia secundaria aguda, consecutiva a hemorragia interna por ruptura de bazo.

2-Bolivar Márquez Tellechea (1911-1937). Cadete de la República. Tenía 26 años, residente en la calle Unión de Ponce. Murió a las 5:30 p.m. Al lado de la verja del Hospital Dr. Pila en donde escribió con su sangre "Viva la Republica, Abajo los asesinos +++". Tenía varias heridas de perdigón en la espalda, cuello, cabeza, pecho y otras partes del cuerpo.

Causa de muerte: anemia secundaria aguda, consecutiva con a una hemorragia intrapleural de la vena cava superior.

3- Ramón Ortiz Toro (1918-1937). Mensajero. Tenía 19 años y natural de Adjuntas.

Falleció a las 5:00 p.m. el 21 de marzo de 1937. Tenía heridas en el cuello, nuca, el puente de la nariz atravesado por herida, el canal espinal y la medula.

Causa de muerte: perforación de la medula por penetración de perdigón que le atravesó la primera y la segunda vértebra.

4-Pedro Juan Rodríguez Rivera. Pintor en un taller de mecánica. Tenía 23 años y natural de Cabo Rojo. Tenía herida de proyectil que le penetro el pecho. Falleció a las 5:30 p.m. de una conmoción, anemia secundaria a consecuencia de hemorragia interna por perforación del collado de la aorta.

Juan Santos Ortiz (1894-1937). Nacionalista de Ponce. Tenía 43 años, residente en la calle Mayor Cantera de Ponce. Murió a las 6:30 p.m. en el Hospital Tricoche. Tenía heridas de proyectil en la cara que le fracturó la mandíbula, le arrancó dos piezas de la dentadura y penetró por debajo de la lengua y otras partes del cuerpo. Causa de muerte: anemia secundaria aguda consecutiva a hemorragia de una arteria carótida.

Teodoro Vélez Torres (1917-1937). Nacionalista de Ponce. Bracero auxiliar, central azucarera. Tenía 20 años, de Ponce y vecino de Loma Bonita. Murió a las 5:00 p.m. en el Hospital Tricoche. Tenía heridas de proyectil en muslo, nalga y ruptura de arteria.

Causa de muerte: una hemorragia, anemia, secundaria aguda como consecuencia de ruptura en ambas arterias femorales.

Juan Cotal Nieves (1907-1937). Chofer de carro público. Tenía 30 años, residente de Ponce. Falleció a las 5:00 p.m. el 22 de marzo de 1937 en Hospital Distrito de Ponce de heridas de perdigones en el lado derecho del cuello y región del hombro derecho.

María Hernández de Rosario (1887-1937). Nacionalista de Ponce. Esposa de Obdulio Rosario. Tenía 50 años, residente en la calle Aurora esquina Bélgica de Ponce. Costurera en el hogar. Falleció el 22 de marzo de 1937 en el Hospital Tricoche.

Recibió golpe en la cabeza cuya materia encefálica se escapó por una contusión y fractura compuesta y profusa hemorragia con coágulos y compresión de los lóbulos y el hueso de la cabeza hecho pedazos.

Obdulio Rosario (-1937). Esposo de María Hernández. De 60 años, industrial ambulante. Falleció el 12 de mayo de 1937 en el Hospital San Lucas por amputación de la pierna derecha debido a herida de bala. Causa de la muerte: anemia secundaria por amputación.

10-Juan "Tarzán" Reyes Rivera. Nacionalista de 40 años. Industrial, negocio propio. Residente de San Juan. Falleció el 22 de marzo de 1937 a las 6:00 a.m. en el Hospital Tricoche. Tenía herida de proyectil en el vientre y perforación del ilion, el omento y el yeyuno, derrame del contenido intestinal en la cavidad del peritoneo con hemorragia interna y profusa. Causa de la muerte: conmoción, hemorragia interna profusa de bazos y perforaciones múltiples del intestino.

Juan Torres Gregori (1917-1937). Cadete de la República. Nació el 25 de mayo de 1917 y tenía 19 años, dependiente en puesto de gasolina. Residente en el barrio Clausells de Ponce. Falleció a las 9 p.m. el 22 de marzo de 1937 en la Clínica Dr. Pila. Tenía herida de bala en la cabeza. Causa de su muerte hemorragia cerebral interna.

12-Luis Jiménez Morales (1913-1937). Cadete de la República. Tenía 24 años y residente de San Antón de Ponce. Velador de la Colonia Estrella, plantación de

caña. Falleció el 22 de marzo de 1937 a las 8:00 a.m. en la Clínica Dr. Pila. Tenía heridas en el brazo izquierdo y en el abdomen, heridas punzantes y penetrantes. Causa de su muerte: peritonitis aguda consecutiva a herida punzante del vientre.
    Iván G. Rodríguez Figueras. Hijo de Jenaro Rodríguez Méndez. De 22 años, operario en talleres de costura. Residente en El Ensanche Santurce de Mayagüez. Recibió heridas de perdigón en la región frontal del cráneo y en la clavícula derecha, el esternón, costillas y otras partes de cuerpo. Causa de la muerte: perforación del cráneo que le atravesó el cerebro, perforación de la arteria pulmonar izquierda y hemorragia interna. Falleció el 21 de marzo a las 5:00 p.m. en el Hospital Tricoche.
    Jenaro Rodríguez Méndez (1897-1937). Padre de Iván G. Rodríguez Figueroa. Nació en el 1909 en cabo Rojo y vecino del Ensanche Santurce de Mayagüez. Tenía 40 años. Comerciante, tienda de provisiones, residente en Barrio Santurce, Mayagüez. Tenía heridas de perdigón en la región temporal derecha y en las piernas. Causa de la muerte: compresión cerebral por hemorragia en la masa encefálica por penetración de perdigón. Falleció a las 12:00 a.m. el 22 de marzo de 1937 en el Hospital Tricoche.
    Conrado Rivera López: Nacionalista. Residente en el Barrio Hoyo Vicioso de Mayagüez. De 22 años, carpintero en obras. Falleció el 22 de marzo de 1937 a las 4:00 am. en el Hospital Tricoche. Tenía heridas de perdigón en hombros, cara y cabeza.
    Causa de la muerte: compresión cerebral por hemorragia debido a perforación del cerebro por perdigones.
    Ulpiano Perea Balague: Nacionalista de 22 años, operario en talleres de costura y residente de Mayagüez. Tenía herida en la cabeza y fractura del cráneo. Causa de la muerte: compresión cerebral con hemorragia producida por golpe contundente y fractura del cráneo. Falleció a las 6:00 a.m. en el Hospital Tricoche.

    También fallecieron los policías:
    José Antonio Delgado Pierantoni: Conocido por Guayanilla. Miembro de la Guardia Nacional de 24 años. Falleció el 24 de marzo en el Hospital Distrito de Ponce a las 11:45 a.m. Tenía herida de bala en el vientre con perforaciones intestinales y peritonitis. Herida de bala en la pierna derecha y en el vientre.
    Ceferino Loyola López: Policía Insular. De 42 años.
    Falleció el 25 de marzo de 1937 a las 3:30 p.m. en la Clínica Dr. Pila.
    Tenía herida de bala en la cara que le penetró por el ojo izquierdo, traspasándole la cavidad craneal por dentro del ojo, saliendo por la región fronto-parietal derecha. Otras heridas en la mano derecha y los dedos. Causa de la muerte: herida de bala que el atravesó el cerebro.
    Eusebio Sánchez Pérez: Policía Insular (9 meses) de 30 años. Residente de Arroyo.

Tenía herida de bala con orificio de entrada y salida en la región del omoplato izquierdo a cinco pulgadas y media de las vértebras que le perforo el pericardio y el pulmón izquierdo, produciendo hemorragia por la cual falleció casi al instante. Causa de la muerte: herida de bala en el tórax con perforación del corazón y pulmón izquierdo. Falleció el 21 de marzo de 1937 a las 4:00 p.m. en la Calle Marina y Aurora.

Los policías: Eusebio Sánchez y Ceferino Loyola se quitaron las gorras y se las colocaron en el pecho al sonar La Borinqueña en señal de respeto.

Armando Martínez el policía insular #630 es el policía que fue señalado por algunos testigos como el que hizo el disparo al aire creando toda la escena y mató a la niña Georgina Maldonado.

Es el mismo que se dice que le puso las balas en el bolsillo a Elifaz Escobar cuando estaba tendido en el piso al lado de Tomas López de Victoria quien había sido herido de bala en el vientre. Le tiraron un revolver en el pecho al lado de la mano derecha, pero Elifaz era zurdo.

El gobierno acusó de asesinato a los Nacionalistas:

Julio Pinto Gandía (Presidente Interino), Lorenzo Piñeiro (Secretario general Interino), Tomás López de Victoria (Capitán del Cuerpo de Cadetes),

Luis Castro Quesada, Plinio Graciani, Casimiro Berenguer, Martín González Ruíz, Elifaz Escobar, Luis Ángel Correa, Santiago González y Orlando Leiro.

El 13 de febrero el jurado no se pudo poner de acuerdo y absolvieron a todos los Nacionalistas.

*Rafael Pérez Marchand asegura que fueron 20 los muertos, catorce en el momento y seis más en la tarde (luego).

*Ismael Morales de Mayagüez un excadete Nacionalista de Mayagüez quien había sido acusado de conspirar contra la vida de Iglesias Pantín miente y declara contra los Nacionalistas.

El último día de Georgina Maldonado. En la foto se ve cruzando a la niña de 13 años, Georgina Maldonado, minutos antes que comenzara la Masacre de Ponce (21 de marzo). El cuerpo de Georgina Maldonado fue el cuerpo que más balas recibió pus se le disparó con una ametralladora.

El 21 de marzo de 1937, Ponce, Puerto Rico.
Los Cadetes de la República del Partido Nacionalista en formación. Foto tomada minutos antes de que comenzara la sanguinaria masacre de Ponce.

Cuerpo de policias armados de subametralladoras.

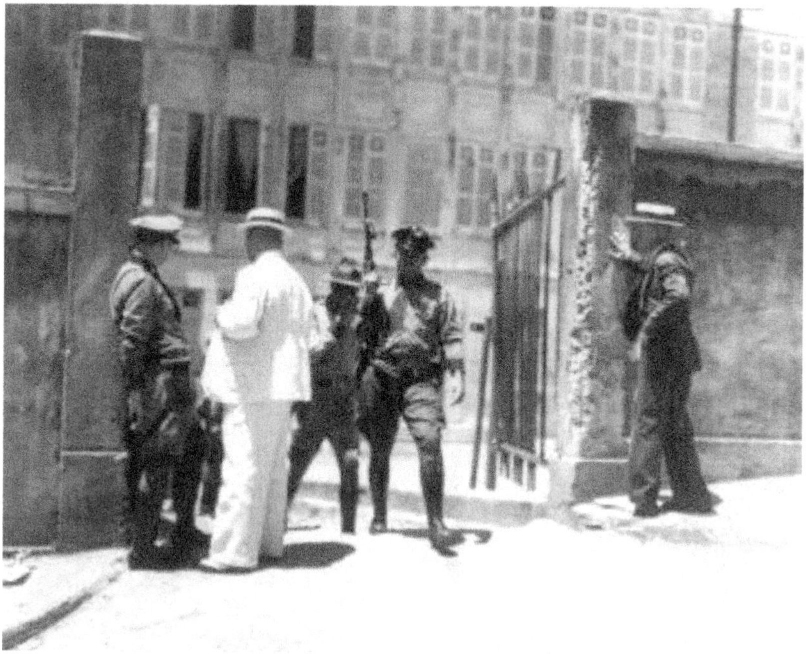

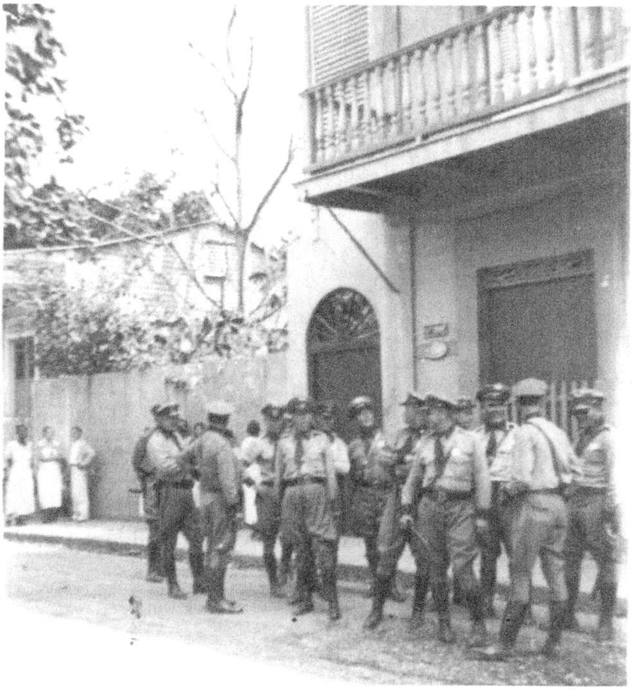

El coronel Enrique de Orbeta. (de blanco).

Perfecta formación de los Cadete antes del tiroteo. Nótense a lo lejos los escuadrones de ametralladoras a espaldas de la columna de los Cadetes, y al frente fuerzas de la policía esperando…
Policías se preparan para la masacre.

Se inicia el tiroteo.

Policía herido.
Ramon Ortiz Toro.

El Cadete de la República Elifaz Escobar se hace el muerto y el policía Insular Luis Anés Mariani portando arma larga apunta hacia el local de los nacionalistas.

Policía mientras apuntaba hacia el techo del local de la Junta Nacionalista. En el pavimento está el cuerpo del policía Eusebio Sánchez. Policía muerto por fuego cruzado de los mismos policías disparando.

Empleado del Hospital Tricoche mientras recogía algunos de los muertos.

Bolívar Márquez, cadete nacionalista asesinado en la masacre de Ponce, 1937.

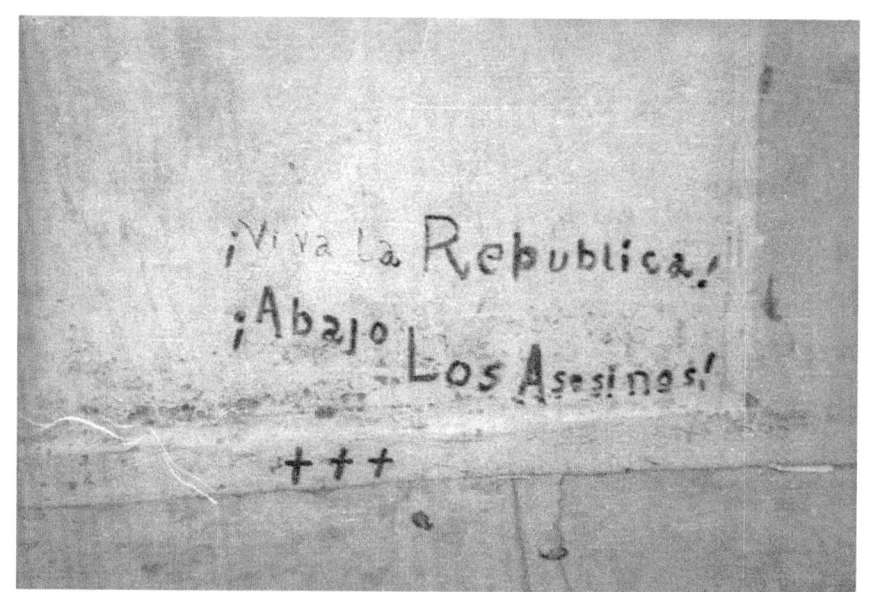

Escrito por el Cadete Bolívar Márquez con su propia sangre cuando ya se moría.

Tomás López de Victoria es herido y arrestado.

Arrestos en Ponce.

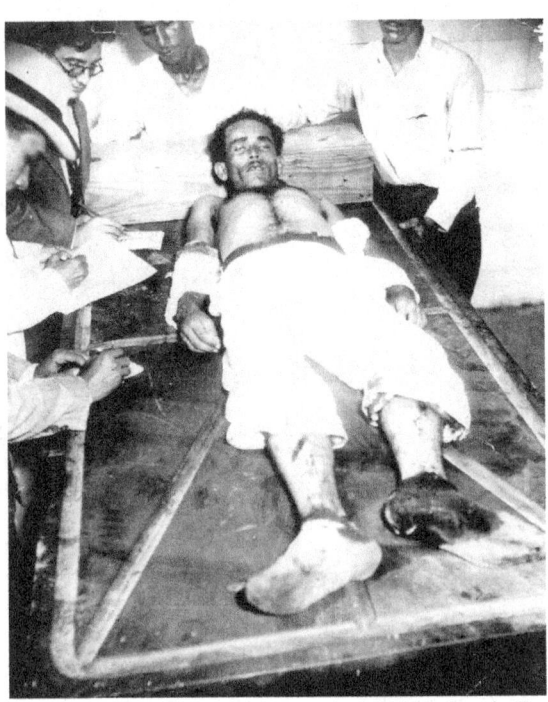

Uno de los fallecidos en el Hospital Tricoche de Ponce.

Tomás López de Victoria Capitán del batallon de los Cadetes de la ciudad de Ponce.
Comandaba el peloton y que dio la orden de marcha en los tragicos sucesos del domingo ultimo en Ponce.
Tomás López de Victoria fue uno de los heridos, recibió un balazo en el lado izquierdo del abdomen y una contusión en la cabeza, la cual alegó que le fue inferida por la policía con una macana.

21 de marzo de 1937.Dos damas de Las enfermeras del Ejercito del Partido Nacionalista siendo arrestadas por la Policia Insular minutos despues de la Masacre de Ponce.

A la Hora Nona murieron asesinados en la calles de Ponce, Puerto Rico, 19 mártires puertorriqueños.

Masacre de Ponce - 21 de marzo de 1937

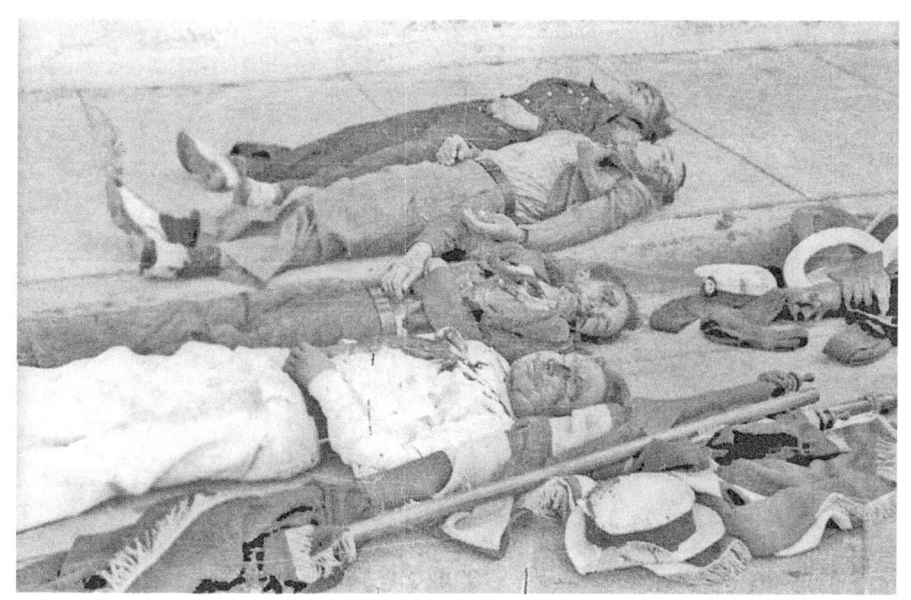

21 de marzo de 1937: Masacre de Ponce

17 civiles asesinados: una niña de 12 años (Georgina Maldonado), una mujer (María Hernández del Rosario), un padre, su hijo y un sobrino (Jenaro Rodríguez, Iván Rodríguez y Pedro Juan Rodríguez) y 12 cadetes del Partido Nacionalista asesinados. Además, murieron dos policías insulares y un Guardia Nacional por el fuego cruzado.

En la foto los cadáveres de Iván Rodríguez y su padre Jenaro Rodríguez (de arriba hacia abajo) el tercero es el sobrino Pedro Juan Rodríguez. Con la sangre de Iván Rodríguez fue que uno de los cadetes herido escribió "Viva la República, Abajo los Asesinos" +++las tres cruces debajo de las palabras son por Iván, Jenaro y Pedro Juan.

Sepelio de los primeros caidos conduccidos al Cementerio Civil de Ponce.

El entierro de varias de las víctimas de La Masacre de Ponce.

Georgina Maldonado - de 13 años, asesinada en la masacre de Ponce.
foto - entierro de Georgina Maldonado. Georgina habia salido a recoger ramas benditas aquel Domingo de Ramos.

Junta Nacionalista de Ponce. Familiares y amigos de los nacionalistas arrestados luego de la Masacre frente al local de La Junta nacionalista en Ponce. Véanse los impactos de las balas en la pared.

EL IMPARCIAL

¡VIVA LA REPUBLICA!

¡ABAJO LOS ASESINOS!

20 Páginas 3 Ctvs. | **EL MUNDO** DIARIO DE LA MAÑANA | 20 Páginas 3 Ctvs.

AÑO XIX. | SAN JUAN, PUERTO RICO. | MARTES 23 DE MARZO DE 1937. | NUMERO 6729.

Aumentan a quince los muertos en Ponce

Y anoche se esperaba la muerte de varios heridos.--Miles de personas asistieron al sepelio de los nacionalistas

Los cadetes heridos, entre ellos su capitán, hacen declaraciones para "El Mundo".--Se incoan varios procesos

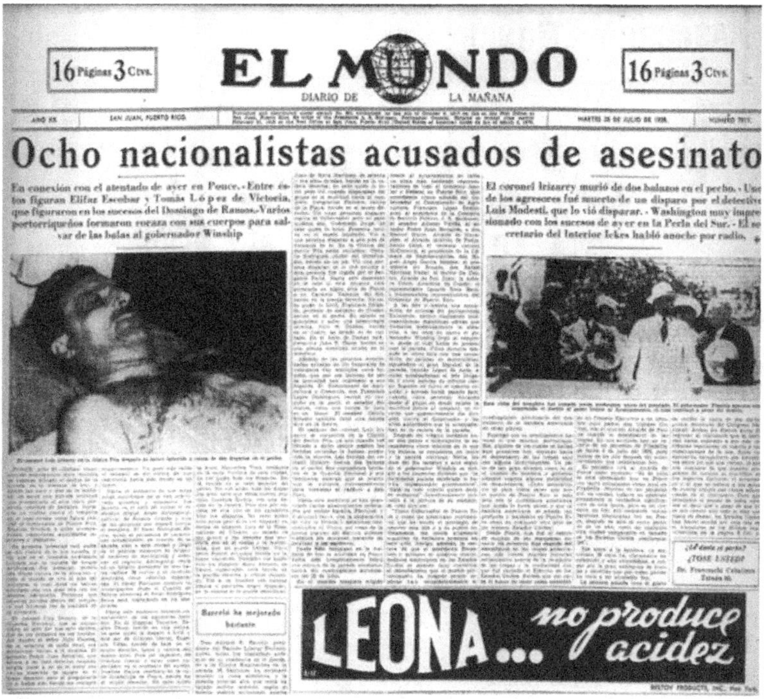

EL MUNDO

Ocho nacionalistas acusados de asesinato

EL IMPARCIAL

PARTIDO RINDE HONORES A NACIONALISTAS MUERTOS

EL IMPARCIAL

OCHO MIL NACIONALISTAS JURAN VENGANZA

"WINSHIP FRAGUO EL CRIMEN" - ALBIZU

Caricaturas del FLORETE, fuente Arturo Yépez

La nación puertorriqueña contra el gobierno yanqui, que a través de su representante Blanton Winship pretendió suprimir la libertad de prensa, de palabra y de reunión. Puerto Rico le rinde homenaje a los mártires que cayeron defendiendo esos derechos en Ponce el 21 de marzo de 1937.

LA MASACRE DE PONCE DEL 21 DE MARZO DE 1937. POR ÓRDENES DEL GOBERNADOR ESTADOUNIDENSE BLANTON WINSHIP Y EL APOYO DE ESTADOS UNIDOS. MATARON 19 PUERTORRIQUEÑ@S Y ENTRE 150 Y 200 HERIDOS. POR QUÉ LAS ESCUELAS NO LO ENSEÑAN A L@S NIÑ@S??? Y EN LA ESCUELA SUPERIOR, LAS QUE MENCIONAN ESTA BARBARIE, NO CULPAN A USA????

Blanton Winship Gobernador americano que ordenó la MASACRE!

EL COMITE CIVICO RESUELVE QUE EN PONCE HUBO UNA MASACRE

Y que se debió "a la negación por la Policía de los derechos civiles de asamblea y manifestación que tienen los ciudadanos".- Declara que "las libertades civiles han sido repetidamente negadas durante los últimos nueve meses por orden del Gobernador"

DEL PROCESO DE LOS NACIONALISTAS EN PONCE

No habiendo decaído un instante el interés público en torno al proceso judicial a que han sido sometidos los jóvenes nacionalistas como supuestos responsables de la muerte del policía Ceferino Loyola durante los trágicos sucesos del Domingo de Ramos en la ciudad de Ponce, continuamos ofreciendo la reseña gráfica de los más destacados detalles del sensacional proceso que iniciamos en nuestra penúltima edición.

El policía Lynn, uno de los principales testigos de cargo muestra la forma en que según él, disparaba Elifaz Escobar.

El Hon. Juez don Domingo Sepúlveda, que preside el tribunal, aparece junto al acusado Lorenzo Piñeiro.

El detective Colón indica cómo estaba acostado Elifaz Escobar durante ciertos actos del domingo de Ponce.

El policía Luis Anés señala a Elifaz Escobar.

Momentos en que el Ledo. Leopoldo Tormes prestaba su declaración.

El Ledo. Ernesto Ramos Antonini examina varios de los objetos ocupados en el Club Nacionalista de Ponce, presentados como evidencia en el proceso.

La Sra. Vda. del policía Orlando Colón en uno de los momentos en que declaraba sobre la muerte de su esposo en Río Piedras.

Momento en que el policía Manuel Ortiz Fuente señala a Escobar, a quien se acusa de haber disparado contra el policía Ceferino Loyola. Julio Pinto Gandía examina también los objetos ocupados en el Club Nacionalista de Ponce.

El Jefe Soldevila señala al acusado Santiago González Castro y le reconoce como uno de los nacionalistas presentes en los actos nacionalistas del Domingo de Ramos en Ponce.

El fiscal de la Corte de Distrito de Ponce, Ledo. Rodríguez Serra, señala también al acusado Santiago González Castro.

El detective Colón identifica a Plinio Graciani como uno de los presentes en los actos de Ponce el Domingo de Ramos.

El fiscal especial García Quiñones muestra un rifle ocupado, según alega, en la casa de Candita Colazo.

El Jefe Soldevila declara ante el croquis que en la pizarra representa el lugar de los sucesos. Al lado aparece el fiscal Rodríguez Serra.

El Capitán Benjamino identi-

El jefe Vélez Ortiz identifica documentos ocupados en el Club Nacionalista.

DEL PROCESO DE LOS NACIONALISTAS EN PONCE

No habiendo decaído un instante el interés público en torno al proceso judicial a que han sido sometido los jóvenes nacionalistas como supuestos responsables de la muerte del policía Ceferino Loyola durante los trágicos sucesos del Domingo de Ramos en la ciudad de Ponce.

Puerto Rico Ilustrado
20 de octubre de 1937

El policía Lynn, uno de los principales testigos de cargo muestra la forma en que según él, disparaba Elifaz Escobar.

El Hon. Juez don Domingo Sepúlveda, que preside el tribunal, aparece junto al acusado Lorenzo Piñeiro.

El policía Luis Anés señala a Elifaz Escobar.

El Ledo. Ernesto Ramos Antonini examina varios de los objetos ocupados en el Club Nacionalista de Ponce, presentados como evidencia en el proceso.

Momento en que el policía Manuel Ortiz Fuente señala a Escobar, a quien se acusa de haber disparado contra el policía Ceferino Loyola. Julio Pinto Gandía examina también los objetos ocupados en el Club Nacionalista de Ponce.

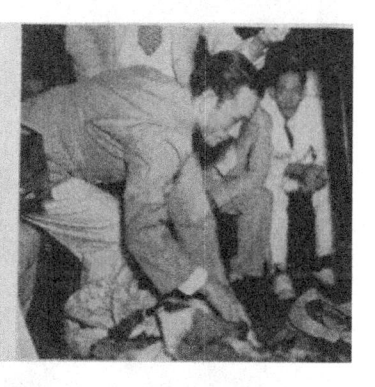

Momento en que el policía Manuel Ortiz Fuente señala a Escobar, a quien se acusa de haber disparado contra el policía Ceferino Loyola. Julio Pinto Gandía examina también los objetos ocupados en el Club Nacionalista de Ponce.

Momentos en que el Ledo. Leopoldo Tormes prestaba su declaración.

La Sra. Vda. del policía Orlando Colón en uno de los momentos en que declaraba sobre la muerte de su esposo en Río Piedras.

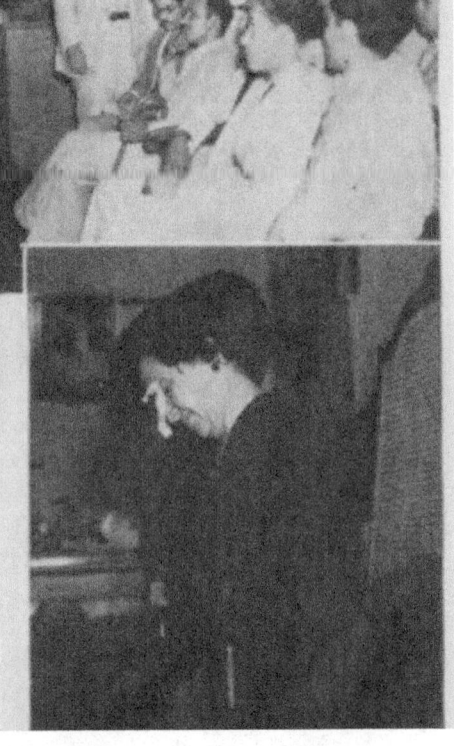

El detective Colón identifica a Plinio Graciani como uno de los presentes en los actos de Ponce el Domingo de Ramos.

El fiscal de la Corte de Distrito de Ponce, Ledo. Rodríguez Serra, señala también al acusado Santiago González Castro.

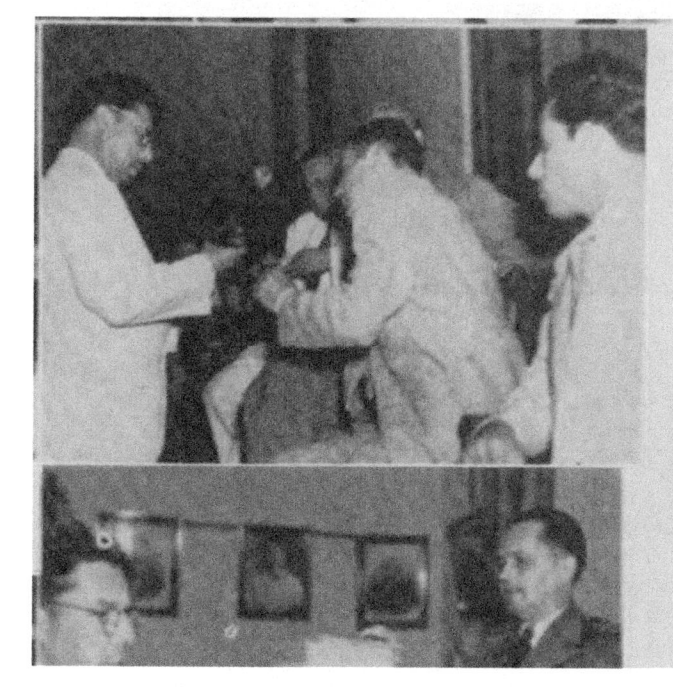

El Jefe Soldevila señala al acusado Santiago González Castro y le reconoce como uno de los nacionalistas presentes en los actos nacionalistas del Domingo de Ramos en Ponce.

El fiscal especial García Quiñones muestra un rifle ocupado, según alega, en la casa de Candita Collazo.

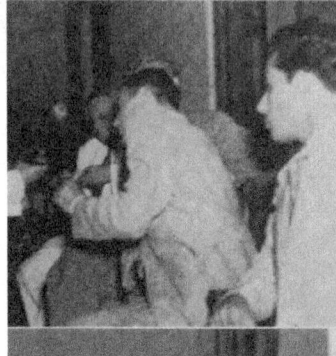

El Jefe Soldevila señala al acusado Santiago González Castro y le reconoce como uno de los nacionalistas presentes en los actos nacionalistas del Domingo de Ramos en Ponce.

El fiscal especial García Quiñones muestra un rifle ocupado, según alega, en la casa de Candita Collazo.

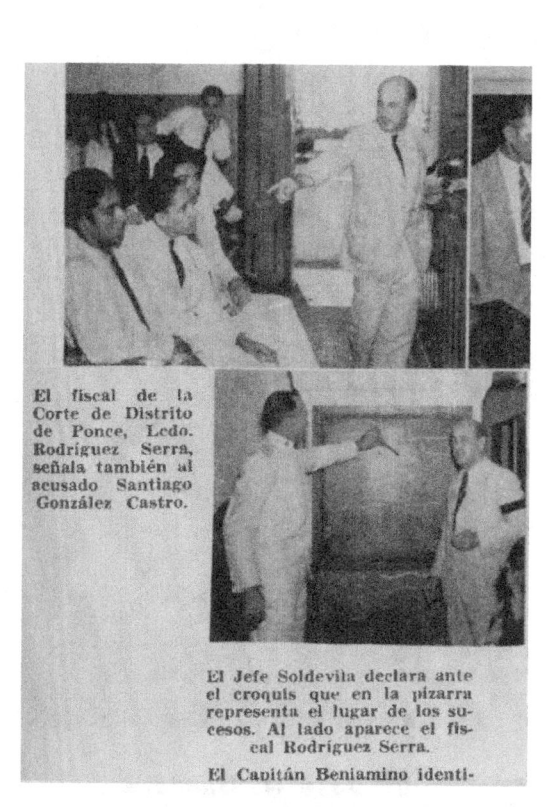

El fiscal de la Corte de Distrito de Ponce, Ledo. Rodríguez Serra, señala también al acusado Santiago González Castro.

El Jefe Soldevila declara ante el croquis que en la pizarra representa el lugar de los sucesos. Al lado aparece el fiscal Rodríguez Serra.

El Capitán Beniamino identi-

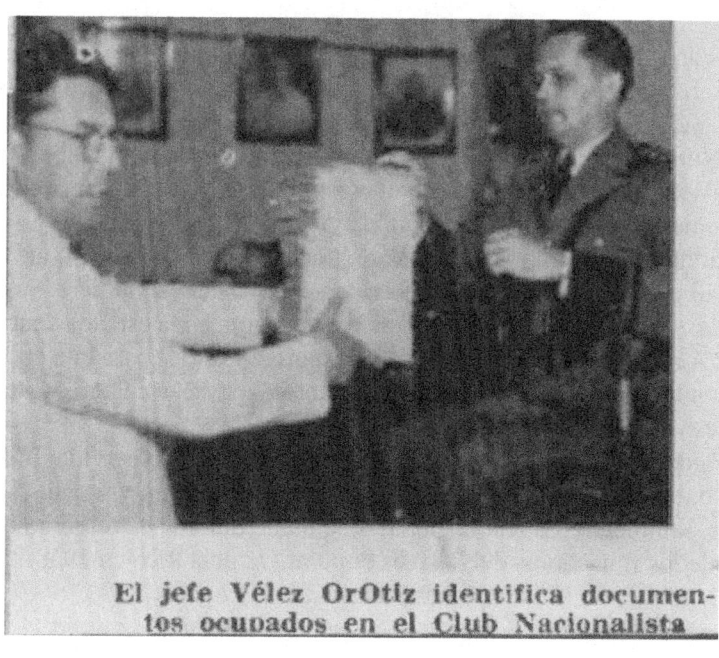

El jefe Vélez OrOtiz identifica documentos ocupados en el Club Nacionalista

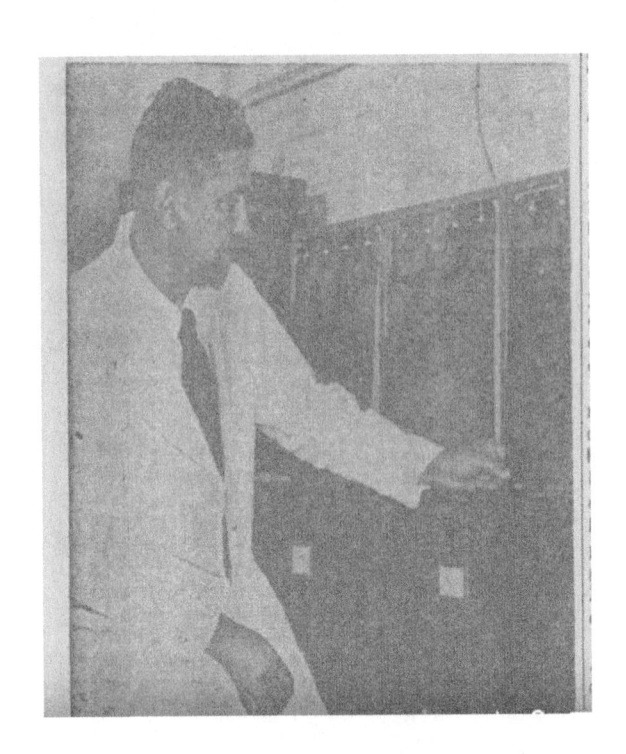

Dr. José N. Gándara

El doctor José Narciso Gándara Cartagena fue el médico que atendió a decenas de heridos en la masacre de Ponce. José N. Gándara nació en Ponce el 26 de agosto de 1907. Gándara se graduó de médico internista en el Long Island College del estado de Nueva York en 1933. Trabajó primero en el Hospital Presbiteriano de Ponce y en 1937 estaba trabajando en el Hospital Dr. Pila de Ponce, donde fueron llevados la mayoría de los heridos en la masacre de Ponce.

El Dr. Gándara fue el mayor entrevistado por la Comisión Hays ya que presentó una cantidad grande de relatos de las personas heridas en la masacre. Según Gándara la mayoría de los heridos recibieron disparos en la espalda cuando huían a refugiarse. A muchos de los muertos se le disparo a los pies para que no huyeran y luego fueron arrematados en el piso. Otros fueron heridos a culatazos y a los puños, en especial las mujeres.

El Dr. Gándara ocupó más de una docena de puestos como servidor público en Puerto Rico, no solo en el campo de la salud sino también en vivienda pública y otras áreas. También fue Subcomisionado de Salud durante el gobierno de Tugwell.

Fue uno de los fundadores del Partido Popular Democrático en 1938.

Murió en octubre de 1954, a la temprana edad de 47 años.

Antonio Ramos Antonini
Nació en Mayagüez el 24 de abril de 1898, Falleció el 9 de enero de 1963.
Abogado, político, legislador y líder obrero.
Fue abogado criminalista, y defendió exitosamente a los Nacionalistas acusados de la Masacre de Ponce en 1937.

Cementerio Civil en Ponce.

EL 21 DE MARZO DE 1937,
DOMINGO DE RAMOS, ACONTECIÓ EN ESTE
LUGAR UNO DE LOS SUCESOS MAS
TRAGICOS Y CONMOVEDORES DE NUESTRA
HISTORIA: LA MASACRE DE PONCE.

ESE DIA, UNA MARCHA PACIFICA
ORGANIZADA POR EL PARTIDO NACIONALISTA
FUE DISUELTA A TIROS POR LAS
AUTORIDADES, RESULTANDO MUERTOS Y
HERIDOS UN GRAN NUMERO DE NACIONALISTAS
Y TRANSEUNTES, ASÍ COMO DOS
POLICÍAS VICTIMAS DEL INCIDENTE.

LA COMISION HAYS, CREADA PARA
INVESTIGAR LOS HECHOS, DETERMINÓ QUE
LO ACONTECIDO EN ESTE LUGAR FUE UNA
MASACRE PROVOCADA, EN GRAN MEDIDA POR
EL CLIMA DE INTOLERANCIA, DE
DISCRIMEN Y DE MENOSPRECIO HACIA LOS
DERECHOS CIVILES BAJO EL GOBIERNO
DEL GENERAL BLANTON WINSHIP.

HOY, AL CUMPLIRSE EL CINCUENTENARIO
DE AQUEL LUCTUOSO SUCESO, EL
INSTITUTO DE CULTURA PUERTORRIQUEÑA
COLOCA ESTA TARJA EN RECONOCIMIENTO
PERMANENTE A LOS CAÍDOS,
QUIENES OFRENDARON SUS VIDAS EN
DEFENSA DE SUS IDEALES Y DE LOS
MAS ELEMENTALES DERECHOS HUMANOS.

JUAN COTAL	CONRADO RIVERA
JOSÉ ANTONIO DELGADO	IVAN RODRIGUEZ
MARÍA HERNANDEZ	JENARO RODRIGUEZ
LUIS JIMÉNEZ	PEDRO RODRIGUEZ
CEFERINO LOYOLA	OBDULIO ROSARIO
GEORGINA MALDONADO	EUSEBIO SANCHEZ
BOLIVAR MARQUEZ	JUAN SANTOS
RAMON ORTIZ	JUAN TORRES
ULPIANO PEREA	TEODORO VELEZ
JUAN REYES	

EN
HONOR A LOS
MARTIRES
GENARO RODRIGUEZ
IVAN RODRIGUEZ
ULPIANO PEREA
CONRADO RIVERA
CAIDOS EL
21 DE MARZO 1937
EN LA
MASACRE
DE PONCE
EL SANTO
DOMINGO
DE RAMOS

Carmelo Delgado Delgado

Carmelo Delgado Delgado, joven puertorriqueño fusilado en Valladolid, España, como prisionero de guerra. - April 29, 1937.

Carmelo Delgado Delgado nació en Guayama el 20 de abril de 1913. Fue amigo personal de Juan Antonio Corretjer. El mayor de tres hermanos, fruto del matrimonio entre Eladio Delgado Berríos y Flora Delgado González. Ingresa a la Universidad de Puerto Rico a estudiar derecho, donde también ingresa al Partido Nacionalista (1932). El 22 de septiembre de 1935 llegó en el barco Juan Sebastián Elcano a España para completar sus estudios superiores en la Universidad Central de Madrid, donde participó activamente en los actos estudiantiles en favor de la II República. En la capital española entabló contacto con otros destacados puertorriqueños, como el pintor Fran Cervoni Brenes (quién dejó grabado un retrato de Carmelo) y el abogado Carlos Carrera Benítez y al producirse el levantamiento militar de julio de 1936, Carmelo no dudó en alistarse en las Brigadas Internacionales de las Milicias Republicanas.

Fue asignado al frente de Madrid con rango de teniente y participó en la defensa de la Ciudad Universitaria de Madrid, hasta que en marzo de 1937 fue capturado durante un avance de las tropas franquistas. Llevado como prisionero de guerra a Valladolid donde fue juzgado y condenado a muerte por un Consejo de Guerra franquista.

Delgado era un antifascista que creía que los Nacionalistas españoles eran traidores.

Se negó a pedir clemencia ante el embajador estadounidense, lo que probablemente le hubiera salvado la vida, y fue fusilado en Valladolid el 29 de abril de 1937.

Cuenta el periodista y patriota José Enamorado Cuesta que cuando llegó a España, a mediados del 1935, ya habían otros Nacionalistas puertorriqueños estudiando en distintos centros universitarios.

"El Partido Nacionalista Puertorriqueño mantuvo por algún tiempo antes de la guerra una Junta en Madrid, en la cual militaron algunos de esos compatriotas, especialmente Carmelo Delgado, ocupada en gestiones pro-independencia de Puerto Rico". Fuente: José Enamorado Cuesta; El Imperialismo Yanqui y la Revolución en el Caribe; pagina 120.

Los lideres Nacionalistas camino la cárcel de Atlanta Georgia.

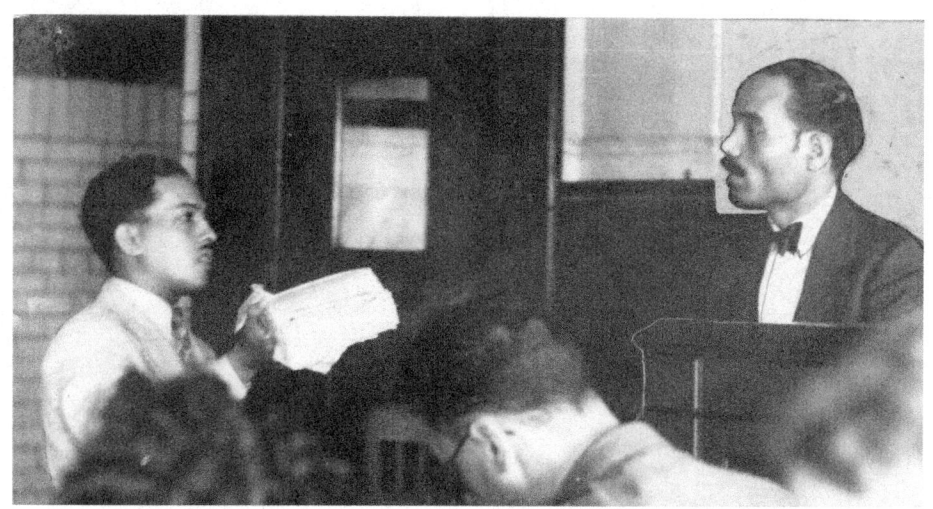

Albizu Campos y Gilberto Concepción de Gracia.

DURANTE EL PROCESO — Albizu Campos, (derecha) y Juan Antonio Corretjer, durante un receso en corte. (1936)

Ilustración de nacionalistas perseguidos, 1936: Pedro Albizu Campos (centro), Juan Antonio Corretjer y otros.

Camino de Atlanta 7 de junio de 1937.

El 7 de junio de 1937 ocho Nacionalistas fueron trasladados en lancha desde la cárcel La Princesa hasta el aeropuerto de la isla grande mientras la cuidad dormía y para que no hubiera manifestaciones de clase alguna. Pedro Albizu Campos, Juan Antonio Corretjer, Juan Gallardo, Erasmo Velázquez, Luis F. Velázquez, Clemente Soto Vélez, Julio H. Velázquez y Pablo Rosado Ortiz eran conducidos hacia las prisiones federales en Estados Unidos.

Julio de 1937. Don Pedro Albizu Campos acompañado de los licenciados Julio Pinto Gandía, Gilberto Concepción de Gracia y J.M. Toro Nazario

Clemente Soto Velez y Julio H. Velázquez hijo

Albizu Campos y Luis F. Velázquez

Juan A. Corretjer y Clemente Soto Vélez.

• 7 de junio: Albizu Campos y los siete líderes Nacionalistas son trasladados a la Penitenciaría de Atlanta, Georgia en Estados Unidos, para cumplir las sentencias por la Corte Federal.

Cárcel de Atlanta.

Al conocer el veredicto Albizu Campos dijo a los periodistas:
"A los hombres que consagran su vida a la libertad de la Patria lo que les espera es la cárcel."

En 1937 la extranjera Corte Federal, tribunal del imperio, impone cadenas de 6 a 10 años de cárcel a Pedro Albizu Campos y otros siete dirigentes Nacionalistas por el supuesto delito de conspirar para derrocar el gobierno de los Estados Unidos en Puerto Rico. ¡Qué ironía! El gobierno invasor, usurpador y violador de nuestros derechos nacionales, condena a nuestros patriotas que luchan por nuestra independencia. Se les olvidaba a los americanos que ellos pelearon su gloriosa Guerra de Independencia contra el Imperio Británico por seis años (1775-1781) para lograr su independencia.

Son sentenciados a la Prisión de la Penitenciaria de Atlanta, Georgia.
Pedro Albizu Campos: 10 años, Luis F. Velásquez: 10 años. Juan Antonio Corretjer: 9 años, Julio H. Velásquez: 8 años, Clemente Soto Vélez: 6 años, Juan Gallardo: 6 años y Pablo Rosado: 5 años

El 7 de junio de 1937 ocho Nacionalistas fueron trasladados en lancha desde la cárcel La Princesa hasta el aeropuerto de la isla grande mientras la cuidad dormía y para que no hubiera manifestaciones de clase alguna. Pedro Albizu Campos, Juan

Antonio Corretjer, Juan Gallardo, Erasmo Velázquez, Luis F. Velázquez, Clemente Soto Vélez, Julio H. Velázquez y Pablo Rosado Ortiz eran conducidos hacia las prisiones federales en Estados Unidos.

El incidente del juez Robert Archer Cooper El 7 de junio de 1937.

Juez Robert Archer Cooper

Albizu Campos y los demás líderes del Partido Nacionalista fueron trasladados a la Penitenciaría Federal de Atlanta, Georgia, por orden del juez federal Robert A. Cooper. Al día siguiente, Raimundo Díaz Pacheco participó en un intento de ajusticiamiento del juez Cooper al creer que Cooper manipuló el jurado compuesto por diez ciudadanos estadounidenses y dos puertorriqueños, y por condenar a la dirigencia Nacionalista a penas de prisión.

El 8 de junio de 1937, un comando Nacionalista compuesto por Raimundo Díaz Pacheco, Comandante de los Cadetes de la República, Juan Álamo, Manuel Ávila López, Tesorero del Partido Nacionalista de Puerto Rico, Juan Bautista Colón, Dionisio Avilés, Jesús Casellas, Aníbal Arzuaga Casellas, Julio Monge, chofer, Santiago Marzán Nieves y Julio Pinto Gandía, Presidente Interino del Partido Nacionalista de Puerto Rico, intentaron ajusticiar al juez Robert Archer Cooper, al que consideraban responsable de la condena de Pedro Albizu Campos y otros Nacionalistas.

El 5 de agosto de 1937 fueron arrestados Díaz Pacheco, junto con otros nueve cadetes y Nacionalistas, acusados de atentar contra la vida del juez Cooper.
El 22 de octubre de 1937, el Presidente de los Estados Unidos Franklin D. Roosevelt firmó la Orden Ejecutiva Número 7731 que designa a Martín Travieso, Juez Asociado de la Corte Suprema de Puerto Rico, para desempeñar las funciones de Juez del Tribunal de Distrito de los Estados Unidos para Puerto Rico en el juicio contra los Nacionalistas, lo que permitió al juez Cooper actuar como testigo del gobierno. Díaz Pacheco y sus compañeros fueron declarados culpables de los cargos en su contra y fueron encarcelados y condenados a cumplir 5 años de cárcel.

8 de julio de 1937

Atentado contra el Juez Cooper en el Puente Dos Hermanos.
Fueron acusados: Juan Álamo, miembro del Consejo Nacional del Partido Nacionalista, Manuel Ávila, Presidente de La Junta Nacionalista de Santurce, Juan Bautista Colón "El Colorao de la calle Luna", Raimundo Diaz Pacheco, Julio Monge Hernández, Santiago Nieves Marzán, Julio Pinto Gandía, Presidente Interino del Partido Nacionalista de Puerto Rico, y Dionisio Vélez Avilés.
Julio Pinto Gandía (presidente interino), Juan Álamo, y Manuel Ávila no estuvieron presentes en el atentado, pero fueron acusados de conspiración.
Así de esta forma se encarcela la segunda junta directiva del Partido Nacionalista de Puerto Rico.
*Julio Monge Rodriguez, el conductor del automóvil, amigo de Raimundo Diaz Pacheco, fue uno de los delatores.
*Anibal Santiago Casellas y Jesus Casellas Torres cooperaron con el Estado en el encubrimiento y el arresto de los Nacionalistas.
El 10 de enero de 1938 se reunió el jurado por diez minutos para declarar culpables a los Nacionalistas y fueron sentenciados a cumplir cinco años de cárcel en Atlanta, Georgia.
Septiembre de 1937: arrestos en Ciales.
Angel Manuel Rodríguez es el presidente de la Junta Municipal.

El 13 de julio de 1937
Alejandro "El Curita" Tulio Medina Rodríguez fue acusado junto a los Nacionalistas Antonio Buscaglia, Ramon Morales, Cruz Fajardo Archevald, Jesus Ruiz Arzola, Candida Collazo, Arce Torres, Virgilio Torres y Guillermo (William) Hernández de atentado a la vida y actos dinamiteros por la colocación de explosivos.

El primero fue colocado el 3 de julio de 1937 en la residencia del banquero y periodista republicano y anti-Nacionalista Pedro Juan Rosaly Cabreara en la Calle Mayor esquina Estrella de Ponce

El segundo el 6 de julio de 1937, en la residencia del párroco Nestor J. Aguilera de la iglesia Santa Teresita de la Calle Victoria de Ponce y Capellán del regimiento 296 de la Guardia nacional.

30 de agosto de 1937
En Ciales

En el 1937 fueron arrestadas en Ciales siete personas por infracción a las leyes de tránsito. Acusados por obstruir el tránsito.

Se les acusó de interrumpir el tráfico en la carretera al estar recogiendo dinero para la defensa judicial y los familiares de los Nacionalistas presos.

Los arrestados fueron José Padro Mislan, Eugenio Matos, Juan Ortiz Pérez, Lino Ortiz, José Figueroa Gómez y Ángel Manuel Rodríguez.

Rodríguez: es el presidente de la Junta en Ciales del Partido Nacionalista de Puerto Rico. Rodríguez fue a la cárcel por alteración a la paz.

Rodríguez expresó al periódico El Imparcial que la razón del arresto fue porque la policía pretendía boicotear la celebración del Grito de Lares.

Ese año el alcalde de Lares prohibió los actos políticos del 23 de septiembre.

YOUTH KILLS HIMSELF AFTER BARING PLOT

Puerto Rican Informer Who Told of Attack on Judge Is Found Dead

Special Cable to THE NEW YORK TIMES.

SAN JUAN, P. R., Aug. 29.—Antonio Rivera Cordova, 19-year-old Nationalist from whom the police obtained information that led to the arrest of ten men who allegedly attempted to assassinate United States Judge Robert A. Cooper, committed suicide last night, twenty-four hours after being released from jail on bond.

Rivera was jailed for an attack on a man known as "El Galgo," who allegedly said that dynamite, found in "El Galgo's" home, belonged to Rivera. Rivera obtained bond late Friday.

An hour before Rivera's body was found with a .25-calibre gun-shot wound in the right temple, he had borrowed 20 cents from a policeman to go to his home at Rio Piedras.

The police at first suspected Rivera had been murdered, but an autopsy convinced Dr. Fernandez Marchand that he had committed suicide.

Capitulo VIII
El atentado en contra del gobernador Blanton Winship en la Plaza Degetau en Ponce

1938 Ángel Esteban Antongiorgi 25 de Julio de 1938 en Ponce Contra el Gobernador Winship
El atentado en contra del gobernador Winship en la Plaza Degetau en Ponce.

En 1938 un grupo Nacionalista atentó a tiros contra el gobernador Blanton Winship, responsable de la Masacre de Ponce el año anterior, quien salió ileso. Los Nacionalistas suponían que, dieran o no en el blanco, serían acribillados.

El día 25 de julio del 1938, cuando el gobierno celebraba anualmente la invasión de Estados Unidos a Puerto Rico, el atrevido gobernador colonial, Blanton B. Winship, quiso celebrar la invasión de los Estados Unidos a Puerto Rico en Ponce, la ciudad de su infame masacre. En dicho acto, transmitido desde la Plaza de Las Delicias, sus alcahuetes lo nombrarían "Hijo Adoptivo de Ponce". Los actos se transmitían desde la Plaza de Las Delicias en La Calle Degetau. Los Nacionalistas no se podían quedar cruzados de brazos ante tal atrevimiento cuando el pueblo todavía estaba de luto por los asesinados el año anterior.

En este participarían el batallón del Regimiento 65 de infantería, la Guardia Nacional de Puerto Rico, la aviación norteamericana y la policía insular. Para llevar a cabo la conmemoración y el desfile militar, la administración colonial selecciona la ciudad de Ponce, la misma que un año antes había sido testigo del baño de sangre que fue la Masacre de Ponce.

Durante el desfile se escucharon varios disparos y la gente salió corriendo por las Calles Villa y Comercio. El coronel Luis A. Irizarry falleció y otro policía fue herido tratando de proteger a Winship. La policía arrestó al joven estudiante, Ángel Esteban Antongiorgi, lo acribillaron a balazos y nunca devolvieron el cuerpo a su familia.

El comando estaba compuesto por los Cadetes de la República del Partido Nacionalista de Ponce: Tomás López de Victoria, Casimiro Berenguer, Elifaz Escobar y Esteban Antongiorgi. Los tres restantes, posiblemente, eran: Prudencio Segarra, Santiago González Castro (abanderado del Cuerpo de Cadetes de dicho pueblo) y Juan Pietri. Todos eran sobrevivientes de la Masacre de Ponce. También, suponemos que participaron de la conspiración, Pura López (hermana de Tomás), Josefa Ríos (vecina de Tomás) y Lucila Talax.
Al final del día había treinta personas heridas.

Leocadio López Mercado, Elifaz Escobar, Santiago González Castro, Guillermo Larragoity Coímbre, Vicente Morciglio Figueroa, Pablo Quiñones, Tomás López de Victoria, Cornelio Ramos, Regino Pérez, Juan Pietri, Prudencio Segarra Encarnación, Casimiro Berenguer, Ramón Algarín Delfín, Leocadio López fueron acusados y arrestados por los hechos.

Ángel Esteban Antongiorgi trató de ajusticiar al Gobernador Winship por las muertes de Hiram Rosado y Elias Beauchamp y la Masacre de Ponce. Cuando Winship se encontraba en tarima (algunos relatos cuentan que el balcón o al frente de la Casa Alcaldía), Antongiorgi junto a otros Nacionalistas comenzaron a disparar desde la Plaza Las Delicias.

El coronel Luis A. Irizarry del Regimiento Núm. 296 de La Guardia Nacional se interpuso entre Winship y la balacera resultando muerto y salvando a Winship.

Esteban Antongiorgi vació su pistola disparando mientras caminaba impávido directamente hacia el despótico funcionario, mirándolo de frente, hasta que fue fulminado por el amplio contingente de policías asombrados cuando iba a recargar.

Antongiorgi fue apresado y asesinado a balazos por la Policía de Puerto Rico para luego desaparecer el cadáver. Su cuerpo fue desaparecido por la policía y aún hoy no se sabe de su paradero.

Fueron arrestados, Leocadio López Mercado, Elifaz Escobar, Santiago González Castro, Guillermo Larragoity Coimbre, Vicente Morciglio Figueroa, Pablo Quiñones, Cornelio Ramos, Regino Pérez, Juan Pietri, Prudencio Segarra Encarnación, Casimiro Berenguer, Ramón Algarín y Tomás López de Victoria.

Fueron acusados de conspiración y los sentenciaron a cadena perpetua.

Fueron excarcelados en el 1946 por el gobernador Rexford Guy Tugwell, reconociendo públicamente la injusticia cometida.

Says Five Took Part

PONCE, Puerto Rico, July 25 (Æ). —District Attorney G. S. Pierluissi, in charge of the investigation of today's attempt on the life of Governor Blanton Winship, said five Nationalists took part in the attack.

In addition to the slain Angel Esteban Antongiorgi, he said, those participating were Santiago Gonzalez, Ramon Algarin Delfin, Sepulveda Leocadio Lopez and Eliphas Escobar, all under arrest.

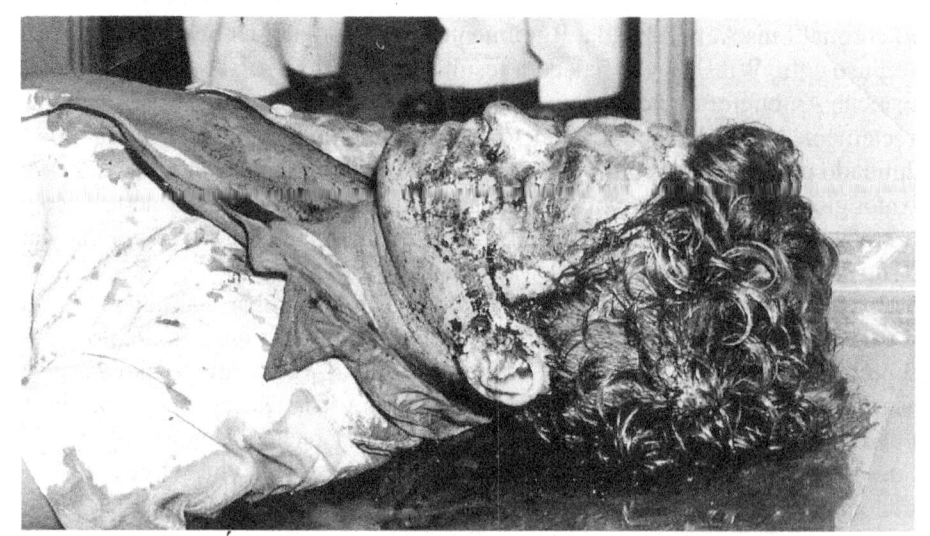

El nacionalista Ángel Esteban Antongiorgi asesinado luego de intento de ajusticiamiento contra el gobernador Blanton Winship

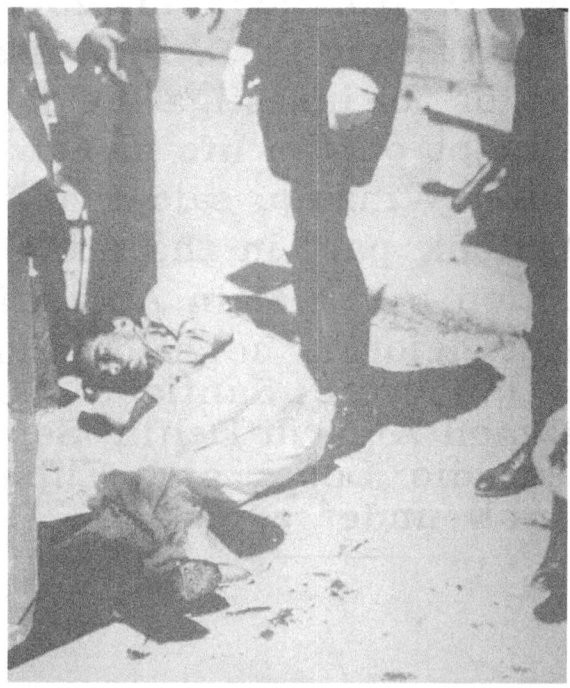

Angel Esteban Antongiorgi abatido a balazos por miembros de la Guardia Nacional.

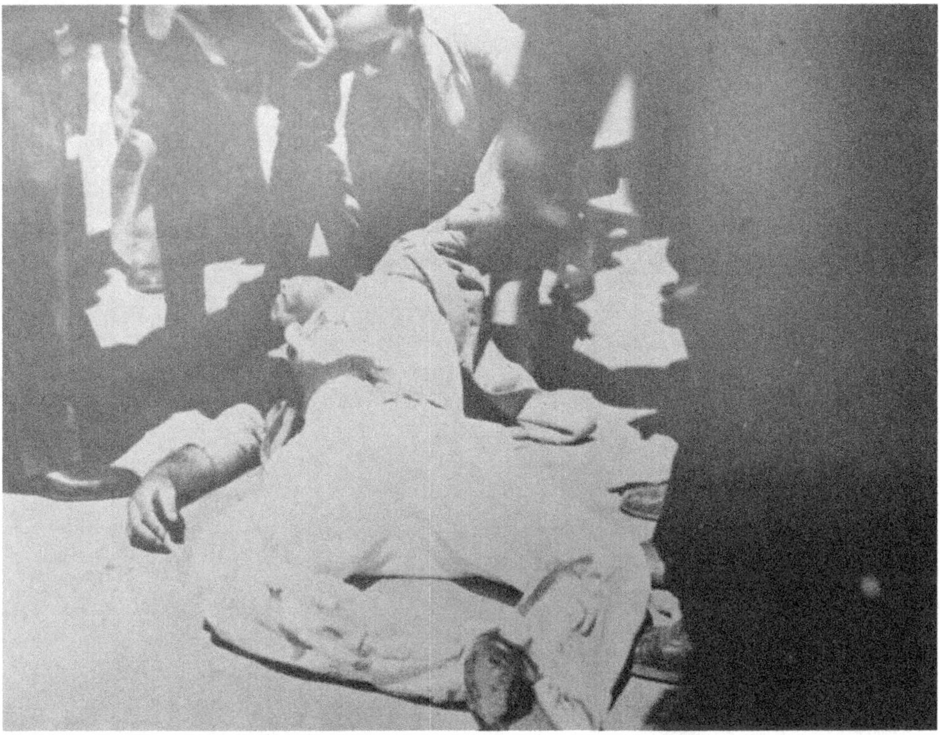

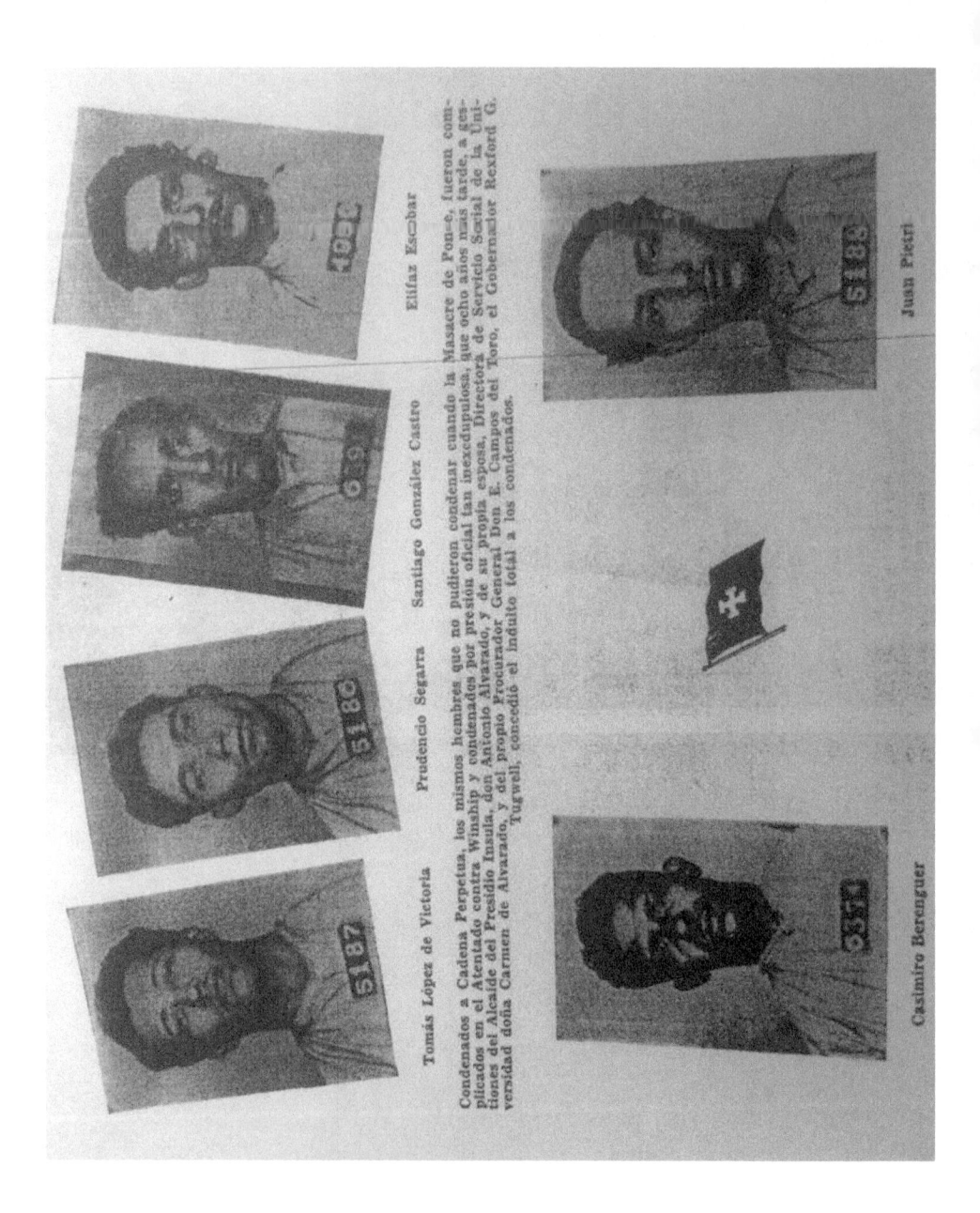

Tomás López de Victoria   Prudencio Segarra   Santiago González Castro   Elifaz Escobar

Juan Pietri

Casimiro Berenguer

Condenados a Cadena Perpetua, los mismos hombres que no pudieron condenar cuando la Masacre de Ponce, fueron complicados en el Atentado contra Winship y condenados por presión oficial tan inexcrupulosa, que ocho años más tarde, a gestiones del Alcalde del Presidio Insular, don Antonio Alvarado, y de su propia esposa, Directora de Servicio Social de la Universidad doña Carmen de Alvarado, y del propio Procurador General Don E. Campos del Toro, el Gobernador Rexford G. Tugwell, concedió el indulto total a los condenados.

Tomás López de Victoria, Prudencio Segarra Encarnación, Santiago González Castro, Elifaz Escobar, Casimiro Berenguer y Juan Pietri fueron sentenciados a cadena perpetua en conexión con la muerte de Irizarry y el atentado de muerte al gobernador Blanton Winship.
De esos son Cadetes: López De Victoria, Santiago González, Elifaz Escobar y Casimiro Berenguer Padilla.

El juicio en contra de Tomás López de Victoria por la muerte del coronel Irizarry, se llevó a cabo en la Corte de Distrito de Ponce -presidida por el juez Domingo Sepúlveda- entre los días 19 y 26 de septiembre de 1938.

Tomás López de Victoria: Luego de pasar 8 años en la cárcel, el 19 de enero de 1946, el entonces gobernador, Rexford Guy Tugwell, indultó al grupo de Nacionalistas y decretó su encarcelamiento.

El coronel E. Francis Riggs y el General Blanton Winship fueron solo dos del cuarteto nombrado por el presidente Franklin D Roosevelt para suprimir al Partido Nacionalista Puertorriqueño, todo otro independentista y al movimiento obrero como pedido por los inversionistas locales y extranjeros en Puerto Rico. Los fiscales Ender y Cooper le brindaban una fachada legal al a los crímenes de ambos soldados. Riggs y mayormente Winship intensificaron el saqueo económico de la isla por parte de todo gobernador desde la invasión en 1898. Riggs organizó la Masacre de Río Piedras y Winship la Masacre de Ponce.

Aun así, el presidente Roosevelt se rehusó a remover a su soldado a pesar de los clamores del congresista Vito Marcantonio y otras personas y gobiernos a nivel mundial. Claro está, el remover a otro de sus gobernadores en consecuencia, sería admitir su fracaso en cuanto a Puerto Rico, en esa relación su administración ha sido la peor de todos los presidentes. Cuando Roosevelt finalmente destituyó a Winship el 11 de mayo de 1939, este asesino fue premiado con dos posiciones cómodas y económicamente ventajosas, como cabildero de las corporaciones que explotaban a Puerto Rico y luego en el ejército norteamericano.

Reinand Ortiz Feliciano/Especial para Claridad

Ángel Esteban Antongiorgi Vega:
Escondieron su cadáver, pero no su historia

A ti... ni siempre vivo póstumo...
Hermano mío en el dolor de la patria irredenta,
de lejos vengo a derruir tu momento de silencio
y de olvido gigante.

Calixto Carrera
(tomado del poemario Pendón)

El 25 de julio de 1938, en medio de un avasallador despliegue militar, un joven nacionalista dispara su revólver calibre .38 en dirección al infame general estadounidense y gobernador de Puerto Rico Blanton Winship. Este valiente muchacho, oriundo de Sabana Grande, es fulminado por la policía frente al ayuntamiento poncefio. El cadáver de Ángel Esteban Antongiorgi Vega jamás fue entregado a su familia. Toda persona que se presentaba al Hospital Tricoche reclamando los restos mortales para darle cristiana sepultura era hostigado o arrestado. El fallido atentado incrementó el huracán de terror que el gobierno llevaba contra el nacionalismo puertorriqueño. Hoy, sesenta y cinco años después, aún no se sabe qué hicieron con el cadáver de Ángel Esteban, sin embargo, su espíritu de lucha debe inspirar toda una nación.

La década del treinta da comienzo con serios problemas políticos, económicos y sociales para la Isla. En la colonia se multiplicaba la pobreza, producto de la Gran Depresión que padecía Estados Unidos. Los agricultores puertorriqueños son forzados a ceder sus tierras. La difusión de la carta del Dr. Cornelius P. Rhoads, vilipendiando y admitiendo haber asesinado a puertorriqueños, atizan los sentimientos nacionalistas. Un implacable don Pedro Albizu Campos recorría todo Puerto Rico con su mensaje de redención y conciencia. Se palpaba la efervescencia política y social. "Donde la tiranía es la ley, la revolución es la orden", discursaba el Presidente del Partido Nacionalista. Los explotados obreros de la caña convocan la huelga general y don Pedro es idóneamente llamado a dirigir.

Ante este panorama, el gobierno insular desata una ola de persecución contra los nacionalistas. Entre los sucesos ocurridos, la policía masacra a cuatro nacionalistas en Río Piedras. Subsiguientemente, los nacionalistas Hiram Rosado y Elías Beauchamp ajustician al Jefe de la policía insular. Estos son capturados y asesinados en el cuartel del Viejo San Juan. El gobernador Blanton Winship ordena medidas represivas contra todos los nacionalistas. Estos son perseguidos, arrestados y asesinados a través de la Isla. El liderato nacionalista, incluyendo a don Pedro Albizu Campos, es arrestado y encarcelado. La más despiadada y sangrienta manifestación represiva contra los nacionalistas, hasta ese momento, es conocida como la Masacre de Ponce. Ocurre un 21 de marzo de 1937, Domingo de Ramos. Ese día, sobre doscientas personas son heridas y mueren diecinueve bajo una lluvia de balas policíacas.

Para colmo, un poco más de un año después, el 25 de julio de 1938, el autor intelectual de la persecución y de la masacre, el gobernador Blanton Winship, decide celebrar la invasión de Estados Unidos "precisamente en Ponce, donde todavía se respiraba el olor a sangre y a pólvora quemada, del baño salvaje del Santo Domingo de Ramos", según denunció en aquel entonces el Partido Nacionalista. Frente a la Casa Alcaldía de Ponce se construye una inmensa tarima adornada con banderas estadounidenses. Según datos recopilados de las minutas del Libro de Actas del Municipio de Ponce, desde allí pasó revista Blanton Winship, acompañado por miembros de su gabinete. Presenciaron, desde la tarima, la pomposa festividad: Rafael Martínez Nadal, presidente del Senado; Miguel A. García Méndez, portavoz de la Cámara de Representantes; Roberto H. Todd, hijo, juez de la Corte de Distrito; Ldo. Guillermo S. Pierluisi, fiscal; Pedro Rodríguez Serra, fiscal; Dr. William R. Gelpi, alcalde interino de Ponce. Además, en la tarima se encontraban también varios senadores y representantes de la Cámara, miembros de la Asamblea Municipal de Ponce y oficiales de las fuerzas del aire, mar y tierra de Estados Unidos.

El periódico *El Imparcial*, del 25 de julio de 1938, señaló que "ese día la Perla del Sur despertó con las detonaciones de los barcos de guerra anclados en el puerto. El desfile militar dio comienzo a las diez y treinta de la mañana, con maniobras aéreas de una escuadrilla de aviones del portaviones *Enterprise*." A las once de la mañana se inició el desfile con una escuadrilla de policías en motocicletas. El desfile era integrado por soldados de la Marina de Guerra, el Ejército Regular, el Regimiento 65 de Infantería, la Guardia Nacional de Puerto Rico y otras organizaciones cívico-militares. Diez minutos más tarde se produjo el atentado por los nacionalistas dirigidos a defender la dignidad y el honor del pueblo.

El siguiente cuadro es una construcción de varias fuentes sobre los eventos que culminan con el fallido ajusticiamiento del nefasto gobernador Blanton Winship. La información disponible parece indicar que el operativo fue organizado por las Juntas Municipales del área sur. En una reciente entrevista sobre este tema con Rafael Cancel Miranda, éste señaló que el Partido Nacionalista de Puerto Rico no acostumbraba a dar órdenes directas en situaciones como éstas, sino más bien planteaba la idea de la acción y sus miembros se organizaban y las ejecutaban.

Los datos apuntan hacia un comando nacionalista compuesto por cinco o seis Cadetes de la República. Estos se organizan para ajusticiar a Blanton Winship. Los nacionalistas se posicionaron del lado de la Plaza Degetau dispersos, pero de frente a la tarima. Se había acordado que la señal para disparar iba a ser el momento en que el Gobernador saludara la bandera de Estados Unidos. Cada nacionalista le haría un disparo y debía caminar hasta perderse entre la muchedumbre. Sin embargo, "Antongiorgi se queda solo en el medio, avanzando y disparando, apuntándole a Winship", según relata

Antongiorgi yace en el suelo luego de caer abatido por la policía

Antonio Torres Martinó a Miñi Seijo Bruno en su libro *La Insurrección Nacionalista en Puerto Rico 1950*. Ya disparadas las cinco balas, Antongiorgi intentó cargar su revólver (le encontraron diez balas en los bolsillos) para completar su misión. La policía insular aprovechó el momento y logra herirlo. Segundos después, Ángel Esteban Antongiorgi Vega es acribillado a balazos mientras yacía en medio de la calle. En el pandemónium, más de treinta y dos personas resultaron heridas, mayormente por la fuerza policíaca que al escuchar las detonaciones iniciales dispararon indiscriminadamente hacia la multitud. Blanton Winship sale ileso, muere el Coronel Luis A. Irizarry. Posteriormente, el cadáver de Antongiorgi Vega es llevado a la morgue del hospital Tricoche y, según señala Don Ramón Medina Ramírez en su libro, *El Movimiento Libertador en la Historia de Puerto Rico*, "el cuerpo masacrado del patriota Antongiorgi es negado a sus familiares. En horas de la noche es conducido misteriosamente al cementerio y sepultado en una tumba desconocida."

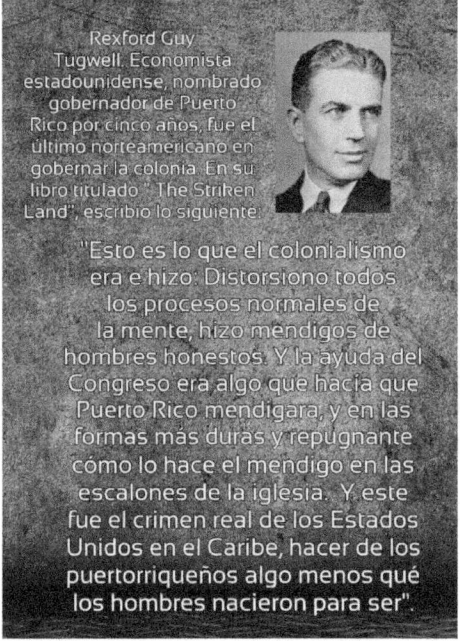

Rexford Guy Tugwell: Economista estadounidense, nombrado gobernador de Puerto Rico por cinco años, fue el último norteamericano en gobernar la colonia. En su libro titulado "The Stricken Land", escribió lo siguiente.

"Esto es lo que el colonialismo era e hizo: Distorsionó todos los procesos normales de la mente, hizo mendigos de hombres honestos. Y la ayuda del Congreso era algo que hacía que Puerto Rico mendigara, y en las formas más duras y repugnante cómo lo hace el mendigo en las escalones de la iglesia. Y este fue el crimen real de los Estados Unidos en el Caribe, hacer de los puertorriqueños algo menos qué los hombres nacieron para ser".

Rexford Guy Tugwell fue gobernador de Puerto Rico desde el 19 de septiembre de 1941-1946. Sirvio un término de cinco años y con la distinción de ser el último gobernador estadounidense.

1943
El 3 de junio salen Pedro Albizu Campos y Luis F. Velazquez, tesorero del partido
Los van a recibir Julio Pinto Gandia y Juan A. Corretjer: Secretario General.

Albizu Campos n el Hospital Columbus en Nueva York el 13 de octubre de 1943.
Foto original: de María Roura Torresola de Quiñones Escuté.

1945

1945. Participantes de vigésima asamblea ordinaria del Partido Nacionalista. Ateneo Puertorriqueño. San Juan, Puerto Rico, 1945. Al centro, José Enamorado Cuesta.

1945. Miembros del Partido Nacionalista en la tumba de Jose de Diego durante su natalicio. Cementerio.Cementerio Santa Maria Magdalena de Pazzis. San Juan Puerto Rico. 16 de abril de 1945.

1947

Foto de un grupo de nacionalistas conmemorando el décimo aniversario de la Masacre de Ponce. Mayagüez, Puerto Rico. 21 de marzo de 1947. Cortesía: Biblioteca Digital Puertorriqueña.

1947. Actividad por el Partido Nacionalista en 10mo aniversario de la Masacre de Ponce. Mayaguez, Puerto Rico. 21 de marzo de 1947.

Capítulo IX
1947 regresa El Maestro a su patria

15 de diciembre de 1947
"Vengo a deciros, que es la hora de la decisión.
Os ha llegado la hora de resolver, y esa hora es inaplazable".
Albizu
"La ley del amor y la ley del sacrificio no admite separación.
Yo nunca estuve ausente y nunca me he sentido ausente".

Pedro Albizu Campos arriba al puerto de San Juan el 15 de diciembre de 1947 a bordo del buque de carga y pasajeros "Katheryn", tras extinguir una condena, impuesta por la Corte Federal de Distrito en San Juan, de casi 11 años de encarcelamiento en la Penitenciaría Federal de Atlanta y exilio forzado en la ciudad de Nueva York.

Pedro Albizu Campos después de once años y medio de prisión por defender la independencia de su patria.
Dirigiéndose a su pueblo dijo:
"Yo no creo en la muerte, yo no creo en la ausencia; Yo no he estado ausente de entre ustedes ni cinco minutos" (1947).
Pedro Albizu Campos en el Hotel Normandie: 1947-1948.
El propietario del Hotel Normandie, el Ing. Félix Benítez Rexach, gran amigo y simpatizante Nacionalista del patricio ponceño, no se encontraba en Puerto Rico, pero impartió órdenes precisas, mediante comunicación escrita al entonces Gerente General del Hotel, Rafael Hortas Maldonado, a que le brindara a Albizu Campos alojamiento y facilitara todos los servicios.

Entre los días 27 y 28 de abril de 1948, llegaron a Puerto Rico, procedentes de Cuba y el Perú, la esposa de Albizu Campos, Laura Meneses, de 54 años, sus hijas Rosa, de 23, y Laura, de 20, y el bebé de 4 meses, Pedro Meneses, hijo de esta última.

1947-los Cadetes de la República son reactivados. Estos reaparecieron el día de la llegada de Albizu Campos luego de 10 años de inactividad.
Pedro Albizu Campos decide organizar una junta revolucionaria secreta compuesta por ocho hombres de su extrema confianza que tendrían el rango de comandantes y quedarían bajo la supervisión del comandante General Tomás López de Victoria.
Los comandantes de zona tenían sus lugartenientes que les ayudaban a reclutar hombres y a instruirlos militarmente.
Algunos de los ayudantes como Ricardo Díaz, Ramón Pedrosa, Julio Ramón del Río, Carlos Irizarry y José Negrón eran militares.
Los miembros del ejército libertador eran instruidos en campamentos militares en donde se les instruía con las pocas armas, municiones y explosivos que tenían. Los comandantes también tenían la misión de coordinar la protección de la vida de Albizu Campos y evitar su arresto.
Albizu Campos a bordo del buque de carga y pasajeros "Katheryn".

Albizu Campos a bordo del buque de carga y pasajeros "Katheryn".

Julio de Santiago Presidente Interino del Partido Nacionalista de Puerto Rico. Organizó el acto de recibimiento a Don Pedro en el 1947.

El 15 de diciembre de 1947 regreso de Pedro Albizu Campos a su patria, Puerto Rico, después de cumplir 9 años de prisión en Atlanta y 1 año en un hospital de Manhattan, NYC.

"La ley del amor y la ley del sacrificio no admiten la separación. Yo nunca estuve ausente y nunca me he sentido ausente de mi patria...Vengo a deciros que es la hora de la decisión. Os ha llegado la hora de resolver, y esa hora es inaplazable... Yo confío en no venir a pronunciar muchos discursos en Puerto Rico. No he venido a entretener a mi pueblo. No. Yo no soy artista. No quiero aplausos. Oíd bien. He venido aquí porque yo no creo en el exilio voluntario. He venido porque en mi patria, esclava, como está hoy, es donde está mi deber y nadie debe rehuir de la madre enferma y lisiada, porque es entonces cuando más necesita del amor de sus hijos." (fragmento de su discurso al pueblo que lo recibió en los muelles de San Juan). El Universal era un periódico cangrejero (de Santurce) pero se repartía y vendía en todo San Juan y el norte de Puerto Rico.

El barco "Katheryn", en que regreso Pedro Albizu Campos.

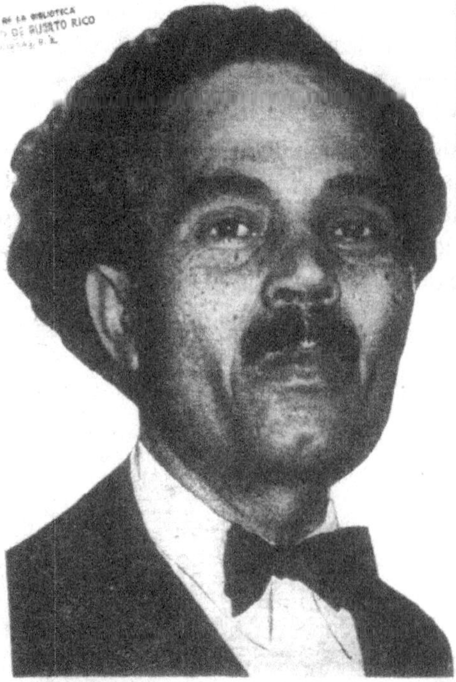

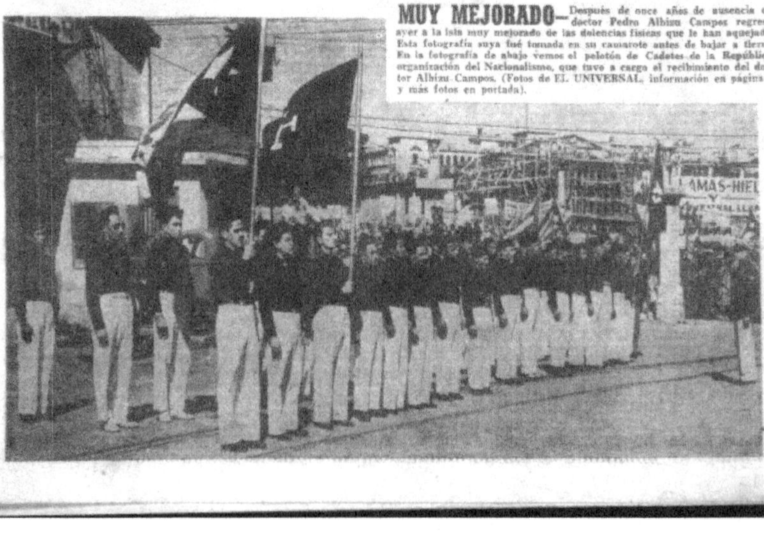

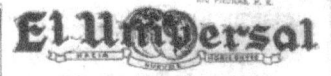

EL MUNDO

DIARIO DE LA MAÑANA

SAN JUAN, PUERTO RICO — MARTES 16 DE DICIEMBRE DE 1947

Albizu Campos regresa a Puerto Rico

Congresistas en busca de datos locales

Benítez susp... arriaron la b... tras inciden...

Indicios de que habrá investigación sobre los asuntos de Puerto Rico

Cubriría actos en esferas federales

Republicanos persiguen hechos que desacrediten Administración nacional

Interior busca que reasignen ayuda federal

Propósito es ofrecer a territorios participación mayor de los fondos

El Rector... llera a ca...

Explica que so... orden por la ... autoridad u...

El jefe nacionalista dijo que ha llegado la hora de la decisión

"No es hora de palabras, sino de acción", fue su declaración durante acto en el Escobar, al comentar el caso de Vieques. Llegada a San Juan

Niegan versión sobre asamblea

Fracasó de las cua...

1948

En las elecciones generales de 1948 se eligió a Luis Muñoz Marín como el primer gobernador puertorriqueño escogido por el voto del pueblo de Puerto Rico, tomando posesión oficial del cargo el 2 de enero de 1949. Factores como la represión legalizada por medio de la Ley de la Mordaza, la inestabilidad del estatus colonial y la renuncia del ideal independentista por Muñoz Marín llevaron al crecimiento del rencor entre la gente de Puerto Rico. Con la llegada y ayuda del líder Pedro Albizu Campos se comienza a preparar un levantamiento en armas. El 30 de octubre de 1950, muchos puertorriqueños se habían organizado para llevar a cabo la Revolución Nacionalista con el objetivo de declarar la independencia de Puerto Rico, la cual tuvo inicio en Jayuya. La acción más importante ocurrió en Jayuya, siendo capturado el pueblo por los Nacionalistas. En otros pueblos como Peñuelas, Ponce, Arecibo, Utuado, Naranjito y Mayagüez también ocurren acciones en los cuales resultan muertos Nacionalistas y policías. Además, se realizó un ataque en La Fortaleza, la casa del Gobernador Muñoz Marín, por un grupo de cinco Nacionalistas con intenciones de ajusticiar al gobernador.

En abril de 1948 los estudiantes de la Universidad de Puerto Rico decidieron irse a la huelga. Como consecuencia, el rector de la universidad, Jaime Benítez, decidió reprimir el movimiento estudiantil. Las autoridades recurrieron a la propaganda anticomunista del momento y justificaron la represión argumentando que "fuerzas comunistas y fascistas" estaban detrás del conflicto. Ante la violencia contra el estudiantado por parte de la policía colonial, Pedro Albizu Campos, presidente del Partido Nacionalista de Puerto Rico, le ofreció protección armada al estudiantado. Para dirigir la misión se nombró a Raimundo Díaz Pacheco, comandante de las fuerzas revolucionarias en San Juan. Sin embargo, el Consejo de Estudiantes no aceptó la ayuda de Albizu Campos. Por tal razón, Díaz Pacheco ordenó el regreso de los Nacionalistas movilizados a sus respectivos pueblos. Recuerda el Nacionalista Gil Ramos Cancel que la mayoría de los Nacionalistas dejaron sentir su protesta por no permitírseles enfrentar a la policía colonial que tantas bajas habían causado a los Nacionalistas durante la Masacre de Río Piedras y la Masacre de Ponce.

El 21 de mayo de 1948, un proyecto de ley fue presentado ante el Senado de Puerto Rico con el objeto explícito de frenar los derechos independentistas de los movimientos anticolonialistas en la isla. El Senado, que en ese momento estaba controlada por el PPD y presidido por Luis Muñoz Marín, aprobó la ley.

Esta medida, se parecía a la anticomunista Ley de Registros de Extranjeros del 1940 aprobada en los Estados Unidos, también fue conocida como la Ley de la Mordaza y la Ley 53, recibiendo la aprobación de la legislatura, el 21 de mayo de

1948, y se convirtió en ley el 10 de junio de 1948, por la promulgación hecha por el gobernador designado por EE. UU. en Puerto Rico, Jesús T. Piñero.

Bajo esta nueva ley, sería un crimen imprimir, publicar, vender o exhibir cualquier material que pretendiese paralizar o destruir el gobierno insular, o para organizar cualquier sociedad, grupo o conjunto de personas con una intención destructiva similar. Cualquier acusado encontrado culpable de desobedecer la ley podría ser condenado a diez años de prisión, una multa de US $10.000 dólares, o ambos.

De acuerdo con el Dr. Leopoldo Figueroa, miembro del Partido Estadista Puertorriqueño, y el único miembro de la Cámara de Representantes de Puerto Rico que no pertenecía al PPD, la ley era represivo y en flagrante violación de la Primera Enmienda de la Constitución de los Estados Unidos que garantiza la Libertad de expresión. Por lo tanto, se trataba de un asalto a los derechos civiles de todos los puertorriqueños.

El 21 de junio de 1948, Albizu Campos pronunció un discurso en la ciudad de Manatí, donde explicó cómo esa Ley Mordaza violaba la Primera Enmienda de la Constitución de EE. UU. Los Nacionalistas, de toda la isla, asistieron - para escuchar el discurso de Albizu Campos, y para evitar que la policía los arrestase.

La nefasta ley fue derogada en 1956, no por deseos del gobierno colonial ni de sus funcionarios serviles, sino por la decisión del caso Pennsylvania vs Nelson en la Corte Suprema Federal de EE. UU., que estableció que la Ley Smith era anticonstitucional y fue derogada.

Marcha nacionalista para recibir a Don Pedro.

Marcha hacia el Morro para recibir a Don Pedro.

220

Recibimiento a Pedro Albizu Campos en el 1947.

Después de purgar 11 años de presidio y exilio impuesto, entre 1936 y 1947, Pedro Albizu Campos había regresado a Puerto Rico el 15 de diciembre de ese último año.

En la foto: Atrás, un sonriente Raimundo Díaz Pacheco (con quepis de copa blanca y visera negra, como comandante de los Cadetes de la Republica),
El recibimiento que le tributó el pueblo fue apoteósico.

Pedro Albizu Campos, junto a Juanita Ojeda, la costurera que bordó miles de banderas para el Partido Nacionalista desde 1928, durante una misa de gracias oficiada en la Catedral de San Juan en ocasión de su regreso a Puerto Rico, el 15 de diciembre de 1947.

1947.Albizu Campos rodeado de seguidores en el interior de la Catedral de San Juan, luego de su regreso a Puerto Rico. San Juan, Puerto Rico. 1947.

Sentado a su lado derecho, el poeta haitiano, Dr. Pierre Moraviah Morpeau.

Don Pedro Albizu Campos (Sentado a la derecha) escucha a su amigo personal, el poeta haitiano Pierre Moraviah Morpeau (Centro) mientras se dirige a los presentes, durante el recibimiento que se le hizo a Albizu Campos a su llegada a Puerto Rico, luego de cumplir condena. Estadio Sixto Escobar. San Juan, Puerto Rico. 15 de diciembre de 1947.

Desde el 1937 Pierre Moraviah Morpheau, Delegado del Partido Nacionalista de Puerto Rico en Haiti. Graduado de la Univesidad Nacional Haitiana y de la Universidad de Paris, poeta y prosista.

Nota: Albizu Campos visitó ese día la Catedral de San Juan.

Pedro Albizu Campos en un momento de reflexión durante su visita a la Catedral de San Juan el día de su regreso a Puerto Rico desde Estados Unidos. Viejo San Juan. San Juan, Puerto Rico. 1947. Cortesía: Biblioteca Nacional de Puerto Rico.

1948

12 de enero de 1948
Irvin Flores Rodríguez a la derecha de Don Pedro ante la tumba de los nacionalistas mayagüezanos caídos en la Masacre de Ponce en el 1937.

1948: los estudiantes de la UPR invitan a Pedro Albizu Campos a ofrecer una conferencia en el campus; el Rector Benítez se niega a la petición de los estudiantes, quienes remueven la bandera de EE. UU. e izan la proscrita bandera de Puerto Rico

Las autoridades expulsan a los líderes estudiantiles Juan Mari Brás, Pelegrín García y José L. Gil de la Madrid.

El 21 de mayo de 1948 la Asamblea Legislativa de Puerto Rico aprobó en sesión tres proyectos de ley encaminados a castigar toda acción contra el gobierno de la Isla. No es hasta el 10 de junio del mismo año que se convierte en la Ley 53 que declaraba "delito grave el fomentar, abogar y aconsejar o predicar, voluntariamente o a sabiendas, la necesidad, deseabilidad o conveniencia de derrocar, destruir o paralizar el Gobierno Insular por medio de la fuerza o la violencia". También incluye como delito el imprimir, publicar, editar, vender, exhibir o ayudar a organizar eventos promoviendo la independencia de Puerto Rico. Tan pronto la Ley 53 fue aprobada se desató una década de represión política. Esta ley ayudó al nuevo gobernador a ejercer su puesto, sin miedo, para deshacerse de la oposición política, especialmente del sector independentista y Nacionalista.

En las elecciones generales de 1948 se eligió a Luis Muñoz Marín como el primer gobernador puertorriqueño escogido por el voto del pueblo de Puerto Rico, tomando posesión oficial del cargo el 2 de enero de 1949. Factores como la represión legalizada por medio de la Ley de la Mordaza, la inestabilidad del estatus colonial y la renuncia del ideal independentista por Muñoz Marín llevaron al crecimiento del rencor entre la gente de Puerto Rico. Con la llegada y ayuda del líder Pedro Albizu Campos se comienza a preparar un levantamiento en armas. El 30 de octubre de 1950, muchos puertorriqueños se habían organizado para llevar a cabo la Revolución Nacionalista con el objetivo de declarar la independencia de Puerto Rico, la cual tuvo inicio en Jayuya. La acción más importante ocurrió en Jayuya, siendo capturado el pueblo por los nacionalistas. En otros pueblos como Peñuelas, Ponce, Arecibo, Utuado, Naranjito y Mayagüez también ocurren acciones en los cuales resultan muertos nacionalistas y policías. Además, se realizó un ataque en La Fortaleza, la casa del Gobernador Muñoz Marín, por un grupo de cinco nacionalistas con intenciones de ajusticiar al gobernador.

12 de octubre de 1948 en Cayey.
Discurso del Día de la Raza

Pedro Albizu Campos con su pueblo .
1948: Con motivo de la Segunda Guerra Mundial se reactiva el SMO y son arrestados por violar esa ley: Rafael cancel Miranda, Ramon Medina Maisonave, Luis M. O'Neill, Reinaldo trilla, Dario Berrios y Miguel Ángel Ruiz Alicea Todos son cadetes, Cancel Miranda y Medina Maisonave son sentenciados 2 años y 1 día de prisión. Los demás fueron sentenciados a 1 año 1 día por no registrarse.

Pedro Albizu campos-1948 sentado en la mesa presidencial de la Junta Nacional del Partido Nacionalista de Puerto Rico, localizada en los altos del edificio localizado en la esquina Sur Oeste del cruce de las calles Sol y Cruz en el viejo San Juan. Desplegadas en la pared, primera de izquierda a derecha, en posición de honor, la bandera de Puerto Rico; y, segunda, la bandera de la Revolución de Lares. Ambas —siguiendo la formalidad protocolaria— con sendas estrellas orientadas hacia su derecha, es decir, hacia la izquierda del espectador.

En el espacio central entre los dos históricos pabellones aparecen colocados los retratos de las dos más importantes figuras de la Revolución de Lares del 23 de septiembre de 1868: en la parte más alta, Francisco Ramírez, presidente de la República de Puerto Rico proclamada ese día. Y, directamente debajo, el Dr. Ramón Emeterio Betances, gestor organizativo y dirigente intelectual del movimiento patriótico.

San Juan, 16 de abril de 1948. Pedro Albizu Campos acompañado por cientos de seguidores en la conmemoración del día de José de Diego.

Raimundo Díaz Pacheco: El Comandante del Cuerpo de los Cadetes de la República.

"El hombre de confianza de Pedro Albizu Campos en San Juan era Raimundo Díaz Pacheco. Nació el 27 de diciembre de 1906, hijo de Gualberto Díaz Díaz, natural de Trujillo Alto, agricultor en el Barrio Carraízo de ese mismo pueblo, y de Rosa Pacheco, de Trujillo Alto, domiciliada en el mismo barrio. Provenía de un núcleo familiar humilde y Nacionalista. Dentro del Partido Nacionalista ocupó múltiples cargos: fue vicepresidente de la Junta Nacionalista de Trujillo Alto (1932), fue uno de los incorporadores de la Asociación de Trabajadores de (1934) y presidente de la Junta Nacionalista de Lares.

Al regreso de Atlanta en el 1947, Albizu organiza el Partido en dos fases, una militar y otra civil. El sector civil incluiría a todos aquellos Nacionalistas que por su edad y su condición física no estaban aptos para la acción revolucionaria que se planeaba. Comprendía la Junta Nacional y las Juntas Municipales.

Mitin nacionalista celebrado en Manatí en junio de 1948. En el mismo, Albizu denunció la escolta de policías y detectives que le seguía a todas partes desde que regresó a la Isla. (Fotos El Imparcial).

Acto nacionalista en Guánica el 25 de julio de 1948 en el 50 aniversario de la invasión estadounidense a Puerto Rico. En el micrófono, Rafael Cancel Rodríguez (núm. 1). A la derecha, Pedro Albizu Campos (núm. 4). Rafael Cancel Rodríguez en el aniversario de su natalicio, era nacionalista, cadete, expreso político y padre de nuestro otro héroe nacionalista Rafael Cancel Miranda

Rafael Cancel Miranda y Heriberto Marín Torres marchando en Lares, 1948.

Acto nacionalista en Mayagüez, en recordación de la Masacre de Ponce, Rafael Cancel Rodríguez, al frente hacia la izquierda, con sombrero y zapatos blancos. Irvin Flores Rodríguez, al frente hacia la derecha con palmas en la mano.

El 19 de enero del 1948. Asistieron 350 personas.

Asamblea del Partido Nacionalista de Puerto Rico en el Ateneo de Puerto Rico.
En la Junta Nacional estan Ernesto Ruiz y Gonzalo Walker por Aguadilla, Rafael Angel Burgos por Guayama y Juan Alamo Diaz por San Juan.
Entre los presentes estan Julio de Santiago, Julio Ramon del Rio, Isolina Rondón, Isabel Rosado, Pablo Rosado Ruiz, Ruth Reynolds, Secretaria de la Liga Americana Pro-Independencia de Puerto Rico.
Actuaban como Sub-secretarias Isolina Rondon e Isabel Rosado.
Como Secretario General, Julio Ramon del Rio.
Abrio el acto el Lcdo. Juan Hernandez Vallé.
Entre los presentes esta Pablo Rosado Ruiz en representación de La Junta Nacionalista de Nueva York.

Pedro Albizu Campos hizo la presentacion de cinco jovenes que se negaron a servir con el Servicio Militar Obligatorio. Fueron ellos: Rafael Cancel Miranda, Reinaldo Trilla, Dimas Matos Nieves, Angel Ruiz y Dario Berríos.
Rafael Cancel Rodriguez: Presidente del Comité de Hacienda.

Fue elegida la Directiva:

Presidente: Pedro Albizu Campos

Vice-Presidente: Jacinto Rivera Pérez
Tesorero: Julio de Santiago
Secretario Asuntos Exteriores: Juan Juarbe Juarbe.
Secretario General: Julio del Rio Adames de Los Cadetes de la Republica.
(* Cumpliendo sentencia por violar la Ley de la Mordaza en 1950, firmo declaraciones juradas, delatando todos los planes del Partido Nacionalista y sus lideres. Se convierte en testigo de los fiscales.
1948
Son ascendidos a Comandantes; Tomás Lopez de Victoria, Estanislao Lugo, Juan Jaca Hernández y Rafael Burgos Fuentes.

Foto: Noviembre de 1948-Pedro Albizu Campos en su casa. Local de La Junta Nacionalista de San Juan, esquina Sol y Cruz.

La pacifista estadounidense Ruth Mary Reynolds, admiradora de Albizu y autora de CAMPUS IN BONDAGE (sobre la huelga estudiantil de 1948 en la UPR) sale bajo fianza de la cárcel. La reciben, a la izq. el abogado y líder Nacionalista Juan Hernández Vallé y el legendario líder Paulino Castro Abolafia.
(Colección El Mundo, UPR, Río Piedras).

Junio 1948 - Albizu Campos ante la tumba de Antonio Vélez Alvarado, a quien se le atribuye la creación de la bandera puertorriqueña. (Manatí, 11 de junio de 1948. Foto Colmenares.)

1949

En el hotel Normandie de Puerta de Tierra, San Juan, en 1949. Laura Meneses Carpio, esposa de Albizu Campos, Rosa Esperanza Albizu Meneses, Laura Esperanza Albizu Meneses, al lado de su padre, y Pedro Albizu Campos con su nieto, hijo de Rosa Esperanza.

"Fundar la Patria es un imperativo para todos: mujeres y hombres."

Acto de José de Diego
San Juan, 1935

A los obreros: "Ustedes cuando sientan la opresión sobre vuestras espaldas, el imperio tiene que sentir el puñal relampagueando sobre sus espaldas."

Parada Nacionalista, 21 de marzo de 1949, Ponce

Actos Nacionalistas, 23 de septiembre de 1949

En Ponce.

En marzo de 1949 en Ponce. Don Pedro, durante ofrenda floral en la tumba de los héroes y mártires asesinados el Domingo de Ramos de 1937 en Ponce. Al centro, a su lado esta Isolina Rondón (con cartera en mano).

Ramón Medina Maisonave, Luis Manuel O'Neill Rosario, Darío Berrios Cruz, Rafael Cancel Miranda, Miguel Ángel Ruiz Alicea y Reinaldo Trilla Martínez, sentenciados por el tribunal estadounidense en Puerto Rico en 1949 por rehusar inscribirse en el ejército de dicho país. (Portada del periódico El Mundo, 16 de julio de 1949).

Pedro Albizu Campos (detrás de la bandera de Lares) en las escaleras de la Parroquia San José de la Montaña durante la conmemoración del Grito de Lares el 23 de septiembre de 1949.

En Ponce

El 21 de marzo de 1949 Pedro Albizu Campos entrando al cementerio de Ponce, a su izquierda aparece Ruth Reynolds, vestida de negro.

El 21 de marzo de 1949 Albizu deposita ofrenda floral en la tumba de Juan Cotal Nieves, victima de la masacre de Ponce.

1949
En Mayo de 1949 es arrestado en Naranjito Andrés Viera Figueroa por evadir el servicio militar selectivo.
El 19 de agosto el líder nacionalista Julio de Santiago es arrestado también.

1950

El 21 de marzo de 1950.
Albizu Campos durante la conmemoración de la Masacre de Ponce. Ponce, Puerto Rico.

1950. Pedro Albizu Campos durante una actividad del Partido Nacionalista en San Juan.

1950.Pedro Albizu Campos en un discurso en Barrio Obrero, San Juan, Puerto Rico. 1950.

El 23 de septiembre del 1950 Don Pedro Albizu Campos ante el obelisco en la conmemoración de El Grito de Lares. Carlos Vélez Rieckehoff está sosteniendo el paraguas. Pueden notar que la foto al igual que el discurso se realizaron apenas un mes antes de la histórica Insurrección Nacionalista de 1950.

Pedro Albizu Campos colocando un arreglo florar en una tumba durante la conmemoración del Grito de Lares. 23 de Septiembre de 1950.

Pedro Albizu Campos, 1950

PARTIDO NACIONALISTA DE PUERTO RICO

Junta Municipal de Fajardo
HOY 26 DE OCTUBRE DEL 1950

Conmemoración Del Natalicio Del Gen. Antonio Valero De Bernabe.

PROGRAMA

Durante la Mañana:

5:30 A. M.—Diana
9:30 A. M.—Misa In Memoriam en la Santa Iglesia de Santiago el Apóstol de Fajardo
10:30 A. M.—Ofrenda Floral ante la tumba de los patriotas

Por la Noche:

Asamblea Nacional en la plaza pública de Fajardo en homenaje al Libertador Gen. Valero de Bernabe, empezando a las 8:30 de la noche. DON PEDRO ALBIZU CAMPOS clausurará este acto. La trasmisión por radio empezará a las 8:45 P. M. por la estación WMDD de Fajardo — 1490 Kl.

Se invita a todos los amantes de la libertad a concurrir a este acto.

Junta Municipal de Fajardo
Valentin Villafañe
Presidente

Fajardo, Puerto Rico, 26 de octubre de 1950. Anuncio de una actividad por el Partido Nacionalista, cuatro dias antes de la revuelta nacionalista. La Conmemoración del natalicio del General Antonio Valero de Bernabe.

1951-Antigua residencia de Don Pedro Albizu Campos y antigua sede de la Junta del Partido Nacionalista de Puerto Rico. Calle del Sol 156, esquina calle de la Cruz San Juan, Puerto Rico.

Otros fotos

Pedro Albizu Campos (centro) junto a miembros del Partido Nacioalista. Aparecen dos féminas pertenecientes a Las Hijas de Libertad.

Grupo de caballeros que integraban la presidencia de la Asamblea del Distrito de San Juan del Partido Nacionalista, celebrada el domingo antepasado en el Ateneo. De izquierda a derecha: Pablo Rosado, Buenaventura Rodríguez, Julio de Santiago, Enrique Ayoroa y Paulino E. Castro. De pie: Raimundo Díaz Pacheco, José R. Sotomayor y A. Suárez. Frente al micrófono, el licenciado Hernández Vallés.

1947 en el Ateneo Puertorriqueño. Miembros de la presidencia de la Asamblea del Distrito de San Juan del Partido Nacionalista de Puerto Rico.

Capítulo X
1950 La Revolución Nacionalista

"No es fácil pronunciar un discurso cuando tenemos la madre tendida sobre el lecho y en acecho de su vida un asesino. Tal es la situación de presente de nuestra patria, de nuestra madre, Puerto Rico. El asesino es el poder de Estados Unidos de Norte América"
-Albizu, Lares, 23 septiembre de 1950

El Partido Nacionalista se levantó en armas el 30 de octubre de 1950, gesta conocida como la Revolución Nacionalista del 1950. Varios hechos justifican la inminencia de su ejecución. En primer lugar, J. Edgar Hoover, disgustado con Luis Muñoz Marín por demonizar a los Nacionalistas como controlados por los comunistas, a quienes Hoover se jactaba de haber controlado, ordenó al gobernador que apresurara el arresto de cualquier líder. El 26 de octubre hubo un intento de arrestar o asesinar a Don Pedro. Además, cuatro Nacionalistas fueron muertos en Peñuelas durante una marcha pacífica. Luego la policía local asaltó la casa de Melitón García, presidente del Partido Nacionalista en Peñuelas, incautando muchas armas. Además de la larga lista de asesinatos durante la durante los años 30, la Revolución del 50 y otras gestas Nacionalistas de esa década como el ataque a la Casa Blair y el asalto al Congreso de Estados Unidos, tienen como causa inmediata común la represión de Muñoz y Hoover, al igual que la traición que representaba el Estado Libre Asociado. Aunque tanto el presidente Harry S. Truman como Luis Muñoz Marín trataron de tergiversar las razones de la Revolución Nacionalista del 50 como un asunto entre puertorriqueños, ambos la trataron como lo que era, una guerra entre Puerto Rico, un pueblo luchando por su independencia, y Estados Unidos, un estado colonialista. Fue esa la razón por la cual Truman declaró la ley marcial y Muños activó a la Guardia Nacional para atacar a los insurgentes con bombarderos Thunderbolt de la fuerza aérea norteamericana. La Revolución Nacionalista del 50, como debe llamarse apropiadamente porque en ella tomaron parte de pueblos como Utuado, Ponce, Peñuelas, Mayagüez, Naranjito y Arecibo, al igual que se atacó a La Fortaleza en San Juan, es también conocida como la Revolución de Jayuya, Alzamiento de Jayuya o Levantamiento de Jayuya debido a que en ese pueblo ocurrieron los hechos más notables. En Jayuya, un grupo de 18 Nacionalistas liderados por Blanca Canales tomó el pueblo, izó la bandera puertorriqueña y declaró La República de Puerto Rico, todos actos penados por La Ley de la Mordaza. Incapaces de contener a los Nacionalistas, la policía insular exageró el número de insurrectos y en noviembre 1, Estados Unidos activó 10 aviones Thunderbolt de guerra desde la base Ramey en Aguadilla para bombardear a Jayuya y sus alrededores. Para el 3 de noviembre Jayuya había sido "pacificado". En Utuado ocurrió algo similar, pero con peores consecuencias. La policía, aunque ya estaban avisados y preparados, no pudieron derrotar a 32 Nacionalistas y la Guardia Nacional y los aviones tuvieron que interceder. Solo 9 Nacionalistas sobrevivieron el ataque brutal de la policía insular y la Guardia Nacional por cerca de 6 horas. Tras rendirse, estos fueron obligados a marchar por las calles de Utuado mientras los "guardias nacionales" se burlaban de ellos. Los detuvieron detrás de la estación de la policía, donde habían preparado una ametralladora, y los balearon. De los 9, murieron Heriberto Castro, Julio Colón Feliciano, Agustín Quiñones Mercado, Antonio Ramos y Antonio González. Muñoz Marín no tardó en imitar a su jefe en Washington para declarar finalmente la ley marcial en Puerto Rico y así continuar su arresto de todo independentista insurrecto o no, principalmente los líderes, a la vez que evitaba que noticia alguna sobre la revolución saliera de Puerto Rico. El presidente Truman y el Gobernador Muñoz Marín se confabularon para ocultad la crueldad de sus hechos en Puerto Rico. Obviamente Truman tenía una predilección por el bombardeo innecesario para resolver sus problemas bélicos.

El Partido Nacionalista de Puerto Rico lideró una serie de levantamientos armados y revueltas como parte de una estrategia política dirigida no solo a combatir al gobierno colonial de Estados Unidos, sino para dar una respuesta contundente a la propuesta de aprobación del nuevo estatus político de Puerto Rico, el Estado Libre Asociado, considerado una farsa colonial. El 30 de octubre de 1950, se produjeron varios levantamientos e insurrecciones armadas en los pueblos de Jayuya, Utuado, Ponce, Peñuelas, Mayagüez, Naranjito, y Arecibo y se atacó a la residencia del gobernador, La Fortaleza, en San Juan.

Antecedentes de la Insurrección Nacionalista de 1950

Con la llegada de Pedro Albizu Campos el 15 de diciembre de 1947, comienza una nueva etapa de la resistencia nacional y organización de la lucha de liberación. En 1947 se aprobó en el Congreso de los Estados Unidos la Ley 447 que facultaba al pueblo de Puerto Rico a elegir su propio gobernador. Luis Muñoz Marín fue electo gobernador en 1948 mediante esa ley 447. Muñoz era el pupilo tanto de Roosevelt como de Truman. Para poder conseguir mayor poder político había que eliminar a los principales promotores de la independencia en esa época, el Partido Nacionalista.

Muñoz Marín, aunque era el gobernador en 1950 no nombró a los militares de la policía y la Guardia Nacional, eso lo nombraba el presidente de Estados Unidos, por petición del Army y el Navy. Fueron miembros de la inteligencia yanqui a los puestos de la policía (que para 1950 era una rama del Army), al General Salvador

T. Roig y al coronel Astol Calero. Se le dejó a Astol Calero Toledo todo el trabajo sucio relacionado a la persecución contra el Partido Nacionalista. Astol Calero fue parte de un grupo de 60 puertorriqueños militares del Army que fueron adiestrados por el FBI. El FBI se creó en la década de 1930 por militares activos del Army y el Navy, que se convirtieron en civiles policías, para no dar la impresión de que las ramas militares intervenían con civiles en Estados Unidos, o sea que el FBI y muchos cuerpos de la policía, en especial en Puerto Rico, eran parte del Army y del Navy.

Los mítines de Albizu iban en auge y aumentando en público. Todos los discursos de Albizu Campos y de otros Nacionalistas, como el abogado Julio Pinto Gandía y el poeta Francisco Matos Paoli eran transmitidos por radio, y en las plazas, bares y negocios la gente se reunía para escuchar a los líderes Nacionalistas en la radio. Los últimos mítines de Albizu asistieron miles de personas. Astol Calero movilizaba siempre decenas de policías a las cercanías de estas actividades Nacionalistas.

El jueves 26 de octubre de 1950 Albizu Campos dio uno de los discursos más concurrido en Fajardo, en el natalicio del General Antonio Valero de Bernabé.

Decenas de autos de Nacionalistas se movilizaron desde Ponce, Arecibo y San Juan a la actividad en Fajardo. Al finalizar un número de autos de los Nacionalistas fueron interceptados por orden del coronel Astol Calero. Entre los autos intervenidos el más notorio fue donde viajaban la estadounidense Ruth Reynolds, Ana Rita Pagán, Gladys Barbosa y José Mejías Flores, donde se encontró armas y documentos de actas de reuniones del Partido Nacionalista muy comprometedoras. Aparentemente las actas tenían los nombres de miembros activos de Nacionalistas en algunos municipios. Con esos documentos en mano el coronel Astol Calero comenzó el 27 de octubre una caza de miembros del Partido Nacionalista. Movió todo su aparato policiaco a la ciudad de Ponce, el comité Nacionalista con más militantes en Puerto Rico.

Hay que recordar que el gobierno de Muñoz Marín (y el Congreso) estaba preparado para llevar a cabo un referéndum a principios de 1951 para aprobar la ley 600 y de facto el ELA, y según entendía el gobierno colonial los Nacionalista no lo iban a permitir, por lo que la orden a Astol Calero era encerrar al mayor número de los Nacionalistas por varios meses.

Tomás López de Victoria, encargado de la rama militar e inteligencia del Partido Nacionalista, era natural de Ponce. El día 27 de octubre, Tomás López de Victoria había recibido información secreta de la movilización policiaca ordenada por el coronel Calero, por lo que debió ir personalmente a hablar con Albizu Campos en San Juan. Mientras Astol Calero intentaba arrestar a los Nacionalistas ponceños, López de Victoria y Albizu Campos planificaron llevar a cabo la insurrección general a todo Puerto Rico para el lunes día 30 de octubre a las 12 del mediodía, antes que el coronel Astol Calero lograra sus intenciones de realizar arrestos masivos de los miembros del Partido Nacionalista. Ese mismo día (27 de octubre) sin perder tiempo se contactó los enlaces en el presidio (Oso Blanco) para provocar un motín, para mantener ocupados a la policía insular.

Para 1950 había varios Nacionalistas presos por negarse a ser reclutados en el ejército de Estados Unidos. Uno de ellos fue Aníbal Torres quién recibió órdenes de López de Victoria para hacer contacto con líderes de los presos como eran Pedro Benejam y Gregorio Lebrón. Se piensa que José Gerena Lafontaine, alias "La Palomilla" era espía de los Nacionalistas y recibía órdenes directas de López de Victoria.

Muchos historiadores entienden que la Insurrección Nacionalista de 1950 comenzó el 28 de octubre con el motín en el presidio de Río Piedras, más conocido como el Oso Blanco.

Datos tomados del libro de Miñi Seijo Bruno: "La Insurrección Nacionalista en Puerto Rico – 1950".

Antecedentes históricos del 1950

Revolución Nacionalista
30 de octubre de 1950

"La historia no se escribe con palabras, se escribe con la vida"
Pedro Albizu Campos

30 de octubre del 1950: La Revolución Nacionalista
- Al su regreso de Atlanta en el 1947, Albizu organiza el Partido en dos fases, una militar y otra civil. El sector civil incluiría a todos aquellos Nacionalistas que por su edad y su condición física no estaban aptos para la acción revolucionaria que se planeaba. Comprendía la Junta Nacional y las Juntas Municipales. El sector militar estaría formado mayoritariamente por la juventud, hombres y mujeres experimentados en las armas desde La Masacre de Ponce, los militares más aptos que a la vez formaban parte del sector civil. Esta fase militar era secreta y compartimentada.

Albizu era el líder de ambos sectores. A los efectos militares se dividió el país en siete zonas Revolucionarias.

El comandante General del Ejército Libertador era Tomás López de Victoria.
*Zona de San Juan- comandante Raimundo Diaz Pacheco.
*Zona de Humacao- comandante Valentín Berlanga.
*Zona de Cayey- comandante Rafael Burgos Fuentes.
*Zona de Ponce- comandante Estanislao Lugo
*Zona de Mayagüez- comandante Gil Ramos Cancel.
*Zona de Utuado- comandante Heriberto Castro.
*Zona de Arecibo- comandante Juan Jaca Hernández

Capitanes:
José Antonio Vélez Lugo: Mayagüez
Ramon Pedroza: Ponce.
Fernando Lebrón: Rio Piedras.
Antonio Salve: Santurce.

Entre 1949 y 1950, los Nacionalistas en la isla comenzaron a planificar y preparar una revolución armada. La revolución iba a tener lugar en 1952, en la fecha en que el Congreso de los Estados Unidos aprobara la creación del Estado Libre Asociado ya que consideraban el nuevo estatus como "una farsa colonial". Pedro Albizu Campos escogió, por su ubicación, el pueblo de Jayuya como la sede de la revolución. Las armas se almacenaron en la residencia de Blanca Canales, hermana del conocido poeta Nemesio Canales.
En la madrugada del viernes 27 de octubre de 1950 fueron detenidos por las fuerzas represivas, en Santurce, un grupo de Nacionalistas. El día previo habían participado en un acto partidario del nacionalismo celebrado en Fajardo en recordación a Antonio Valero Bernabé.

En la madrugada del viernes 27 Albizu viajaba en un auto rumbo a San Juan en caravana seguido por otro en que iban seis Nacionalistas.
Durante todo el trayecto de regreso el automóvil donde se encontraba Don Pedro Albizu Campos al igual que el resto de los vehículos fueron amenazados por la policía.

Como siempre, a estos automóviles les seguían varios de la Policía Secreta. Para evitar la persecución, un automóvil de los Nacionalistas empujó al de los policías y emprendieron marcha veloz, siendo arrestados a la altura del puente de Martín Peña. De acuerdo con la policía, en dicho automóvil se encontraron armas y bombas que motivaron el arresto de los Nacionalistas. Se recibió la noticia de que la casa de Pedro Albizu Campos en San Juan estaba rodeada por la policía. Albizu esperando el allanamiento y detención por violación a la Ley 53 en cualquier momento, dio la orden de comenzar la revolución, de resistir a tiros cualquier intento de detención.

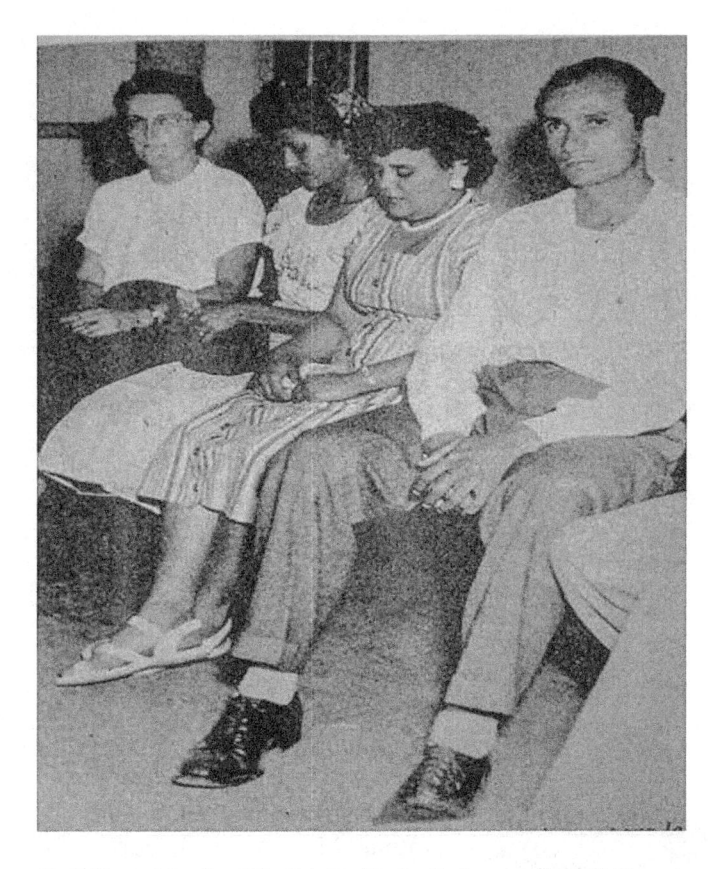

Ruth Reynolds, Ana Rita Pagán, Gladys Barbosa y José Mejías Flores fueron los primeros arrestados antes de la Insurrección Nacionalista de 1950

Esperando ser interrogado por los fiscales de San juan.
Ruth M. Reynolds, Ana Rita Pagan, Gladys Barbosa y José Mejías Flores en el tribunal.

Rafael Burgos Fuentes y Eduardo López Vázquez. Antonio Moya Vélez fue arrestado del 26 de octubre de 1950, cuando escoltaba a Albizu de regreso del pueblo de Fajardo. La Policía detuvo en la parada 26, lugar conocido como "Charneco", el auto que Moya conducía en su condición de escolta de Albizu y fueron arrestados, además de Moya, los Nacionalistas Rafael Burgos Fuentes, Eduardo López Vázquez y Miguel Rosado Aulet. Además, fueron detenidas las personas que los acompañaban: José Mejías Flores, la líder pacifista norteamericana Ruth M. Reynolds, Ana Rita Pagán, Gladys Barbosa, Felipe Ramos Díaz y José Cardona. Los primeros tres fueron acusados y convictos de portación de armas y de no registro de armas. En su testimonio en corte (ANPR, caja17, expediente 4), el teniente Astol Calero dijo que Burgos Fuentes portaba "una pistola Luger, con un peine caracol cargado con 30 balas"; Moya Vélez, "una pistola calibre 45"; y López Vázquez "una pistola".

En agosto del 1951 fueron sentenciados:
Ruth Reynolds: condenada a seis años de presidio.
Rafael Burgos Fuentes: de un mes a cinco años de presidio.
Eduardo López Vázquez: de un día a dos años y medio de presidio.
José Mejías Flores: fue absuelto.
Testigo de los fiscales:
*Miguel Rosario Aulet se convierte en testigo de los fiscales en 1950.

El sábado 28 de octubre, el barbero Juan Jaca Hernández, de Arecibo, se personó en Mayagüez en el almacén de los Cancel con órdenes de levantarse en armas el 30 de octubre. El que iba a comandar a los cadetes era Tomás López de Victoria, segundo después de Albizu. Ese mismo sábado, 28 de octubre, se fugaron ciento doce presos de la Penitenciaría Insular (que era la cárcel de La Princesa, donde hoy día ubica la Compañía de Turismo en el Viejo San Juan). Esta fuga era parte del plan de los Nacionalistas.

En el Barrio Macaná en Peñuelas

En Peñuelas a eso de la medianoche del 29 de octubre se reunían en la finca de la madre de Melitón Muñiz Santos en el barrio Macaná, 19 cadetes de la Republica y varios Nacionalistas para esperar la orden de partida hacia el casco de Ponce para comenzar la revolución.

Ante la información provista a la policía insular por un informante infiltrado en la Junta de Ponce, la policía se preparó para tomar por asalto la finca de la familia Muñiz.

Mientras tanto en la finca los Nacionalistas tomaban la decisión de emprender el rumbo hacia Ponce bajo el mandato del capitán del ejército libertador, Ramón Pedrosa, ya que las instrucciones nunca llegaron. Cuando estaban listo para partir llegó la policía y comenzó la batalla en la finca.

El 29 de octubre en el "Barrio Macaná" en la ciudad de Peñuelas. La policía rodeó la casa de la madre de Melitón Muñiz (Presidente del Partido Nacionalista de Ponce) bajo el pretexto de que estaban almacenando armas para la rebelión Nacionalista.

Al amanecer de ese día, a eso de las 4:45am, la policía allana la residencia de la señora madre de Melitón Muñiz, presidente de la Junta Nacionalista de Ponce. Al enterarse éste, se traslada a Peñuelas donde se inició una balacera con la policía y fue arrestado.

Sin previo aviso, la policía disparó contra los Nacionalistas, produciéndose un enfrentamiento armado entre ambas facciones, los Nacionalistas con armas de calibre .22 mientras la policía usaba armas de puño calibre .45 y largas Springfield M1903 lo que resultó en la muerte de tres Nacionalistas, y seis policías heridos.
Murieron tres Nacionalistas, siendo el primero Arturo Ortiz.
Fallecieron
1-Guillermo "Mito" Rafael González Ubides: de Ponce, falleció de hemorragia interna producida por arma de fuego.
2-José A. Ramos Santiago: de adjuntas, falleció de hemorragia interna. Producida por proyectiles de arma de fuego que le perforaron los intestinos.
3-Arturo Ortiz de Jesús: de Ponce, murió de hemorragia intracraneal producida por proyectiles de arma de fuego que le perforo el cráneo.

Acusados por esos actos el barrio Macaná, Peñuelas fueron arrestados y sentenciados:

1-Oscar Arroyo Torres es absuelto.

2-Marcelino Berrios Colon fue condenado por portar armas a 1 año y diez meses de cárcel y por no registrar el arma de fuego lo sentenciaron a ocho meses de cárcel. Salió el 20 de junio de 1953.

3-Melitón Muñiz Santos: acusado por cinco casos de ataque para cometer homicidio, posesión de arma de fuego sin estar autorizado y de violar la Ley 53. Por esta última fue sentenciado a cumplir de tres a siete años de presidio.

4-Manuel Bernardo Caballer Rodríguez: de Ponce cumplió 17 meses de cárcel. Saliendo el 17 de junio de 1954. Había sido nuevamente fue detenido el 5 de marzo de 1954 por violar la Ley 53.

Estanislao Lugo Santiago: estuvo preso hasta el 1954. Luego fue preso por los actos del 1954. Cumplió un año por violar la Ley 53. Fue uno de los estudiantes expulsado de la universidad en el 1947.

5-Marcelino "Tino" Turell Rivera: fue sentenciado a 10 años de presidio. Salió el 25 de junio de 1953. Regresó a prisión en ese año y salió el 2 de febrero de 1960.

6-William Gutiérrez Cádiz: Sentenciado a cuatro años de presidio.

Roberto Jaume Rodríguez: acusado de cinco casos de ataque para cometer homicidio. Hallado culpable.

7-Alejandro "El Curita" Tulio Medina Rodríguez: había sido monaguillo en la Iglesia Santa Teresita. Sentenciado por el Juez Roberto H Todd hijo, a ocho años de cárcel con trabajos forzosos, cumplió cuatro años de presidio y los otros en probatoria.
Cadete sobreviviente de la Masacre de Ponce.

Se hicieron testigos del pueblo en el caso del barrio Macaná en Peñuelas:
Gonzalo Burgos Martínez.
Juan Alicea Torres.
Víctor Candelaria Oliveras.
José "Chú el Mellao" Gutiérrez Cádiz.
Mariano Rodríguez Virola.
Eduardo "El Mellao" Santiago Rodríguez.
Cristóbal "Tobita" Torres Tirado.
Roberto "Guiso" Luis Velázquez Flores

Estos Nacionalistas de Ponce eran miembros del Comité Central de Ponce desde el 26 de noviembre del 1948.
Melitón Muñiz: Presidente
Antonio Alfonso Muñiz: Vicepresidente
Estanislao Lugo: Secretario
Marcelino Berrios Colon: Tesorero
Alejandro "El Curita" Tulio Medina Rodríguez era cadete de 36 años y sobreviviente de la Masacre de Ponce. Sirvió de monaguillo en la iglesia católica Santa teresita de la calle Victoria de Ponce, por eso le llamaban "El Curita".

El Incidente de Ponce
Barrio Canas cerca de la fábrica de cemento

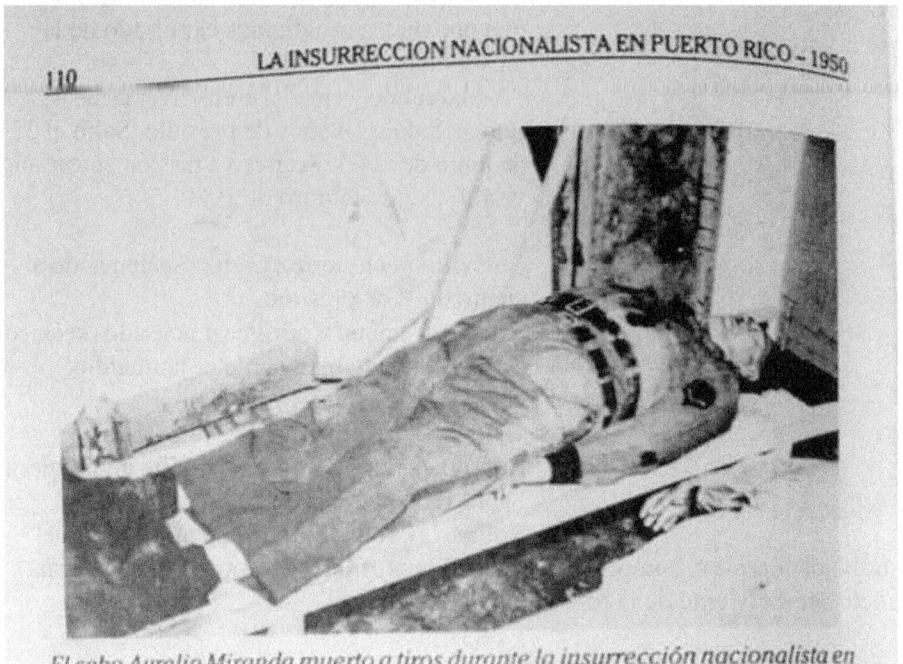

El cabo Aurelio Miranda muerto a tiros durante la insurrección nacionalista en la ciudad de Ponce.

Mientras tanto en Ponce, Ramón Pedrosa, estudiante de leyes de la Universidad de Santa María de Ponce, y un grupo de Nacionalistas entra en combate frente a la fábrica de cemento en Ponce con la policía en el que resulta muerto el cabo Aurelio Miranda.

El líder Nacionalista Ramón Pedrosa y otros cuatro Nacionalistas, fueron arrestados y acusados de asesinato por la muerte del policía insular Aurelio Miranda Rivera. El cabo se acercó a un automóvil que transportaba a unos Nacionalistas. Los compañeros oficiales sugirieron que los arrestaran. El oficial Miranda fue muerto a tiros en un tiroteo entre los Nacionalistas y la policía. Antonio Alicea, José Miguel Alicea, Francisco Campos Aranzanmendi (sobrino de Albizu Campos), Osvaldo Pérez Martínez y Ramón Pedrosa Rivera fueron detenidos y luego sentenciados a presidio.

Julio Campos Aranzanmendi, sobrino de Albizu Campos

Acusados por haber matado a tiros al cabo Aurelio Miranda. De izquierda a derecha: Ramón Rivera Ortiz (testigo de la fiscalía), José Cortés González, Francisco Campos Aranzamendi, Antonio Alicea Santiago, José Miguel Alicea, e Ildefonso de Jesús (testigo este último de los fiscales Arturo Cintrón García y Wilfredo Morales Torres). (Foto El Imparcial).

El primero a la izquierda a derecha es Ramon Rivera Ortiz (testigo de la fiscalía) y el ultimo es Idelfonso de Jesús (testigo de los fiscales).

Fueron sentenciados a prisión en el 1950:

1-Ramón Pedrosa Rivera el Comandante de los Cadetes de Ponce.
Acusado de asesinato de primer grado, intento de cometer asesinato, infracción a la Ley 53, portar armas, escalamiento en primer grado y ley de explosivos
Salió culpable de escalamiento (seis meses de cárcel)
Culpable de asesinato en segundo grado (15-30 años de presidio)
Portación de armas (10 meses a 1 año de cárcel). Por violación a la Ley 67 (2 años de cárcel)
Salió el 26 de agosto de 1959. En 1960 se enfrascó a tiros con la policía y fue arrestado
Fue recluido en un hospital psiquiátrico de donde se escapó el 23 de diciembre de 1960
Obtuvo su libertad en 1968.

2-José Antonio Alicea Santiago: salió el 12 de junio de 1956
3-José Miguel Alicea Santiago: salió el 12 de junio de 1956.
4-Julio Francisco Campos Aranzamendi: sobrino de Albizu. Condenado a 5 años de presidio.
5-Juan Cortes González: Entregado a la policía por dos vecinos (Juan Bautista Flores y Celso Pizarro)

6-Raúl Cayetano de Jesus Torres: 1 año y medio de cárcel por portación de arma, y diez meses por no tener el arma registrada. Había estado encarcelado en el 1945 en Tallahassee por evadir el Servicio Militar.

7-Miguel Ángel Vélez: el conductor, acusado de asesinato

8- Osvaldo Pérez Martínez: cantinero en el bar y hotel "El Molino Rojo" en la calle Isabel de Ponce y residía en el callejón Fagot de la calle Cantera. Conocido por los seudónimos El Colorao, Pecoso, Rubio y Pelirrojo. Pertenecía al grupo de Ponce. Fue uno de los combatientes que marchó por la vieja carretera número diez hacia Utuado para reforzar los que allí combatían. Acusado de asesinato en segundo grado, portación de arma de fuego y no registro del arma. Fue sentenciado a 30 años de presidio.

Falleció a los 79 años en su residencia de Mayagüez.

También fue arrestado Adolfo Caballero Bernard, Nacionalista de Ponce y dueño de la joyería "El Caballero" fallecido el día 16 de junio de 2001.

Barrio Macaná en Peñuelas

Antonio Alicea Santiago   *José Miguel Alicea Santiago*

Son naturales del Barrio Buenos Aires, de Lares. Vinieron de niños a la Calle Lídice, de Ponce, donde se criaron. Participaron en la acción bélica revolucionaria de la Insurrección Nacionalista, el 30 de octubre de 1950, en la que falleció el Cabo de la Policía Aurelio Miranda, escenificada frente a la planta cementera entonces llamada Ponce Cement. El Lcdo. Héctor Lugo Bougal fue el abogado defensor de todos los patriotas encausados. Cumplieron seis (6) años de prisión: en la cárcel El Castillo y en el llamado Presidio Insular.

*Acusados por haber matado a tiros al cabo Aurelio Miranda. De izquierda a derecha: Ramón Rivera Ortiz (testigo de la fiscalía), José Cortés González, Francisco Campos Aranzamendi, Antonio Alicea Santiago, José Miguel Alicea e Ildefonso de Jesús (testigo este último de los fiscales Arturo Cintrón García y Wilfredo Morales Torres). (Foto El Imparcial). Facsímil de página del libro *La Insurrección Nacionalista en Puerto Rico (1950)* de Miñi Seijo Bruno.

Don José Miguel Alicea Santiago y Don Antonio Alicea Santiago.

Los Nacionalistas Juan Alicea y Gonzalo Burgos ambos de Ponce. Arrestados en Peñuelas.

El vehículo donde viajaban los nacionalistas José A. Ramos Santiago asesinado y Melitón Muñiz Santos arrestado en Peñuelas

EXTRAEN BALAS DE CADAVER. — El policía Quentin Vélez (a la izquierda, en traje de paisano), el Dr. Aníbal Vázquez Vélez y el cabo de policía Américo Ortiz se entregan a la tarea de extraer balas del cuerpo y de los bolsillos del cadáver del nacionalista Ubides Ubiñas, en el sitio donde cayó abatido a balazos en el tiroteo de Peñuelas. (Foto EL IMPARCIAL)

Guillermo Rafael González Ubides asesinado en Peñuelas

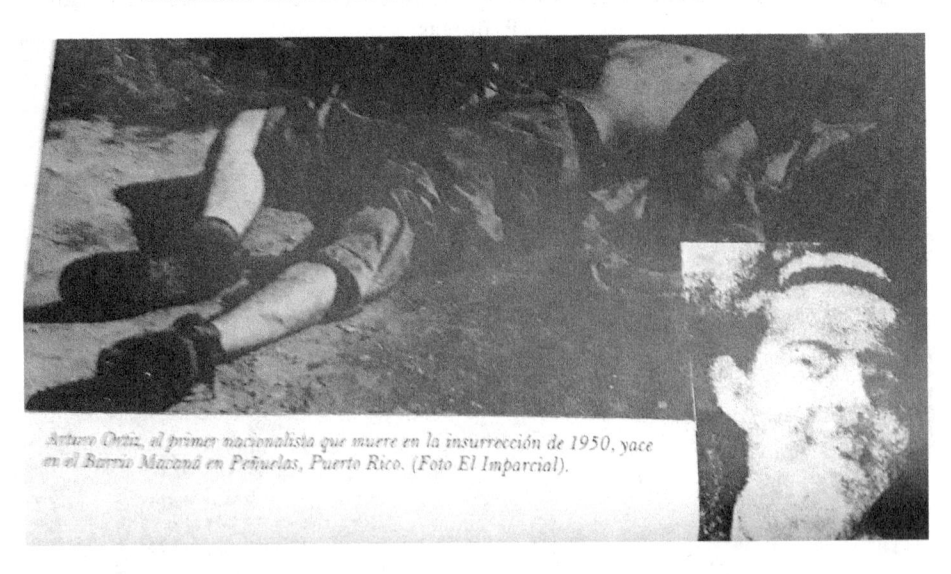

Arturo Ortiz, el primer nacionalista que muere en la insurrección de 1950, yace en el Barrio Macaná en Peñuelas, Puerto Rico. (Foto El Imparcial).

Arturo Ortiz de Jesús (25 de febrero de 1930 - 30 de octubre de 1950)
Nació en el número 32 de la calle Miramar del Barrio Segundo de Ponce. Fueron sus padres Ramón Ortiz Alvarado (Ponce) y Fundadora de Jesús Feliciano (Peñuelas). Sus abuelos paternos fueron Ramón Ortiz y Antonia Alvarado, ambos

de Peñuelas. Sus abuelos maternos fueron Tomás de Jesús y Juana Feliciano ambos de Peñuelas.

Arturo trabajaba como dependiente en un negocio comercial. Se le identifica como el primer caído de la Revolución del 1950. Falleció el 30 de octubre de 1950 en el Bo. Macaná de Peñuelas en la residencia de la madre de Melitón Muñoz Santos. Arturo fue el primer combatiente de la revolución en caer, falleció a las 5:00AM de un balazo en el cráneo que le provocó una hemorragia interna. Fue enterrado el 31 de octubre de 1950 en el cementerio civil de Ponce.

Tío del expreso político Elizam Escobar Ortiz.

José A. Ramos Santiago fue acribillado a balazos por la espalda.
La bandera puertorriqueña es izada a la entrada del barrio Macana de Peñuelas.

José A. Ramos Santiago (1922-1950)

Fueron sus padres Genticio Ramos y Juana Santiago (ambos de Adjuntas). Era chofer de carro público. Estuvo casado con América Franceschi. Fue el tercero en caer en la Revolución del 1950. Se enfrentó a un grupo de policías en el Bo. Macaná de Peñuelas en la residencia de la madre de Melitón Muñoz Santos. Fue asesinado a las 5:00AM de varios balazos que le perforaron los intestinos que le provocó una hemorragia interna. Fue enterrado el 31 de octubre de 1950 en el cementerio civil de Ponce.

José A. Ramos

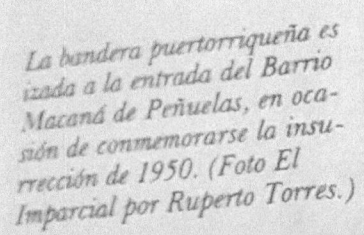

La bandera puertorriqueña es izada a la entrada del Barrio Macaná de Peñuelas, en ocasión de conmemorarse la insurrección de 1950. (Foto El Imparcial por Ruperto Torres.)

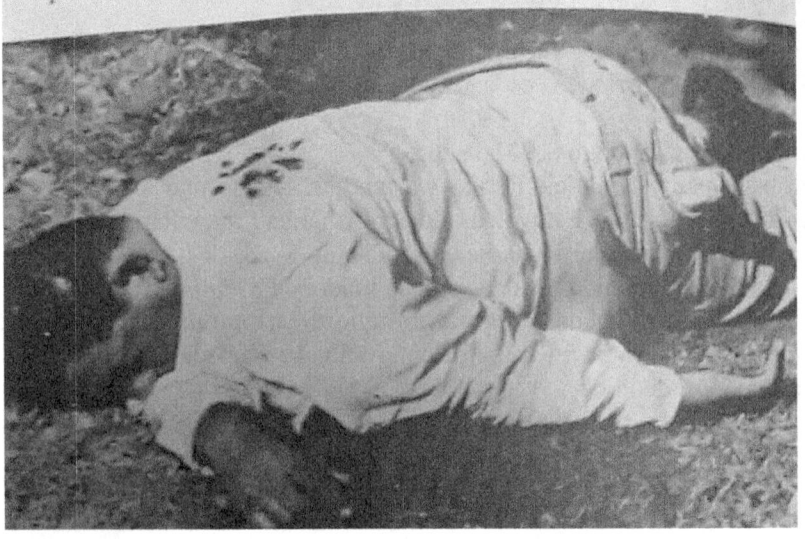

El de camisa blanca es Melitón Muñiz Santos. Fue presidente de la Junta Nacionalista de Ponce. Melitón Muñiz Santos – Peñuelas. Residía en Ponce y presidente de la Junta de Ponce del Partido Nacionalista de Puerto Rico. Fue arrestado en la batalla entre la policía y los Nacionalistas en el barrio Macaná.

Guillermo Rafael González Ubides

Guillermo Rafael González Ubides se batió con diecinueve policías en el Barrio Macana en Peñuelas. Guillermo González Ubides uno de los primeros Nacionalistas asesinados en Peñuelas, donde comenzó la Insurrección Nacionalista de 1950.

En Peñuelas comenzó la insurrección.

López de Victoria y Albizu Campos planificaron llevar a cabo la insurrección general a todo Puerto Rico para el lunes, 30 de octubre de 1950, debido a que el coronel Astol Calero logró obtener documentos de las actas con los nombres de miembros activos de Nacionalistas por municipio.

Para el 27 de octubre de 1950 López de Victoria logró comunicarse con Melitón Muñiz Santos, presidente de la Junta Nacionalista de Ponce, para que sacará el arsenal de armas de Ponce que eran el más numerosos, contaba con decenas de pistolas 45, rifles y ametralladoras. Melitón Muñiz decidió llevar el arsenal de armas al Bo. Macaná de Peñuelas, a la residencia de su madre. Mientras López de Victoria llevaba el mensaje de la insurrección a Raimundo Díaz Pacheco en el Bo. Buen Consejo de Río Piedras, a Mejías en Cayey y a José Antonio Negrón en Naranjito, Albizu mandó a Pedro Ulises Pabón a llevar la orden a Arecibo a Juan Jaca Hernández, y Jaca Hernández llevó el mensaje del día y la hora de la insurrección a Heriberto Castro en Utuado y a Elio Torresola en Jayuya.

Para el 28 de octubre todos esos pueblos ya estaban enterados del día y la hora de comenzar la insurrección. En la madrugada del 29 de octubre Juan Jaca Hernández logró llegar a Mayagüez para dar el mensaje a Rafael Cancel Rodríguez. El mismo día 28 de octubre la policía de Puerto Rico estaba enterada de los planes y empezó a hacer bloqueos en casi todos los pueblos de la isla con la excusa de capturar a la centena de presos que se escaparon del Oso Blanco ese 28 de octubre de 1950, por lo que algunos historiadores indican que la Revolución de 1950 comenzó el 28 de octubre. La casa de Melitón Muñiz, en Ponce fue allanada por la policía el sábado 28 de octubre, donde se encontraron un gran número de pistolas, balas, algunos rifles y decenas de banderas Nacionalista (la bandera puertorriqueña se clasificaba por los escritos de la policía como bandera Nacionalista), todavía prohibida en 1950. Esa misma noche del sábado 28 de octubre Melitón Muñiz salía de Ponce con 8 compañeros hacia la finca que tenía su mamá en el Bo. Macaná de Peñuelas, con parte del arsenal. El domingo 29 de octubre regresa a Ponce a buscar otros compañeros Nacionalistas.

La policía ya tenía confidencias del movimiento de los cadetes al Bo. Macaná de Peñuelas moviendo varias patrullas al sector. En el Bo. Macaná estaban los Nacionalistas, William y Jesús Gutiérrez (hermanos), José Antonio Alicea, Juan Alicea, Gonzalo Burgos, Marcelino Berríos, Marcelino Turell Rivera, esperando ordenes, cuando el día 30 de octubre de 1950, por la madrugada, vieron llegar varias patrullas con decenas de policías que se dirigían a la casa de la madre de Melitón, inmediatamente tomaron posiciones y la policía fue recibida con una lluvia de balas y se le lanzó una bomba desde un cañaveral. Melitón Muñiz, Guillermo González Ubides, Arturo Ortiz, José Ramos, regresaban a esa misma hora de Ponce cuando su carro fue interceptado por la policía produciéndose una larga balacera, donde la policía uso ametralladoras y rifles, resultando heridos seis policías y muertos los Nacionalistas Arturo Ortiz (primer Nacionalista muerto en la insurrección de 1950), Guillermo González Ubides y José Ramos. El otro grupo de Nacionalistas de Ponce dirigidos por Ramón Pedrosa Rivera decidió ir directo a Utuado tomando la carretera de Adjuntas cuando dos patrullas los intercepto produciéndose una balacera donde murió el cabo Aurelio Miranda (primer policía muerto en la insurrección de 1950). De esa manera comenzó la Insurrección Nacionalista del 30 de octubre de 1950, en Peñuelas y en Ponce.

Datos tomados del libro de Miñi Seijo Bruno "La Insurrección Nacionalista en Puerto Rico – 1950"

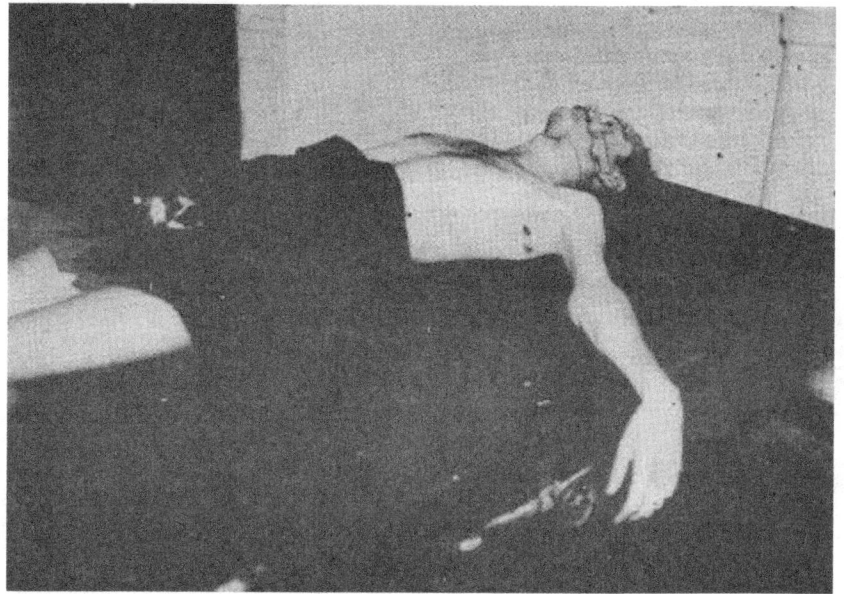

Guillermo Rafael González Ubides (1919-1950).
Fueron sus padres Guillermo González Sapia (Aguadilla) y Georgina Ubides Aponte (Ponce). Era ingeniero mecánico. Fueron sus abuelos paternos José González y Carmen Sapia (ambos de Aguadilla). Sus abuelos maternos fueron Juan Ubides y Encarnación Aponte (ambos de Ponce).
Su hermano fue José González Ubides (1921-). Fue el segundo en caer en la Revolución del 1950. Se enfrentó a un grupo de policía en el Barrio Macaná de Peñuelas en la residencia de la madre de Melitón Muñoz Santos. Fue asesinado a las 5:00AM de un balazo en el cuello que le provocó una hemorragia interna. Fue enterrado el 31 de octubre de 1950 en el cementerio civil de Ponce.
Guillermo González Ubides se bate a tiros en Macaná de Peñuelas con diecinueve policías armados de ametralladoras, carabinas y revólveres calibre 45.

Guillermo Rafael González Ubides.

Carro que ocupaba González Ubides.

Ataque al cuartel de la policía en Jayuya

En Jayuya, los Nacionalistas atacaron la estación de policía.

La idea de este asalto al cuartel era apoderarse de las armas que necesitaban para lograr tomar Jayuya y brindar apoyo a los combatientes de Utuado.

En la batalla que se produjo, un oficial resultó muerto y otros dos resultaron heridos antes que el resto se rindiera. Los Nacionalistas cortaron las líneas telefónicas y quemaron la oficina de correos. Luego se dirigieron hacia la plaza del pueblo donde izaron la bandera de Puerto Rico (Estuvo prohibido por ley llevar consigo una bandera de Puerto Rico del 1898 al 1952). En la plaza del pueblo, Puerto Rico fue declarado una república por Blanca Canales. El pueblo de Jayuya fue tomado por los Nacionalistas durante tres días. Estados Unidos declaró ley marcial en Puerto Rico y envió a Jayuya la Guardia Nacional. El pueblo fue atacado por aire por aviones bombarderos P-47 Thunderbolt y en tierra por artillería. Aunque parte del pueblo fue destruido, se impidió la difusión de las noticias de esta acción militar fuera de Puerto Rico.

Muere Carlos Irizarry Rivera, comandante de los Cadetes por una herida de bala por la espalda sin salida y alojamiento en el pulmón izquierdo que le produjo profusa hemorragia interna la cual se localizó en el pulmón, ocasionándole además dicha herida una pulmonía bilateral. De su muerte la policía acusa a Mario Irizarry, su primo y hermano de crianza.

Resultó muerto el policía Virgilio Camacho y otros resultaron heridos.

También falleció el parroquiano Ceferino Andújar Arroyo

Son acusados de asesinato en primer grado, de ataque para cometer asesinato, portación de armas de fuego, por portación de armas no registradas, casos por incendio malicioso de más de veinte casas.

Mario Irizarry: primo y hermano de crianza de Carlos Irizarry Rivera.
Fue acusado por la muerte de su primo Carlos. Acusado de ataque para matar al policía Modesto Estrada (Fue condenado a cumplir a cumplir de seis a catorce años de presidio)
Fue acusado de ataque para cometer asesinato, portación de arma, y de no registrar arma de fuego, robo e incendio malicioso (sentenciado de cinco a diez años de prisión).
Cumplió diez años en cárceles federales.

Jayuya

El representante del Partido Nacionalista en Jayuya, el farmacéutico Lisandro "Papi Chando" Rivera y su familia después de ser arrestados por la Guardia Nacional

1- Blanca Canales Torresola: es acusada de asesinato en primer grado y condenada a prisión perpetua, adicionalmente sentenciada a ocho meses de cárcel por no registrar armas de fuego, por portar armas de fuego fue condenada un año y seis meses de cárcel. Por tres casos de ataque para cometer asesinato fue sentenciada a de seis a catorce años de presidio. Fue indultada en el 1967.

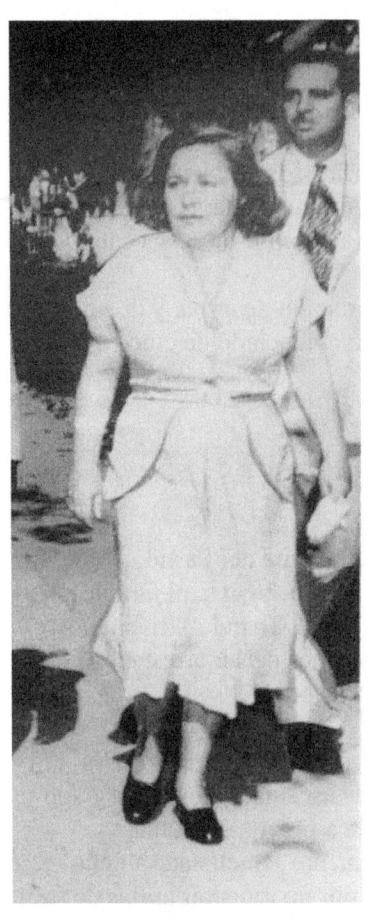

Blanca Canales Torresola

2- Antonio Cruz Colón: por no registrar arma es sentenciado a ocho meses de cárcel, portación ilegal de armas sentenciado a un año de cárcel. Por dos casos de ataque para cometer asesinato fue sentenciado a de seis a catorce años de presidio por cada uno, o sea de 12 a 28 años. Por incendio malicioso en segundo grado fue condenado a de tres a ocho años de prisión.

También fue acusado de ataque para cometer asesinato contra el policía Modesto Estrada y fue sentenciado a cumplir de seis a catorce años de cárcel. El 23 de septiembre del 1972 fue indultado.

3- Edmidio Marín Pagán: joven de quince años, acusado de quemar el correo y condenado a seis años de presidio, de los cuales cumplió cinco en la cárcel del Reno en Oklahoma.

Otra acusación fue de ataque para cometer asesinato contra el policía Modesto Estrada fue sentencia a cumplir de seis a catorce años de cárcel.

Después de cumplir alrededor de diez años de presidio salió en libertad bajo palabra el 26 de abril de 1961.

4- Heriberto Marín Torres: acusado de asesinato en primer grado y condenado a reclusión perpetua, por el no registro de arma de fuego lo condenaron a ocho meses de cárcel, por dos casos de portar armas de fuego lo condenaron de uno a seis meses de cárcel, por tres casos de ataque para cometer asesinato fue sentenciado a cumplir de seis a catorce años de cárcel por cada uno. Por incendio malicioso e segundo grado fue sentencia de tres a ocho años de presidio. Fue indultado bajo palabra el 24 de agosto de 1959.

5- Ramón "Moncho" Robles Torres: acusado de asesinato en primer grado y condenado a cadena perpetua. Además, acusado de dos casos de portar armas de fuego, portación de arma ilegal, por incendio malicioso en segundo grado y fue sentenciado. Cumplió en cárcel federales en Estados Unidos y en Puerto Rico. Fue indultado en el 1968.

6- José "Cheito" Rodríguez Oliveras: no registrar arma de fuego, portar arma de fuego ilegalmente, dos casos de ataque para cometer asesinato, dos casos de robo, dos casos de incendio malicioso en segundo grado. Fue indultado en el 1968.

7- Carlos Sánchez Rivera: acusado de asesinato en primer grado, por tres casos de ataque para cometer asesinato, no registro de arma, portación de arma ilegalmente, incendio malicioso en segundo grado, sentenciado a más de diez años de cárcel. Fue indultado e el 13 de mayo de 1957.

8- Ramón Sánchez Rivera: acusado de asesinato en primer grado, por el no registro de arma de fuego, condenado a cadena perpetua. Por portación de ilegal de arma de fuego, por tres casos de ataque para cometer asesinato, dos casos por incendio malicioso en segundo grado. Fue indultado el 31 de diciembre de 1957.

9- Elidio "Veneno" Torres Román: sin ser Nacionalista fue sentenciado a cadena perpetua y de seis a catorce años por dos casos de intento de asesinato, por la muerte de dos policías, por el no registro de arma de fuego, por tres casos de ataque para cometer asesinato, sentenciado a ocho años por incendio malicioso en segundo grado. Fue indultado bajo palabra en noviembre de 1968.

10- Elio Ariel Torresola Roura: asesinato en primer grado, tres casos de ataque para cometer asesinato, portación de ilegal de arma de fuego, robo de armas de fuego, doce casos de incendio malicioso en segundo grado. Cumplió en la cárcel federal de Atlanta. Regresó a Puerto Rico para cumplir con los cargos estatales. Cumplió 18 años de cárcel. Fue indultado en el 1968.

11- Luis Darío Fernández Rivera: acusado de asesinato en primer y segundo grado, portación de armas (ocho meses de cárcel), por el no registro de arma de fuego, ataque para cometer asesinato (de diez a doce años), incendio malicioso en segundo grado (de dos a cinco años) por el caso de incendio malicioso. Fue indultado bajo palabra el 18 de junio de 1959.

12- Juan Antonio González Marín: acusado de asesinato en primer grado por la muerte del policía Virgilio Camacho y ataque para cometer asesinato por la muerte contra el policía Modesto Estrada. Por este caso fue sentenciado a cadena perpetua. La sentencia le fue conmutada a treinta años en abril 28 del 1959. Fue indultado bajo palabra en 18 de junio de 1959.

El ultimo arresto en Coabey, Antonio "Tony" González. Se batió a tiros contra la Guardia Nacional.

13- Fidel Irizarry Rivera: acusado de asesinato en primer grado (sentenciado a perpetua), tres de incendio malicioso, portación de arma y no registro de arma. Sentenciado de seis a catorce años de cárcel. Cumplió una sentencia de cuatro a años y medio en Tallahassee, Florida. Cumplió en presidio de Puerto Rico por cargos estatales. Fue indultado el 28 de agosto de 1959.

14- Mario Irizarry Rivera: acusado por la muerte del policía Virgilio Camacho, ataque para cometer asesinato contra el policía Modesto Estrada. Sentenciado a cumplir de seis a catorce años de cárcel. También acusado de portación de ilegal de arma de fuego, ataque para cometer asesinato, robo e incendio malicioso. Sentenciado a cumplir de cinco a diez años de prisión.

15- Ovidio Irizarry Rivera: acusado de asesinato en primer grado, por tres casos de ataque para cometer asesinato (sentenciado a cadena perpetua), portación de ilegal de arma de fuego, por el no registro de arma de fuego, seis casos de incendio malicioso en segundo grado (sentenciado a de tres a ocho años de presidio con trabajos forzados). Su sentencia fue conmutada a treinta años de cárcel. Fue indultado en libertada bajo palabra el 28 de febrero de 1959.

16- Juan Ramón de Jesús Medina: casos por portar armas de fuego, por el no registro de arma de fuego, incendio malicioso en segundo grado. Sentenciado a tres a ochos años de cárcel.

17- Miguel Ángel Marín Dávila: acusado por la muerte del policía Virgilio Camacho. Condenado a cadena perpetua, portación ilegal de arma de fuego (un año y seis meses de cárcel), por el no registro de arma de fuego (ocho meses de cárcel), por tres casos para cometer asesinato sentenciado a cumplir de seis a catorce años en cada uno, un caso de incendio malicioso en segundo grado (de tres a ocho años) en cada uno, por tres casos de robo sentenciado de cinco a diez años de presidio. En el 1959 le conmutaron la sentencia a treinta años de presidio. Fue indultado bajo palabra el 21 de noviembre de 1960.

18- Luis E. "Mencha" Morales Negrón: Hermano de Juan y Reinaldo, conocidos como Los Menchas. Protector de Blanca Canales. Condenado a cadena perpetua por varios delitos, por el no registro de arma de fuego (ocho meses de cárcel), portación de ilegal de arma de fuego (un año y seis meses), dos casos para cometer asesinato (de seis a catorce años cada uno), cinco casos de incendio malicioso (de tres a ocho años cada uno). Le conmutaron la sentencia el 30 de septiembre de 1959 a una de treinta años. Fue indultado el 21 de julio de 1960.

19- Juan Morales Negrón (Juan Mencha). Acusado de incendio malicioso, asesinato en primer grado (sentenciado a perpetua). Le conmutaron la sentencia el 6 de junio de 1957. Fue indultado en julio de 1960.

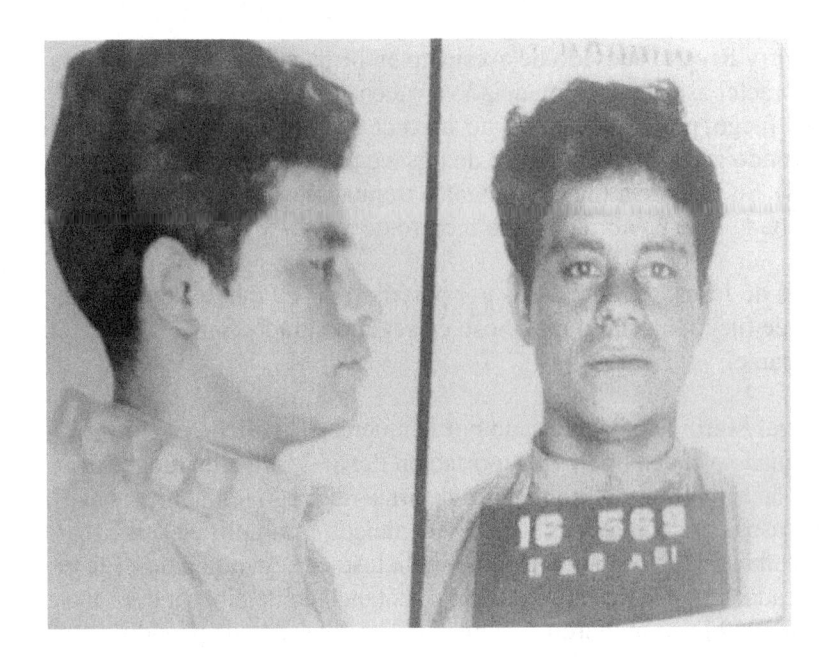

20- Reinaldo Morales (Reinaldo Mencha). Acusado de quemar el correo (diez años de cárcel), portar armas sin registrar, dos casos de ataque para cometer asesinato, cuatro casos de robo y seis casos de incendio malicioso en segundo grado. Acusado de delitos de asesinato (cadena perpetua), cumplió diez años de cárcel en Estados Unidos y casi quince en Puerto Rico.

21- Ramon Otero Lozada: acusado de asesinato en primer grado (condenado a cadena perpetua), portación de ilegal de arma de fuego sin registro (8 meses de cárcel), portación de arma (un año y seis meses de cárcel), tres casos de ataque para cometer asesinato (seis a diez años de presidio en cada caso), incendio malicioso en segundo grado (de tres a ocho años de presidio pen cada caso). El 29 de mayo le conmutaron la sentencia a veinticinco años de presidio. Fue indultado bajo palabra el 18 de junio de 1957.

22- Jaime Rafael Rivera Crespo: acusado por la muerte del policía insular Modesto Estrada y sentenciado a cadena perpetua. La sentencia fue conmutada a veinticinco años de presidio. En el caso de ataque para cometer asesinato fue sentenciado a cumplir de seis a catorce años de prisión. Fue indultado el 18 de julio de 1957.

23- Lisandro" Papichando" Efraín Rivera Ríos:
Acusado por delito de asesinato del policía Modesto Estrada y sentenciado a cadena perpetua. Acusado del robo de la escopeta de Américo Rivera, de incendio

malicioso, portación de armas de fuego. El 10 de febrero de 1961 le conmutaron la sentencia a cuarenta años de cárcel. Fue indultado ese mismo año.

24- Fernando "El Che" Luis Rivera Santiago: acusado de asesinato en primer grado y condenado a cadena perpetua, además acusado por portación de arma, no registro de arma de fuego, dos casos de ataque para cometer asesinato, robo, dos casos de incendio malicioso en segundo grado. Su sentencia fue conmutada a treinta años de cárcel. Se le otorgó el indulto condicional el 18 de febrero de 1955 y luego el 9 de enero de 1958 le fue revocado el indulto por una infracción.

Por estos mismos casos fueron acusados y condenados a presidio otros que no eran Nacionalistas.
Antonio Colón González, Carlos Juan Cruz Rivera, Alfredo Rivera Pabón, Juan Maldonado Rivera, Carmelo Maldonado Rivera, Juan Román de Jesús y sus hermanos Miguel Ángel "Pitigrilli" de Jesús y Obdulio de Jesús, Ramón Montaner Marrero, Oliverio Pierluissi Soto, Miguel Ángel "El Reno" Rivera Santiago.

Oliverio Pierlussi Soto arrestado en el 1950.

Elido Torres Cruz uno de los héroes del 31 de octubre en el encuentro con la Guardia Nacional.

El joven Alfredo Pabón Rivera, héroe del grupo que mantuvo a la Guardia nacional a distancia en la farmacia de Lisandro Rivera.

Ataque al cuartel de la policía en Arecibo

PARTIDO NACIONALISTA DE PUERTO RICO DIRIGIDO POR
EL DR. PEDRO ALBIZU CAMPOS

MIEMBROS DE LA FUERZA PATRIOTICA
COMANDO LIBERTADOR

DON TOMAS LOPEZ DE VICTORIA
COMANDANTE EN JEFE

DON JUAN JACA HERNANDEZ
COMANDANTE DE ZONA

ISMAEL DIAZ MATOS
TENIENTE

RICARDO DIAZ DIAZ, HIJO
CAPITAN

HIPOLITO MIRANDA DIAZ
BERNARDO DIAZ DIAZ
ANGEL R. DIAZ DIAZ
RAFAEL MOLINA CENTENO
MANUEL MENDEZ GANDIA
JUSTO GUZMAN SERRANO
JOSE SERPA ALVAREZ

CARLOS FELICIANO VAZQUEZ
LUIS MANUEL O'NEILL
PEDRO LOZADA
GILBERTO RIVERA GONZALEZ
RAFAEL CANDELARIA
ISRAEL CRESPO
MANUEL MENA DE JESUS

La Junta Nacionalista de Arecibo en 1950
Andrés Negrón Garcés: presidente
José Serpa Álvarez: vicepresidente
Francisco Lorenzo: Tesorero
Otros miembros: Emilio Olmo, Ricardo Diaz Diaz y Lucia Arce.

Intento de asalto al cuartel de la policía de Arecibo el 30 de octubre.

En ese comando estaban Bernardo Díaz Diaz, Rafael Molina centeno y Manuel Méndez Gandía, dirigidos por Tomás López de Victoria y Juan Jaca Hernández.

La oficina del correo y la oficina del reclutamiento militar
Falleció el Nacionalista Hipólito Miranda Diaz. Herido de impactos de bala que le perforaron el cráneo y laceraron el cerebro.

Los atacantes fueron acusados y procesados en el Tribunal Superior de Arecibo de asesinato en primer grado y por ataque para cometer asesinato, todos sentenciados a cadena perpetua.

Acusados por la muerte del policía insular Jesús Feliciano.

Lugo fueron acusados por la muerte del teniente de la Policía Insular, Ramon Villanueva, del policía insular Dioniso Rivera Yolicrup, del cabo Robles y de haber herido a otros policías. Son acusados por infracción a Ley 53 y sentenciados de dos a diez años de presidio.

1- Ricardo "El Viejo" Diaz Diaz (Padre): acusado de cuatro casos de asesinato en primer grado, varios casos de ataque para cometer asesinato entre ellos por intentar dar muerte a Pedro Rivera Cabrera, del sargento Fernando E. Leiba y del policía Ángel C. Serrano.

Por lo que fue sentenciado el 5 de junio de 1951 a cadena perpetua por asesinato en primer grado y de seis a catorce años de presidio por ataque para cometer asesinato.

Por portación de arma sentenciado a ocho meses de cárcel, por portación de arma sin registrar sentenciado a un año y seis meses de cárcel, por seis casos de ataque para cometer asesinato se le condenó de seis a catorce años de presidio en cada caso. Por infracción a Ley 53 fue sentenciado de dos a diez años de presidio y fue indultado el 25 de noviembre de 1957, luego de cumplir seis años cinco meses y veinte días de cárcel.

2- Leónides Diaz Diaz: acusada de cuatro casos de asesinato en primer grado y seis casos de ataque para cometer asesinato. Sentenciada a cadena perpetua por cada caso por los asesinatos y catorce años por cada caso de ataque para cometer asesinato, y diez años por no delatar a su esposo y a sus hijos. Fue indulta el 18 de julio de 1957.

3- Victor Ricardo "Dico" Diaz Diaz:

Leónides Diaz Diaz

Junta Municipal de Arecibo y Capitán de los Cadetes de la República.
Acusado de cuatro casos de asesinato en primer grado y sentenciado a cadena perpetua en cada uno de los casos. Por los casos de ataque para cometer asesinato fue condenado a de seis a catorce años de cárcel por cada caso.
Por el Uso ilegal de armas fue condenado a ocho meses de cárcel, por la portación de arma ilegalmente fue condenado a un año y seis meses, y por la Ley 53 fue sentenciado de dos a diez años de cárcel.
Fue indultado el 30 de diciembre de 1959.

4- Ángel Ramon Díaz Díaz: acusado de cuatro intentos de asesinato y seis casos de ataque para cometer asesinato, y portación de arma sin estar autorizado. Fue condenado a cadena perpetua y por los demás casos a diez años de presidio.
Su sentencia fue conmutada y fue indultado en el 1968.

5- Ismael Diaz Diaz: Acusado por los casos de asesinato en primer grado y los casos de intento de asesinato. Sentenciado a cadena perpetua y catorce años de cárcel con trabajos forzosos.
Fue indultado en el 1968.

6- Jesús "Chucho" Diaz Diaz: tenía 16 años cuando fue encarcelado y pasó un año en la cárcel.

7- Bernardo Diaz Diaz: comerciante y hermano de Don Ricardo Diaz Diaz, es acusado de cuatro casos de asesinato en primer grado y seis casos de intento de asesinato, y uso ilegal de armas. Condenado a cumplir cuatro cadenas perpetuas y por los seis casos de para cometer asesinato fue condenado de seis a catorce años. Fue indultado el 23 de noviembre del 1972 a los 77 años. Falleció el 16 de noviembre de 1976.

8- Tomás López de Victoria Laboy: acusado de cuatro casos de asesinato en primer grado, se le condeno a cadena perpetua por cada caso, por seis casos de ataque para cometer asesinato fue condenado a cumplir de seis a catorce años de presidio por cada caso. Además, fue acusado por uso de arma de fuego sin registrar y sentenciado a ocho meses de cárcel, por portación de arma fue condenado a un año y seis meses, y por la Ley 53 fue sentenciado a cumplir de dos a diez años de presido.
Fue sentenciado el 5 de junio de 1951. Fue indultado el 30 de diciembre de 1959.

9- Carlos M. Feliciano Vázquez: acusado por cuatro casos de asesinato en primer grado y condenado a cumplir cadena perpetua por cada caso, seis cargos de ataque a cometer asesinato condenado de seis a catorce años de cárcel por cada caso, acusado por la muerte del policía José A. Rivera y un caso de Ley 53. Fue indultado el 30 de noviembre de 1954 cuando el Tribunal Supremo le revocó estos casos.

10- Juan Jaca Hernández: Acusado de cuatro casos de asesinato en primer grado (cada perpetua en cada caso). Seis casos de intento de asesinato (catorce años de cárcel por cada caso). Además, es acusado por uso ilegal de pistola calibre .45 (ocho meses de cárcel), e infracción a la Ley 53 (de dos a diez años de cárcel). Fue indultado en el 1968.

11- Manuel Méndez Gandía: casos de asesinato en primer grado (sentenciado a cadena perpetua en cada caso), cuatro casos de intento de asesinato (de seis a catorce años en cada caso). portación de arma de fuego sin registrar (ocho meses de cárcel), portación de arma de fuego ilegalmente (de un año y seis meses de cárcel)

12- Rafael Molina Centeno: acusado de asesinato en primer grado (condenado a cadena per perpetua en cada caso), atraque para cometer asesinato (catorce años de cárcel en cada caso), portación de arma de fuego sin registrar (seis meses de cárcel). Fue absuelto el 20 de febrero de 1963, había cumplido once años, ocho meses y quince días.

13- Justo Guzmán Serrano: Acusado de cuatro casos de asesinato en primer grado y sentenciado a cadena perpetua por cada caso. Seis casos de intento de asesinato (catorce años de cárcel en cada caso), y uso de arma de fuego sin registrar (un año de cárcel). Fue indultado en 1968.

14- Carlos Manuel Castro Ríos: cuatro casos de asesinato en primer grado y condenado a cadena perpetua en cada caso, seis casos de intento asesinato y sentenciado de seis a catorce años en cada uno. Fue indultado el 30 de noviembre de 1954.

15- Manuel Esteban Mena de Jesús: acusado de cuatro casos de asesinato en primer grado (cadena perpetua en cada caso), cuatro casos de intento de asesinato (de cuatro a seis años en cada caso), uso de arma de fuego sin registrar (seis meses de cárcel), acometimiento y agresión grave (un año de cárcel). Logró su libertad bajo fianza en apelación el día 24 de octubre de 1958. Regresó a la cárcel el 13 de agosto de 1959 y fue indultado bajo palabra el 24 de septiembre de 1959.

16- Inocenccio "Chencho" Montalvo Montalvo: Presidente de la Junta Nacionalista en Arecibo. fue acusado de atento a asesinato y sentenciado a cumplir de tres a siete años de cárcel. En el 1954 fue encarcelado por la Ley 53 y fue sentenciado a cumplir de siete a diez años de cárcel. Fue indultado el 19 de julio de 1957.

17- Miguel Ángel Olmos Cuevas: acusado de intento de asesinato y violar la Ley 53. Fue indultado y luego arrestado por ser Nacionalista y sentenciado a diez años de cárcel por la cual estuvo encarcelado hasta los años sesenta.

18- Luis Manuel O'Neill Rosario: Yerno de Albizu Campos. No fue procesado ya que usando el nombre ficticio de Antonio Pérez huyó hacia Cuba.

19- Gilberto "Garata" Rivera González: acusado de cuatro casos de asesinato en primer grado (cadena perpetua en cada caso), cuatro casos de intento de asesinato (de cuatro a seis años de presidio). Acusado por la muerte del Policía Insular, Fernando E. Leiva. Fue indultado bajo palabra el 30 de octubre de 1959.

20- José Serpa Álvarez: En el 1949 fue electo vicepresidente de La Junta Municipal de Arecibo.
Acusado de cuatro casos de asesinato en primer grado (sentenciado a cadena perpetua en cada caso), y por cargos de ataque para cometer asesinato (de diez a once años) de cárcel).
Fue recluido en el hospital de psiquiatría el 23 de julio de 1959. El día 11 de abril de 1960 regresó a la cárcel y fue indultado en el 1972.

21- Monserrate del Valle Toro: Esposa de Tomás López de Victoria. Acusada por violar la Ley 53. Se le impuso una fianza de veinticinco mil dólares de fianza. Aunque el gobierno utilizó muchos testigos en su contra fue declara inocente el 13 de septiembre de 1952.

Otros arrestados son: Antonio Colón Sanz, Israel Crespo Bou, Elpidio Jiménez Morales.
Fueron absueltos por faltas de pruebas.

Testigo del gobierno:
*Samuel Cuevas Rodríguez: Fue acusado de cuatro cargos de asesinato, dos cargos para cometer asesinato en primer grado, portar armas ilegalmente, no inscripción de arma de fuego. Se hizo testigo de la fiscalía y salió en libertad el 17 de abril de 1951.

1933 - Pedro Albizu Campos (centro) junto a miembros del Partido Nacioalista. Aparecen dos féminas pertenecientes a Las Hijas de Libertad

Levantamiento en Utuado

Heriberto Castro Rios - Comandante
Damian Torres - Pres. Junta
Julio Colón Feliciano
Agustín Quiñones Mercado
Jorge Antonio González
Antonio Ramos Rosario
Eladio Olivero Albarrán
Tomás González Candelaria
* Angel Mario Martínez Rios
José Avilés Masanet

1936

NACIONALISTAS CAIDOS EN UTUADO

Heriberto Castro.
Dirigente del Ejército Libertador.

Julio Colón Feliciano.

Antonio González.

Antonio Ramos (Tony).
(Fotos reproducidas del libro El Movimiento libertador en la Historia de Puerto Rico de Ramón Medina Ramírez).

Damián Torres: Presidente de La Junta Municipal.
Heriberto Castro Ríos: Comandante de Los Cadetes.

El Levantamiento de Utuado fue una revuelta que ocurrió en Utuado como parte de una serie de levantamientos. Nacionalistas, encabezados por el capitán de la rama de Utuado de los Cadetes de la República, atacaron la comisaría. La Guardia Nacional llegó ese día y ordenó a los nueve Nacionalistas supervivientes que se rindieran. Fueron llevados a la plaza del pueblo y se les pidió que se quitaran los zapatos, cinturones y efectos personales. Llevados detrás de la comisaría, los hombres fueron ametrallados por la Guardia Nacional. Murieron cinco hombres: Heriberto Castro, Julio Colón Feliciano, Agustín Quiñones Mercado, Antonio Ramos y Antonio González. Los cuatro supervivientes resultaron gravemente heridos. El evento se conoció como "La Masacre de Utuado." Durante los dos días siguientes, el comandante militar puertorriqueño utilizó aviones de combate P-47 Thunderbolt suministrados por Estados Unidos para bombardear Utuado.

En Utuado mueren:

Heriberto Castro

Heriberto Castro Ríos: Capitán de los Cadetes de la Republica muere en el enfrentamiento con la policía en el ataque al cuartel.
Asesinados por la Guardia Nacional después de rendirse:
Julio Colón Feliciano
Antonio González
Antonio Ramos Rosario
Santos Clemente Mercado aparece como Agustín Quiñones Ramos

Utuado: Ataque al Cuartel de la policía, el correo y la Plaza de Recreo

El pueblo de Utuado fue el que más combatientes perdió en el 1950. Damián Torres Acevedo: Presidente de La Junta Municipal
Fueron acusados y procesados en el Tribunal de Arecibo por el delito de asesinato en primer grado y ataque para cometer asesinato.

Murieron: el parroquiano José Álvarez de Jesús y el bombero David Torres y cuatro policías
Fallecieron cuatro Nacionalistas. Los caídos en combate:
1- Julio Colón Feliciano de 22 años. Nacionalista desde el 1949. Cayó en combate por disparos de ametralladora calibre 50. Falleció el 31 de octubre

2- José Antonio Gonzáles González de 20 años. No era miembro del Partido Nacionalista, pero participó del ataque al cuartel. Fue herido por impactos de bala de ametralladora. Falleció el 31 de octubre.

3- Heriberto Castro Ríos: Capitán de los Cadetes de la República desde el 1948. Fue herido de bala en el cuello, otra en el pecho, murió desangrándose allí mismo el día 30 de octubre a las tres de la tarde.

4- Santos Clemente Quiñones Mercado: 37 años. Fue uno de los Nacionalistas asesinado por la Guardia Nacional. La policía le ordenó poner las manos sobre la cabeza, así iba caminando cuando fue herido por proyectiles de ametralladoras que le destrozaron las piernas. Falleció al siguiente día primero de noviembre.

Fueron acusados:

1- Damian Torres Acevedo: Presidente de la Junta Municipal. Fue herido en el lado derecho del cuerpo, especialmente en su brazo y el pómulo de su rostro. En su residencia se refugiaron los Nacionalistas que atacaron la policía que se encontraba en los techos del cuartel de la policía. Fue acusado de dos casos de asesinato en primer grado (cadena perpetua), ataque para comer asesinato (de seis a catorce años por cada caso), portación de arma (ocho meses de cárcel). Fue indultado el 26 de marzo de 1958.

2- Angel Luis Colón Feliciano: Nacionalista desde el 1949. Fue herido mientras se encontraba con otros compañeros en la casa de Damián Torres Acevedo. Mientras estaba marchando bajo arresto recibió un culatazo de arma de un policía y vio como asesinaban ya desarmados a: Julio Colon Feliciano, Antonio González,

Antonio Ramos Rosario y Agustín Quiñones Mercado. Se le acusó de asesinato en primer grado y ataque para cometer asesinato por la muerte del parroquiano José Álvarez de Jesús. Acusado de intento de derrocar al gobierno de los Estados Unidos por la fuerza, intento de asesinato y otros delitos. Fue indultado bajo palabra en 1960.

3- Tomás González Candelaria: fue acusado de dos casos de asesinato en primer grado, ataque para cometer asesinatos (cadena perpetua) y no registro de arma de fuego (seis años de cárcel). Salió en libertad bajo palabra el 25 de marzo de 1959.

4- Gilberto Martínez Negrón: Fue herido y estuvo tendido en el pavimento hasta el día siguiente que fue recogido y enviado al cuartel de Arecibo. Fue acusado por dos casos de asesinato en primer grado y condenado a perpetua en presidio. Acusado por portar arma de fuego condenado a un año de cárcel y por no registro de arma de fuego (seis meses de cárcel). Salió en libertad bajo palabra el 10 de marzo de 1960.

5- José Massanet (José Daniel Avilés Santiago): Fue acusado, por la muerte de David Torres y José Álvarez, de asesinato en primer grado (cadena perpetua), un caso de ataque para cometer asesinato de cuatro a seis años de cárcel), y dos casos de ley de armas (seis meses de cárcel). Fue indultado bajo palabra el 5 de febrero de 1959.

6- José Ángel Medina Figueroa: arrestado y fue herido. Recibió impactos de bala en distintas partes del cuerpo. Fue acusado por dos casos de asesinato en primer grado (cadena perpetua en cada caso), ataque para cometer asesinato, portación de arma de fuego (seis años de cárcel). Fue indultado bajo palabra l 28 de febrero de 1961.

7- Eladio "Layo" Olivero Albarrán: Fue herido de balas en la espalda y la pierna derecha. Acusado por dos casos de asesinato en primer grado (cadena perpetua), portación de arma de fuego sin registrar (seis meses de cárcel), portación de arma ilegal (un año de cárcel), delito para cometer asesinato (de cuatro a seis años de cárcel).

8- Octavio Ramos Rosario: Acusado por la muerte del bombero, ataque para cometer asesinato, alteración a la paz. Sentenciado de cuatro a seis años de presidio.

9- Juan Esteban Núñez Laracuente: Acusado de intentar pegar fuego al correo el día 14 de noviembre, el edificio en donde se hallaba la oficina del teléfono y la clínica San Miguel. Cumplió aproximadamente tres años de cárcel.

10- Carlos Roldán: Fue señalado como uno de los lideres Nacionalistas. No se sabe si fue acusado.

* En todos los casos de las sentencias por asesinato y ataque de asesinato las sentencias eran por cada caso. Esas largas condenas fueron conmutadas luego.

Utuado

José Avilés Massanet: Miembro del Partido Nacionalista. Arrestado en Utuado. Encarcelado en el 30 de octubre de 1950.

Octavio Ramos Rosario: Fue encarcelado en el 30 de octubre de 1950 en Utuado.

Julio Colón Feliciano: Miembro del Partido Nacionalista. Natural de Coamo.
Murió en Utuado de un disparo en el abdomen. La policía informó su muerte como un accidente en la calle Washington. Masacrado en el cuartel de la policía en Utuado.

Agustín Quiñones Mercado (1913-1950).: Miembro del Partid Nacionalista. Natural de Lares.
Murió en Utuado de un disparo. Causa de muerte fue amputación de una pierna. La policía informó su muerte como un accidente en la calle Washington. Masacrado en el cuartel de la policía en Utuado y murió el 1 de noviembre de 1950.

Antonio Ramos Rosario (1918-1950): Miembro del Partido Nacionalista.
Veterano de la Segunda Guerra Mundial. Murió de un disparo en el abdomen y pecho. La policía informó su muerte como un accidente en la calle Washington.
Masacrado en el cuartel de la policía.

José Antonio González (1933-1950). Tenía 17 años. Masacrado en el cuartel de la policía en Utuado el 30 de octubre de 1950.

La Masacre de Utuado

SOBREVIVIENTES DE LA MASACRE DE UTUADO

Angel Colón Feliciano. (Foto Claridad por Pucho Charrón)

Eladio Olivero Albarrán

...berto Martínez. (Foto Luis Castro).

José Angel Medina Figueroa Luis Castro).

Eladio Oliveras Albarrán. Sobreviviente de la Masacre de Utuado, 1950.

Sobrevivientes y gravemente heridos son:

Gilberto Martínez Negrón, nació el 1 de septiembre de 1930 y falleció el 8 de junio de 2008 en Utuado. Sentenciado a cumplir 10 años de prisión hasta que fue indultado en los años 50.

Tomás González Candelaria: Miembro del Partido Nacionalista.
Fue encarcelado el 30 de octubre de 1950 en Utuado.

Ángel Luis Colón Feliciano: Fue encarcelado en el 30 de octubre de 1950 en Utuado.

José Ángel Medina Figueroa: Fue encarcelado en el 30 de octubre de 1950 en Utuado.

Eladio Olivero Albarrán (1921- 1964). Miembro del Partido Nacionalista.
Nació en Utuado el 21 de marzo de 1921. Fue encarcelado en el 30 de octubre de 1950 en Utuado.

Damián Torres Acevedo: Miembro del Partido Nacionalista.
Fue presidente de La Junta de Utuado. Fue encarcelado en el 30 de octubre de 1950 en Utuado.

Cementerio en Utuado.

Incidente de Mayagüez, Barrio Dulces Labios

En Mayagüez la noche del 30 de octubre hubo un duelo a tiros con la policía de la localidad donde resultaron heridos 3 miembros de la uniformada y 3 civiles totalmente ajenos al conflicto.

El Capitán Cadete fue José Antonio Vélez Lugo.
Se dividió en varias unidades, cada una asignada para atacar diferentes objetivos.
Uno de los grupos atacó la comisaría de la localidad, resultando en la muerte de tres policías y tres transeúntes. Esta unidad se unió a las demás en Barrio La Quinta.
Uno de los grupos estaba dirigido por el teniente de los Cadetes, José Antonio Vélez Lugo, Ezequiel Lugo Morales, Eladio Sotomayor Cancel, Pedro Taforó Martínez y Reinaldo Trilla Martínez y su misión era volar el cuartel de la policía de Mayagüez alrededor del mediodía, capturar a los policías y tomar las armas.

No se pudo dar el ataque porque la policía estaba alerta y no pudo darse el factor sorpresa.
Debido a eso, decidieron atacar cerca de la medianoche.

El automóvil de los Nacionalistas iba por la calle San Juan del barrio Dulces Labios y al llegar a la intersección con la calle Echague, pasó una patrulla de la policía que los vio y retrocedió.
En ese instante Reinaldo Trilla Martínez salió del automóvil, se tiró sobre la calle y comenzó a dispararle a la patrulla.

Ezequiel Lugo Morales se apostó en la esquina diagonal boca abajo disparando hacia la patrulla y Pedro Taforó Martínez se escondió detrás de una verja de zinc para tratar de encender unas bombas de dinamita.
Al acabarse el tiroteo debido a que usaron todas las municiones y los policías estaban dentro del automóvil estaban heridos.

Incidente de Mayagüez en el Barrio Dulces Labios

Los Nacionalistas dirigidos por Gil Ramos Cancel en Mayagüez la noche del 30 de octubre hubo un duelo con armas de fuego a la policía insular.
Uno de los grupos atacó la comisaría de la localidad, resultando en la muerte de tres policías y tres transeúntes.

1) En el barrio Dulces Labios sostuvieron un encuentro a tiros por largo tiempo. Reinaldo Trilla Ezequiel Lugo, Pedro Taforo, José A. Vélez, Eladio Sotomayor.
Taforó Martínez lanzó una bomba al automóvil de la policía.

Tres policías heridos:
El teniente Francisco Rivera Hernández: recibió impactos de bala en el pecho, brazo izquierdo, y pierna derecha
El detective Ángel O. Lozada: impactos de bala en distintas partes del cuerpo
El agente Arnaldo E. Brugman

Salieron heridos los parroquianos:

1-Antonia Villanueva: herida en su pierna derecha
2- Efraín Nieves Chaparro: heridas en diferentes partes del cuerpo

3- Cristobalina Mercado: recibió impactos de bala en la pierna izquierda

4- Ángel Muñiz: heridas de bala en el vientre.

El conductor Bartolomé Figueroa fue tiroteado por la policía. Fallece de heridas en el brazo derecho al nivel del hombro y hemorragia.

Barrio Dulces Labios

Otro vehículo de la policía fue atacado en frente al hospital municipal donde falleció Santiago Ojeda conductor del vehículo.
Fueron arrestados y acusados de cinco casos de ataque para cometer asesinato.

Eladio Sotomayor Cancel, resultó herido levemente en una rodilla. La unidad luego se unió a los miembros de las otras unidades en Barrio La Quinta. Al llegar la policía local, se dirigieron a las montañas y evitaron más víctimas mediante el hábil uso de tácticas de guerrilla.

Los casos de ataque para cometer asesinato de los policías:
1- Diego Ortega
2- Salvador O. Gregory
3- Félix A. Matos
4- Tomás Figueroa Chaves
5- Ángel W. Jusino
El Nacionalista Eladio Sotomayor sale herido.

Los acusados son:

1-Rafael Cancel Rodríguez: Presidente de la Junta Municipal. Hizo su ingreso al partido desde temprana edad. Participó en los actos de Ponce en el 1937. Acusado por violar la Ley 53, explosivos y armas, sentenciado a cumplir de uno a tres años de cárcel.

2-José Ángel Ballet Pérez: Violar la Ley 53. Sentenciado a cumplir de trescientos a trescientos y sesenta y cinco días de presidio.

3-Angel Benicio "Nicio" Colón Leyro: acusado de violar la Ley 53. Cumplió cerca de un año de cárcel. Logró su libertad el 7 de noviembre de 1951. Previamente había participado en el atentado del 1936 contra el español y anti-Nacionalista, Santiago Iglesias Pantin.

4- José Concepción Cruzado Ortiz: En 1945 cumplió cárcel en Tallahassee, Florida por no cumplir con el Servicio Militar Obligatorio. En1950 fue acusado de cinco casos de ataque para cometer asesinato y fue sentenciado a cadena perpetua en cada caso y además de seis meses a un año de cárcel por posesión de 13 bombas incendiarias en un vehículo.

5-Daniel Feliciano Seda: Era barbero. Acusado de violar la Ley 53, portación ilegal de un machete y portación de arma de fuego. Fue sentenciado a seis meses de cárcel en cada caso. Sentenciado el 9 de noviembre de 1951 a cumplir de siete a nueve meses de presidio. Salió en libertad el 29 de diciembre de 1951.

A la derecha, el nacionalista Daniel Feliciano en la Corte en los 50.

7-Irvin Flores Rodríguez: Fue miembro de la Juventud Nacionalista. Fue arrestado en el 1947 por repartir hojas sueltas en contra del Servicio Militar Obligatorio. Participó en el comando que enfrentó a la policía en el Barrio La Quinta en donde fue herido de bala. Después de los actos del 1950 fue encarcelado por evadir el SMO. Estuvo preso por tres semanas en el Campamento Buchanan. Luego por considerarlo subversivo fue rechazado por el SMO.

8-Pedro M. Lozada Soler: caso para cometer asesinato, intento de cometer asesinato y por la Ley 53. Se fugó a República Dominicana y regresó el 10 de diciembre de 1951. Fue arrestado y salió inocente. En 1954 fue arrestado por la Ley 53.

9- Domingo "Mingo" Lugo Ruiz: acusado de cinco casos de ataque para cometer asesinato y por la Ley 53 (Sentenciado a cumplir de seis a un año de presidio).

10- Ezequiel Lugo Morales: acusado de cinco casos para cometer asesinato y condenado de tres a quince años de cárcel en cada caso. Acusado de violar la Ley 53 y fue sentenciado a cumplir de seis a un año de cárcel.

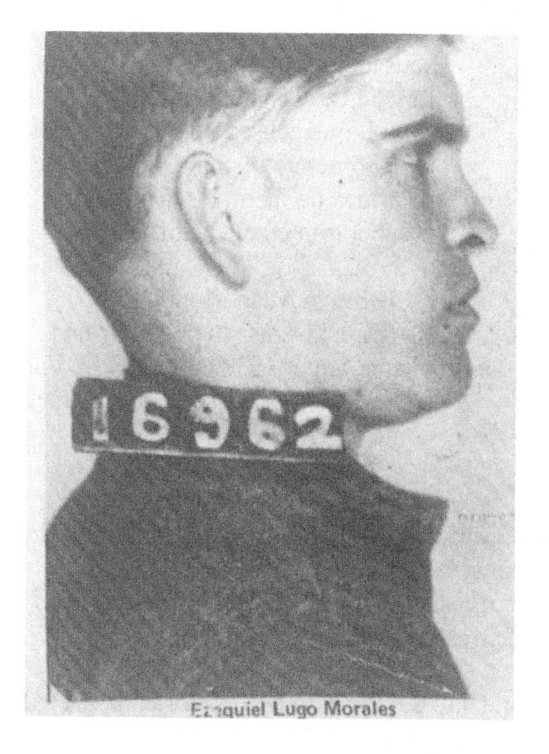

Ezequiel Lugo Morales

11-Telesforo "Taforo" Ramón Martínez: acusado de cinco casos para cometer asesinato. Sentenciado a cumplir de trescientos a trescientos y cincuenta días de cárcel.

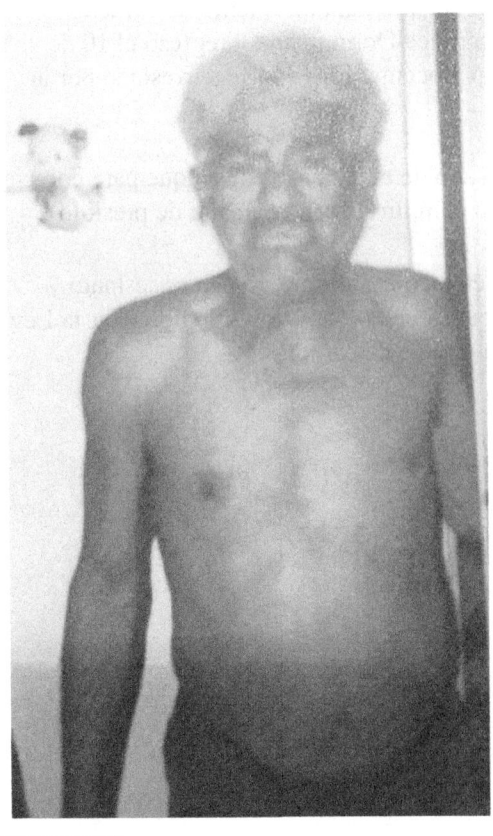

Foto cortesía de Julio Albino.

12- Juan Ramón Martínez Quintana: Había cumplido cárcel en Tallahassee, Florida en 1949 por no cumplir con el SMO. Fue acusado por y condenado por portación de arma de fuego y no registro de arma de fuego y sentenciado a dos años de presidio.

13- Rafael Méndez Negrón: acusado y sentenciado por violar la Ley 53 de seis a once meses de cárcel. Fue acusado por cinco casos para cometer asesinato y portación de armas de fuego los cuales no prosperaron en el tribunal.

14- Emén Adán Montalvo Rodríguez: acusado de portar una pistola Sauer 1930 calibre 6-35. Fue acusado de dos casos de ataque para cometer asesinato los cuales no prosperaron.

15- Ramón Muñiz Rosado: acusado de varios delitos y sentenciado a cumplir de uno a cinco años de presido. Acusado de violación a la Ley 67 y sentenciado a cumplir de dos a cinco años de presidio. Acusado por no registrar armas de fuego (diez años de presido) y portar armas (de tres a seis meses de cárcel).

16- Gil Veranio Ramos Cancel: Comandante del Ejército Libertador en la zona de Mayagüez.
Su grupo le produjo varias bajas a la policía durante el enfrentamiento.
Acusado de violar la Ley 53 (sentenciado a catorce meses de presidio), uso indebido de arma de fuego y portación de arma de fuego ilegalmente. Estos dos últimos casos no prosperaron.

17- Amado Eulogio Peña Ramírez: acusado de cinco casos de ataque para cometer asesinato. Fue condenado el 10 de noviembre de 1951 a cumplir de tres a quince años de cárcel por cada caso. Por la Ley 53 fue condenado a cumplir de seis meses a un año de cárcel. Además, fue acusado portar arma de fuego. Salió bajo libertad bajo palabra el ocho de marzo de 1956.

18- Roque Peña Ramírez: acusado de portar arma sin registrar, por violar la Ley 53 (de tres a seis meses de presidio). Salió en libertad el 12 de noviembre de 1951.

19- Felipe Peña Ramírez: Había cumplido tiempo en la cárcel de Tallahassee, Florida por rechazar el SMO.
Acusado de violar la Ley 53 (un año de cárcel), fue puesto libre el 24 de noviembre de 1952.

20- Juan Rodríguez Cruz: joven de 17 años. Su primer caso ocurrió cuando tenía 16 años por poseer una bandera de Puerto Rico y fue acusado por violar la Ley 53. Fue sentenciado a tres años de presidio por violar la ley de armas. Recibió su educación superior en la Universidad de Puerto Rico, en el estado de Michigan, y en la universidad de Nueva York. Se especializó en Historia de Hispanoamérica. Ejerció catedra en la Universidad de Puerto Rico Recinto Universitario de Mayagüez, en el Centro de Estudios de Puerto Rico y del Caribe y en Brooklyn College de Nueva York.

21- Miguel Ángel Ruiz Alicea: había cumplido cárcel en Tallahassee, Florida por evitar el Servicio Selectivo Militar. Acusado de ser un Nacionalista peligroso.

22- Eladio "Lalo" Sotomayor Cancel: acusado de cinco casos para cometer asesinato (de tres a quince años de presidio en cada caso), portar arma de fuego (dos años de presidio), y por violar la Ley 53 (sentenciado a cumplir de seis a un año de presidio). Salió en libertad bajo palabra el 17 de septiembre de 1957.

23- Justo Toro González: acusado de los casos para cometer asesinato, sentenciado de trescientos a trescientos y cincuenta días de cárcel. Acusado de violar la Ley 53.

24- Reinaldo Trilla Martínez: había cumplido un año en la cárcel de Tallahassee, Florida por evadir el Servicio Militar Selectivo, acusado por violar la Ley 53.

Debido a la persecución se escapó a Cuba, fue arrestado y preso por tres días para luego ser expulsado del país.

25- José Antonio Vélez Lugo: acusado de cinco casos para cometer asesinato (de tres a quince años de presido en cada caso). Portación de arma de fuego ilegalmente (dos años de cárcel), violación a la Ley 53 (de uno a cinco años de cárcel). Fue indultado en libertad bajo palabra el 29 de septiembre de 1959.

26- Emilio Aníbal Torres Arroyo: Había cumplido tres años en la cárcel de Tallahassee, Florida por evadir el SMO. Acusado por violar la Ley 53 (de seis meses a un año de cárcel), por portación de arma de fuego no registrada y portación de arma de fuego (inocente). Cumplió presidio hasta el día 24 de noviembre de 1951.

27- Manuel Toro Rivera: había cumplido tres años de cárcel por evadir el SMO. Fue acusado por violar la Ley 53 (de seis meses a un año de presidio) y portación de arma de fuego sin registrar. Salió el 24 de noviembre de 1951.

28- Enrique "Pucho" Toro Rivera: acusado por violar la Ley 53. Sentenciado a cumplir de siete a nueve meses de cárcel.

29- Luis Mojica Valentín: acusado de violar la Ley 53. Sentenciado a cumplir de seis meses a un año de cárcel.

30- Eluterio "Teyo" Lugo Santiago: acusado de violar La Ley 53. Sentenciado a cumplir de seis meses a un año de cárcel.

31- Juan Gregorio Cuevas: Acusado de violar la Ley 53. Sentenciado a cumplir de seis meses a un año de cárcel.

32- Juan Tomás Ruíz Ruíz: acusado por ser Nacionalista y por violar la Ley 53.

33- Raúl "El Gato" Garcia Rodriguez: acusado por la Ley 53 y por posesión de armas sin estar autorizado. Fue sentenciado.

Testigo del Pueblo: *Tato Orejota (se convirtió en testigo del pueblo")

Ataque a La Fortaleza

Esa mañana, los Nacionalistas Domingo Hiraldo Resto, Carlos Hiraldo Resto, Gregorio Hernández y Manuel Torres Medina, que fueron asignados para atacar a La Fortaleza, se reunieron en la casa de su colega Nacionalista Raimundo Díaz Pacheco, en el sector de San Juan de Martín Peña. A las 11:00 a.m. abordaron un Plymouth verde y se dirigieron hacia el Viejo San Juan para cumplir con su misión. Los hombres llegaron a La Fortaleza al mediodía, detuvieron el coche a unos 25 pies de la entrada principal de su objetivo. De inmediato se bajaron del coche con una subametralladora y pistolas en mano y dispararon hacia la mansión. Díaz Pacheco se dirigió hacia la mansión mientras los otros se refugiaron cerca del automóvil y dispararon con sus pistolas desde sus posiciones. La guardia de Fortaleza y la policía, que ya sabía del ataque planeado, devolvió el fuego y hubo un intercambio de disparos entre los dos grupos. Díaz Pacheco, quien llevaba la subametralladora, disparaba al segundo piso de la casa donde se encontraban las oficinas ejecutivas del Gobernador Luis Muñoz Marín. Durante el tiroteo, Díaz Pacheco hirió a dos agentes de policía, el agente Isidoro Ramos y el agente Vicente Otero Díaz, antes de ser asesinado por el guardia de La Fortaleza, Carmelo Dávila.

Mientras tanto, la policía siguió disparando a los otros Nacionalistas. Domingo Hiraldo Resto fue herido de gravedad, pero a pesar de sus heridas, se arrastró hacia la entrada de la mansión. Fue capaz de llegar a las puertas principales de la mansión y una vez allí, se mantuvo inmóvil y parecía estar muerto. De repente se volvió y se sentó en los escalones y con sus manos en alto abogó por misericordia. Sus alegaciones, sin embargo, fueron respondidas con una ráfaga de disparos.

Hernández, quien también fue gravemente herido, siguió disparando contra la policía, escondido debajo del coche. Un oficial de policía y un detective de La Fortaleza con subametralladoras se acercaron al vehículo y dispararon contra Hernández, Carlos Hiraldo Resto y Torres Medina. Tanto Carlos Hiraldo Resto y Manuel Torres Medina fueron asesinados y sus cuerpos inmóviles quedaron en el suelo al lado derecho del coche. Se creía que Hernández había muerto, sin embargo, no lo estaba, fue llevado al hospital local, junto con los agentes de policía que resultaron heridos donde fueron tratados por sus respectivas heridas. La batalla duró unos 15 minutos y dejó un saldo de cinco víctimas Nacionalistas (cuatro muertos y un herido), además de tres agentes de la policía heridos. E. Rivera Orellana, un sexto Nacionalista, que más tarde resultó ser un agente encubierto, fue detenido cerca del recinto de La Fortaleza y fue posteriormente puesto en libertad.

En el atentado murieron cuatro Nacionalistas: Raimundo Díaz Pacheco, Domingo Hiraldo Resto, Carlos Hiraldo Resto y Manuel Torres Medina. Gregorio Hernández resultó gravemente herido.

Directiva Junta Municipal de Rio Piedras desde el 1949:
Raimundo Diaz Pacheco: Presidente.
Otros miembros eran: Domingo Hiraldo, Manuel Torres Medina, Juanita González Boullerce y Olga Viscal Garriga.

Caídos en combate:

1- Raimundo Esteban Diaz Pacheco: acusado en 1937. Ingresado a los Cadetes de la República en el 1932. Acusado en 1937 de intentar ajusticiar al juez Robert A. Cooper.

2- Roberto Acevedo Quiñones: Cadete de la República. Estuvo encarcelado en Tallahassee, Florida por violación a le Ley del Servicio Militar Selectivo.

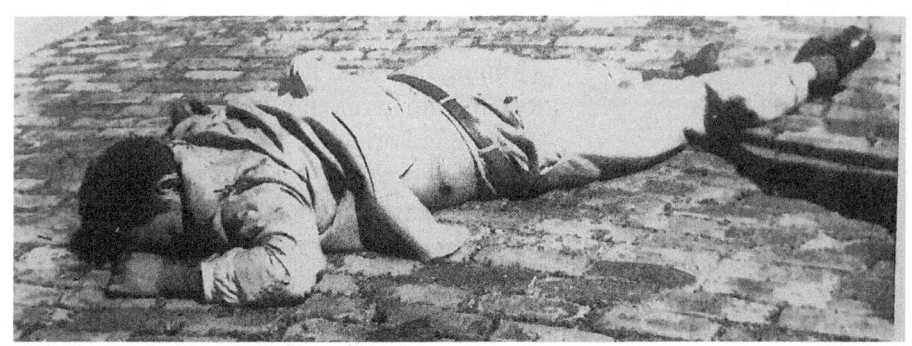

Roberto Acevedo Quiñones

3- Domingo Hiraldo Resto: Nacionalista y Cadete desde joven. Sus dos tíos, Dativo y Pedro Hiraldo, eran miembros también del Partido Nacionalista.

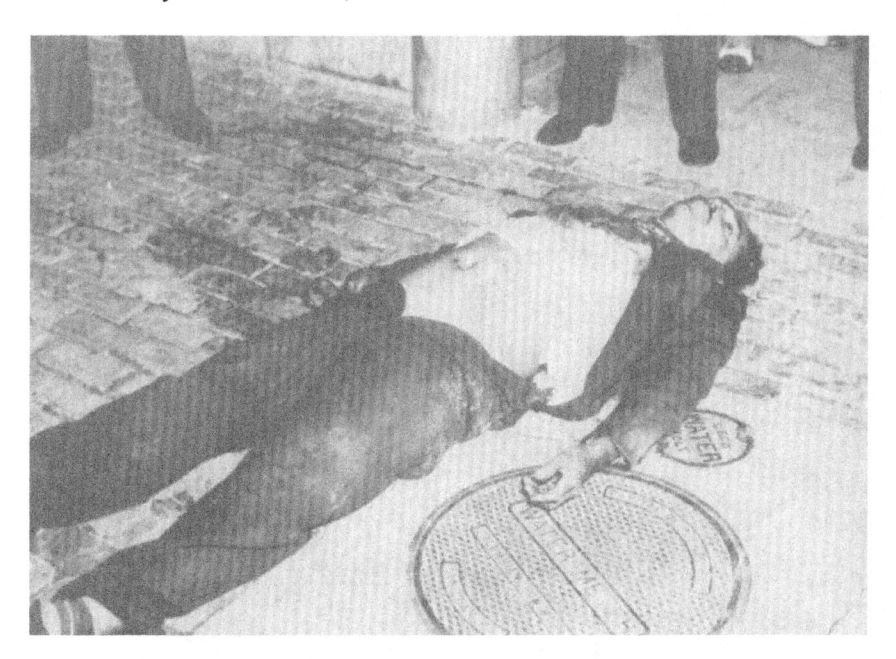

Domingo Hiraldo Resto donde cayó mortalmente herido por la policía durante el Ataque a la Fortaleza. Pocos minutos antes de expirar pidió agua.

Un agente policial le dio muerte cuando ya éste se encontraba herido y fuera de combate.

4-Manuel Torres Medina: Fue delegado junto a Diaz Pacheco en la asamblea General del Partido Nacionalista en Arecibo el día 18 de diciembre de 1949.

Manuel Torres Medina, boca arriba y Roberto Acevedo, boca abajo junto al auto en que irrumpieron a la Fortaleza y fueron baleados por la policía.

Sobreviviente:
Gregorio "Goyito" Hernández Rivera: de la Cantera de Ponce. Ingresó al partido en el 1948 cuando conoció a Don Pedro en un discurso en la Plaza Las Delicias de Ponce.
Estuvo encarcelado desde 1950 a 1961.

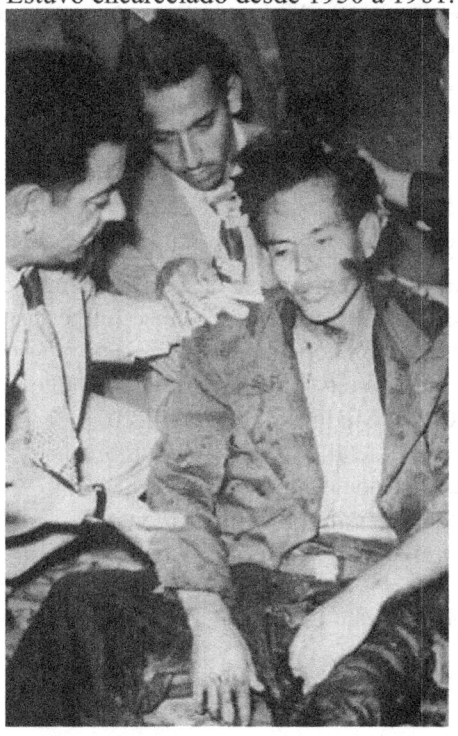

Gregorio Hernandez Rivera herido y único sobreviviente del grupo, recibió 26 heridas de balas.

Mientras tanto en San Juan el señor Tomás López de Victoria, comandante supremo del Ejercito Libertador, en una extensa declaración jurada ante el fiscal Efraín Crespo, reveló que era el único responsable de la rebelión Nacionalista del 30 de octubre de 1950. A pesar de sus declaraciones, se procede el mismo 30 de octubre a rodear y atacar la residencia de Pedro Albizu Campos, radicada en la calle Sol, esquina Cruz.

Residencia Albizu Campos
Ataque contra Albizu Campos

Se encontraba con Albizu Campos, escuchando por radio las noticias de la revuelta, Doris Torresola, Carmen María Pérez y Juan José Muñoz Matos, cuando la policía comenzó a disparar. La señorita Torresola fue herida de bala y sus compañeros la sacaron del local, momento que fue aprovechado por la policía para arrestarlos y acusarlos de ataque para cometer asesinato. Don Pedro permaneció solo en la habitación. Álvaro Rivera Walker, amigo de Albizu, logró cruzar el cerco de guardias armados y llegar a la habitación de Albizu y estuvo junto al líder Nacionalista hasta su arresto que tomó lugar dos días de haberse iniciado la revuelta.

Testigos de los fiscales:

Según los Archivos del FBI - Partido Nacionalista de Puerto Rico (SJ 100-3, Vol.23), Aguedo Ramos Medina (Mendoza) (quien una vez se desempeñó como Comandante de Instrucción para los Cadetes) y Faustino Díaz Pacheco (el hermano del Comandante Cadete Ramón Díaz Pacheco) eran confidentes del FBI por varios años. Les proporcionó vital y permanente inteligencia sobre los cadetes durante un periodo de varios años. Ambos hombres, Ramos Medina y Díaz Pacheco, proporcionaron al FBI información abundante y detallada sobre la membresía, estructura, financiamiento y actividades de los Cadetes de la República. Al proporcionar esta información al FBI, ambos traicionaron al movimiento Nacionalista. Díaz Pacheco, por supuesto, traicionó a su propio hermano.

30 de enero de 1934: Aguedo Ramos Medina era el Presidente de La Junta de Santurce.
Miembro de Los Cadetes de la Republica y sirvió como Comandante de los Cadetes en Santurce.
En el 1950 funge como testigo de los fiscales en contra de los demás Nacionalistas.

Ataque a la corte federal

El teniente Erasmo López, de San Juan, señala a Jesús Pomales González como el Nacionalista que intentó pegar fuego al Correo de la Capital durante la revuelta en noviembre de 1950.

Aparece en la foto otro acusado, Carlos Padilla Rodríguez (izquierda) y los abogados Juan Hernández Vallé y Francisco Hernández Vargas, defensores de los Nacionalistas". Información: El Mundo, 8/mayo/1952.

De conformidad con el plan de los ataques en San Juan, un grupo de Nacionalistas debían simultáneamente atacar al mediodía la mansión gubernamental "La Fortaleza", donde residía el gobernador de Puerto Rico, Luis Muñoz Marín, y la Corte Federal, cerca de una zona llamada "La Marina" en el Viejo San Juan, en lo que se suponía fuera un ataque sorpresa. Sin embargo, el gobierno se enteró de los ataques por Luciano Cuadra, el presidente del Partido Nacionalista de San Juan. Cuadra traicionó a su organización y se convirtió en testigo del gobierno, por lo tanto, con la advertencia a la policía y la Guardia Nacional, se prepararon para hacerle frente a los Nacionalistas en San Juan y el resto de la isla. Jesús Pomales González, uno de los cinco Nacionalistas asignado para atacar a la Corte Federal, se acercó al edificio y fue testigo cuando la policía arrestaba a sus compañeros Carlos Padilla, Diego Quiñones González, Juan Sandoval Ramos y Joaquín Padín Concepción. Pomales luego abrió fuego contra la policía. La policía respondió disparando, resultando Pomales gravemente herido.

Pomales fue puesto en libertad después de seis meses y fue acusado de tres cargos de intento de asesinato y sentenciado a 15 años de prisión. Hernández fue acusado de dos cargos de intento de asesinato y sentenciado a 15 años de prisión. Carlos Padilla, Diego González Quiñones, Juan Sandoval Ramos, Joaquín Padín Concepción fueron condenados a varios años de prisión.

Joaquín Padín fue presidente de la Junta Nacionalista de Rio Piedras y después presidio el Partido Nacionalista de Puerto Rico.

Ataque al correo federal:

Simultáneamente alrededor de las 12:30 de la tarde un grupo de nacionalistas atacaron a tiros al teniente Erasmo López y otros miembros de la policía que se encontraban en las inmediaciones del edificio del correo federal de los Estados Unidos en el sector La Marina del Viejo San Juan.

Fueron arrestados y acusados por los cargos de ataque para cometer asesinato y portación de armas de fuego.

1- Carlos Padilla Rodríguez: miembro de la Junta de Rio Piedras y estudiante de la Facultad de Pedagogía de la Universidad de puerto Rico, recinto de Rio Piedras. Aceptó ser Nacionalista. Le ocuparon un revólver.

2- Joaquín Padín Concepción: En 1949 era presidente de la subjunta Nacionalista en la parada 37 de Rio Piedras. Acusado de atacar al teniente Erasmo López. Sentenciado por portar arma de fuego.

3- Jesús Pomales González: acusado de tres casos de ataque para cometer asesinato. Fue hallado culpable de uno de los casos y fue sentenciado a cumplir de tres a quince años de presidio. Acusado de portar armas de fuego (seis meses en dos casos), portación ilegal de arma de fuego (un año de cárcel). Recibió heridas de bala en la espalda, con una de ellas alcanzando cerca de la columna vertebral y otras perforando el riñón.

Estuvo hospitalizado por unos seis meses en el hospital municipal de San Juan.

4- Diego Quiñones González: acusado de intentar matar al policía Erasmo López.

Tres casos de intento de asesinato, poseer arma de fuego sin registrar y portar arma ilegalmente. Fue condenado a cumplir seis meses por el delito de ataque para cometer asesinato.

El 6 de marzo 1954 fue arrestado por los sucesos del ataque al congreso de los Estados Unidos.

5- Juan Sandoval Ramos: ingresó al Partido Nacionalista en el 1940.

En el 1941 fue acusado por evadir el Servicio Militar selectivo y sentenciado a un año de cárcel en Tallahassee, Florida.

El 23 de abril de 1947 fue acusado por portar armas y condenado a un mes de cárcel.

Por los sucesos del 1950 fue acusado por tres atentos de asesinato, portación de una pistola calibre .45, por herir al policía Erasmo López y a los parroquianos Nicomedes Ortiz Padilla y Juan Jiménez Pietri. Además es acusado de portación de armas prohibidas, no registro de armas e infracción a la Ley 53.

En 1952 fue hallado culpable de los delitos menos graves y condenado a un año y tres meses de cárcel.

6- Ernesto Rivera: fue detenido. El expediente judicial no indica su condena.

7- Nicomedes Ortiz Padilla: resultó herido de bala en el muslo derecho.

Luciano Cuadra es el presidente del Partido Nacionalista de San Juan.

El gobierno se enteró de los ataques por Luciano Cuadra, el presidente del Partido Nacionalista de San Juan. Cuadra traicionó a su organización y se convirtió en testigo del gobierno, por lo tanto, con la advertencia a la policía y la Guardia Nacional, se prepararon para hacerle frente a los Nacionalistas en San Juan y el resto de la isla.

Ataque al Correo Federal en Barrio Obrero

Junta Municipal de Santurce:
Vidal Santiago: presidente.
Enrique Muñiz Medina: vicepresidente.
Otros miembros: Eduardo González Martínez, William Ríos Figueroa, Ulises Rios Quiñones, Román Santiago, Antonio Moya Vélez, Pablo Moya Vélez, Guillermo Ríos y Armando Medina Maisonave.

Ese mismo día, el 31 de octubre, los Nacionalistas Enrique Muñiz Medina y William Ríos Figueroa atacaron el correo de Barrio Obrero en donde hirieron a dos guardias nacionales.

Fueron sentenciados a cumplir de uno a quince años de presidio por el delito de ataque para cometer asesinato.

Enrique Muniz Medina cumplió de seis meses a un año de cárcel por el delito de no registrar un arma de fuego y portación de arma de fuego y luego completó sentencia en libertad bajo palabra.

William Ríos Rivera: acusado de ataque para cometer asesinato y robo. Fue condenado a cumplir de uno a quince años de presidio.

Además, cumplió de uno a dos años de cárcel por el delito de no registrar y portar arma de fuego ilegalmente.

Acusados, arrestados y sentenciados:

1- Juan Francisco "Juanito" Álamo Diaz: farmacéutico acusado por los actos de 1950.
Estuvo en prisión federal de los Estadios Unidos por el atetando en contra del juez Robert H. Cooper en el 1937 junto a Raimundo Díaz Pacheco, Manuel Ávila, Julio Pinto Gandía, Juan Bautista Colon, Julio Monge Hernández, Santiago Nieves Marzan y Dionisio Vélez Avilés.

2- Antonio Lorenzo Buscaglia Rivera: uno de los acusados en el 1937 cuando el 2 de junio estalló una bomba en la residencia de Pedro Juan Rosaly en Ponce. Luego, el 6 de julio de 1937 estalló otra bomba en la residencia del cura anti-Nacionalista Néstor J. Aguilera. Por los actos del 1950 fue acusado por violar la Ley 53 y sentenciado a cumplir de tres a siete años de presidio. Estuvo encarcelado hasta el 22 de mayo de 1953. Luego, por los actos del 1954, cumplió diez años de prisión por violación a Ley 53.

3- Guillermo "El Grillo" "El Turpial" Castillo Ortiz: natural de Cayey. Comerciante y músico. Tesorero de La Junta Municipal de Cayey. Acusado de cuatro casos de infracción a la Ley 53. Sentenciado a cumplir de diez a doce años de presidio.
Llegó a cumplir un año y vente días de cárcel.

4- Paulino Eduardo Castro Abolafia: Publicaba el Boletín Nacional que era el órgano del Partido Nacionalista. Fue acusado de violar la Ley 53. Cumplió 22 días de cárcel. Luego por los actos del 1954 fue arrestado.

5- Francisco Cosme Sotomayor: Vicepresidente de la Junta Municipal de Arecibo desde el 1949. Guardaespaldas de Albizu Campos.

6- Victor "Vitín" Carrasquillo Santos

7- Felipe Calvente Rosado: acusado por el delito de portación de arma y no inscripción de arma de fuego e infracción a la Ley 53. Sentenciado y salió en libertad el 11 de febrero del 1952. Falleció el 9 de mayo de 1979 en el estado de Florida.

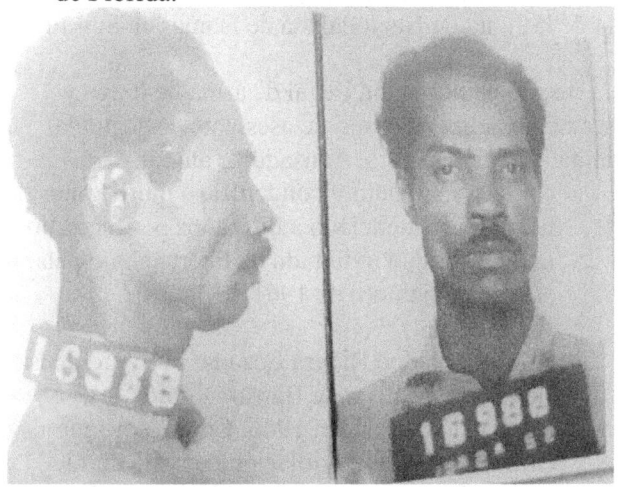

8- José "Pepe" / "Cheo" Cruz Estrada: había cumplido cárcel en Tallahassee, Florida por el Servicio Militar.

9- Pedro "General Andino Pedrito" González Boullerce: Capitán del Ejercito Libertador del Partido Nacionalista de Puerto Rico en Rio Piedras.

10- Esteban González Colón: Había cumplido cárcel en Tallahassee, Florida por el Servicio Militar selectivo.

11- Juan Hernández Balles (Ballet): conocido por Juan Hernández Valle. En el 1941 vivía en el Bronx, Nueva York. En el 1940 como Reverendo dirigía la Iglesia Metodista de la Playa en Ponce. Además fue abogado de algunos Nacionalistas. Fue acusado por violar la Ley 53 y lo sentenciaron a cumplir de tres a diez años de presidio.

12- Angel Cruz Cruz: periodista y abogado de los Nacionalistas.
13- Pablo Moya Méndez: afiliado al Partido Nacionalista desde el 22 de abril del 1949.

14- Angel Platet Canales: esposo de Angelina Torresola y uno de los dirigentes Nacionalistas en San Juan. También fue acusado en el 1954 por violar la Ley 53. Sentenciado a cumplir de siete a diez años de presidio.

15- Luis Manuel Ramery Vélez: de Ponce. Fue Cadete Nacionalista y participó de la huelga estudiantil de 1948.

16- Eduardo "Tato" González Torres: arrestado. Su esposa Clotilde Huertas Coghen era la Secretaria de la Junta de Nacionalista de Damas en San Juan.

17- Luis Rivera Fernández: acusado de portación ilegal de arma de fuego y sentenciado a ocho meses de presidio. Acusado de asesinato en segundo grado y condenado a treinta años de presidio. Acusado de ataque para cometer asesinato y condenado a quince años de presidio. Sentenciado a diez años por incendio malicioso. Fue indultado en libertad bajo palabra el 6 de noviembre de 1961.

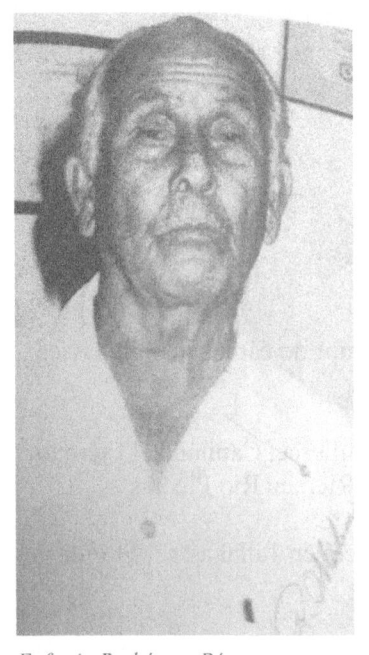

18- Amadeo Rivera Lozada: Tesorero de La Junta Nacionalista de Barrio Obrero. Nacionalista desde el 1946. Cumplió 18 meses de cárcel por el delito violación de arma de fuego y alteración a la paz. En el 1954 fue detenido por la Ley 53.

19- Eufemio Rodríguez Pérez: Nacionalista desde el 1932. Sobreviviente de la Masacre de Ponce en el 1937. Acusado y sentenciado de tres a siete años de presidio por ser Nacionalista y por violación a Ley 53. Por muchos años fue el organizador de los actos de La Masacre de Ponce y el Mausoleo de los nacionalistas enterrados en el Cementerio Civil en Ponce. Falleció el 31 de junio de 1992.

Eufemio Rodríguez Pérez

20- Pablo Rosado Ortiz: acusado por violación a Ley 53. Había cumplido cárcel con Albizu Campos en Atlanta junto a los otros lideres Nacionalistas.

21- Jesús Ruiz Arzola: Nacionalista acusado y sentenciado a presidio por actos dinamiteros en 1937. En 1944 fue acusado y sentenciado a ocho años de cárcel por asesinato y portación de arma de fuego. Cumplió siete años de presidio y se fue a residir a Nueva York donde se afilió al Partido Nacionalista, Junta de Nueva York.

22- Buenaventura "El Nacionalista" Rodríguez Lugo

23- Julio de Santiago: Nacionalista desde el 1936. Sobreviviente de la Masacre de Ponce. Había cumplido dos años de cárcel en Tallahassee, Florida por no inscribirse en el Servicio Militar Selectivo. Acusado de violar la Ley 53 y condenado a cumplir un año y seis meses de presidio.

24- Domingo "Mingo el Mecánico" Saltari: guardaespaldas de Albizu Campos.

25- Angel Santiago López: en el 1950 vivía en la Calle De La Tanca en San Juan. Secretario de la Junta en San Juan. Fue Presidente de la Junta Municipal en Lares.

26- José "Cheo" Sotomayor González: de Lares. En 1966 fue Presidente de La Junta Nacionalista de Nueva York.

27- Carlos "Máximo" Vélez Rieckehoff. En 1950 fue Vicepresidente de la Junta Nacionalista en Ciales. Acusado de violar la Ley 53, cumplió dos años, seis meses y dieciséis días. Indultado el 26 de mayo de 1953.

28- Telesforo Ernesto "Chester" / "Néstor" Calderón Ruiz (Ernesto Cardona Ortiz):en 1950 era el Presidente de La Junta Municipal de Aguada. Considerado hombre muy peligroso. Fue acusado por poseer una pistola Colt calibre .38 y fue puesto en libertad por falta de pruebas.

29- Domingo "Mingo El Mecánico" / "El Armero" Zamot Fernández: arrestado y acusado por participación en el ataque a La Fortaleza. Puesto en libertad por falta de pruebas.

30- Ramón Medina Ramírez y su hijo Ramón Heraclio Medina Maisonave

Ramón Medina Ramírez
31- José "Pepe" Vicente Rivera Sotomayor

Testigo de la fiscalía:
*** Julio Ramón del Rio Adames: Fue Secretario General de 1948-1949. Fue Instructor militar del Partido de 1949-50.
Acusado violar la Ley 53. Sentenciado a cumplir uno a cinco años de presidio en cada caso.
Mientras estaba encarcelado en La Princesa le proveyó información interna del Partido al llamado departamento de justicia a cambio de su libertad. Se convirtió en testigo de los fiscales. Fue indultado en el 1957.

Entre las mujeres arrestadas:

1- Zoraida Cancel de Ramos: esposa de Gil Ramos Cancel, hermana de Rafael Cancel Miranda, hija de Rafael Cancel Rodríguez. Arrestada en varias ocasiones y presionada para que delatara a su marido y a su padre. No divulgó nada sobre los Nacionalistas.

2- Juanita Ojeda Maldonado: parte del Comité Central del Partido Nacionalista de Utuado desde el 1948. Fue acusada de violar la Ley 53 (dos casos), declarada culpable y sentenciada a cumplir de ocho a trece años y de siete a trece meses de cárcel. Acusada además de violar la Ley de Explosivos. En total, llegó a cumplir un año, nueve meses y ocho días de cárcel.
En el 1954 fue nuevamente arrestada por los actos en Washington y fue indulta en el 1957.

3- Juana Manuela González Boullerce: El 2 de diciembre de 1948 en Rio Piedras fue electa Presidenta de Las Damas Del Partido Nacionalista de Puerto Rico y Olga Viscal fue electa Vicepresidenta. Formó parte de una familia numerosa y su hermano Pedro era otro de los combatientes Nacionalistas.

4- Isabel Freire Melendez (Isabel Matos): Nacionalista y esposa de Francisco Matos Paoli, el Secretario General del Partido Nacionalista.

5- Juana Bernardina Mills Rosa: acusada por violar la Ley 53. En el 1954 fue acusada y arrestada por la misma ley.

6- Isabelita Rosado Morales: Parte del Comité Municipal del Partido Nacionalista en Ceiba desde el 19 de mayo de 1949.

7- Francisca Isolina Rondón: Secretaria personal de Albizu Campos.

8- Angelina Torresola Roura: Casada con el Nacionalista Alfredo Platet Canales. Acusada de violar la Ley 53 y condenada a cumplir de siete a ocho años de cárcel. Cumplió ocho meses. En 1954 era la Tesorera de la Junta Nacionalista de San Juan por lo que fue acusada de violar la Ley 53 por los actos del ataque al congreso en Washington. Condenada a siete años de prisión por lo cual cumplió alrededor de ocho meses de cárcel.

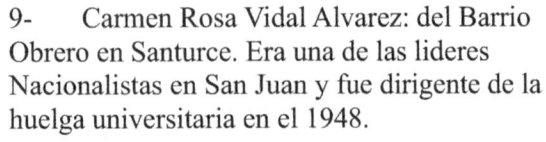

9- Carmen Rosa Vidal Alvarez: del Barrio Obrero en Santurce. Era una de las lideres Nacionalistas en San Juan y fue dirigente de la huelga universitaria en el 1948.

10- Olga Isabel Viscal Garriga: afiliada al Partido Nacionalista desde el 1940. Líder estudiantil en la huelga estudiantil del 1948.

11- Candita Collazo Torres. Nacionalista desde los años 1930.

12- Monserrate del Valle Toro: esposa de Tomás López de Victoria.

Entre otros fueron arrestados alrededor de 2,000 personas por el solo hecho de ser o haber sido Nacionalistas, independentistas y comunistas o por solo ser simpatizantes de la independencia de Puerto Rico.

El tiroteo en "El Salón Boricua"

El día 31 de octubre, a las 2:00 pm, 15 policías y 25 guardias nacionales llegaron a la Calle Colton #351, esquina Barbosa, del "Barrio Obrero" en Santurce y rodearon al "Salón Boricua", una barbería. La barbería era propiedad de y operada por Vidal Santiago, un Nacionalista que era el barbero personal de Pedro Albizu Campos. Los hombres que habían rodeado la barbería creían que un grupo de Nacionalistas se encontraban dentro de

Carmen Rosa Vidal Álvarez

la estructura y atacaron con fuego de ametralladoras, granadas y armas de fuego pequeñas. La única persona dentro de la barbería, el dueño, respondió disparando su pistola a sus atacantes. El tiroteo duró más de 3 horas y terminó cuando Santiago recibió cinco impactos de bala, entre ellos un último tiro de gracia a la cabeza, el cual sobrevivió. La batalla, que también resultó con dos transeúntes y un niño herido, hizo historia radial boricua, ya que era la primera vez que un evento de esta naturaleza fue transmitido "en vivo" a través de las ondas de radio para el público en general. Los periodistas que cubrieron el evento para "WIAC" fueron Luis Enrique "Bibí" Marrero, Víctor Arrillaga, Luis Romanace y con apenas 18 años, Miguel Ángel Álvarez (El Men).

En el hecho conocido como Tiroteo en Salón Boricua, Vidal Santiago Díaz, peluquero de Albizu Campos, fue agredido por 40 policías y guardias. El hecho ocurrió en la peluquería de Santiago Díaz, "Salón Boricua", ubicada en el barrio Santurce de San Juan. El tiroteo se transmitió en vivo por radio al público puertorriqueño.

Juan Vidal Santiago Diaz era Secretario y Tesorero de la Junta Municipal de San Juan.
La policía empleo quince oficiales y veinticinco guardias nacionales armados con ametralladoras, rifles, carabinas, revólveres y granadas para asaltar la barbería batiéndose a tiros por más de tres horas para arrestar a Vidal Santiago.

Fue acusado de dos casos de infracción a la Ley 53, tres casos de ataque para cometer asesinato, dos casos de asesinato y un caso de no registro de armas.
Fue indultado el 16 de octubre de 1952.

Incidente Naranjito

José Antonio "Ñin" Negrón Rodríguez: Presidente de la Junta de Naranjito
Rafael Ángel López: Secretario
Juan Padilla: Tesorero

José Antonio Negrón, un veterano de la Segunda Guerra Mundial, encabezó la revuelta en Naranjito y los Nacionalistas que atacaron a la policía. Posteriormente, se retiraron a las montañas cercanas y formaron un grupo guerrillero. Continuaron allanando varios lugares hasta el 6 de noviembre, cuando llegó la Guardia Nacional y atacó la casa donde se hospedaba el grupo. Negrón escapó a Corozal, donde fue detenido el 10 de noviembre. La Insurrección Nacionalista en Puerto Rico terminó en Naranjito.

Una de sus acciones fue atacar y tirotear al cuartel de la policía.

También se enfrentaron en un tiroteo con la Guardia Nacional y la policía.

Fueron arrestados y acusados de intento de asesinato y ataque al cuartel de la policía.

Son acusados:

1- José "Ñin" Negrón: Sirvió en el ejército de los Estados Unidos durante la Segunda Guerra Mundial. Fue acusado del ataque al cuartel de la policía, tentativa para cometer asesinato, incendio malicioso, ley de explosivos y portación de armas seis meses de cárcel).

Fue arrestado el 10 de noviembre de 1950. Cumplió cinco años por violar la Ley 67,

José Antonio "Ñin" Negrón Rodríguez

articulo 12, portación de armas (seis meses de cárcel). En total fue sentenciado a cumplir nueve años de presidio. Fue indultado bajo palabra en 1958.

2- Eulogio Morales Nieves: había servido en el Ejercito de los Estados Unidos desde el 1944 hasta el 1946. Acusado por acometimiento grave (un año de presidio), violar la ley de explosivos (ocho meses de presidio). Cumplió su sentencia el 17 de abril de 1952.

3- Juan Padilla: Tesorero del Comité Municipal de Naranjito desde el 28 de noviembre de 1948. Acusado de intento a cometer asesinato. No se ofrecen más detalles en su expediente.

4- Antonio Nieves Avilés: acusado de portación ilegal de arma de fuego y acometimiento grave. Cumplió 22 meses de cárcel.

5- Alejandro Rosado Figueroa: acusado de intento de asesinato, de poseer armas y explosivos. Estuvo preso hasta el 25 de noviembre de 1952. El 24 de marzo de 1953 fue acusado de atentado a la vida del policía Emilio Longo. Fue sentenciado a nueve años de presidio.

6- Feliciano "Chano" Perez Rivera: acusado de poseer un rifle Remington modelo 510, además acusado por delito de cometer asesinato e infracción a la Ley 67, articulo 12. Hallado culpable. No se ofrecen más detalles.

7- Marcial Berrios Morales: acusado de violar la Ley de explosivos. Cumplió seis meses de cárcel.

8- Inocencio Morales Berrios: acusado de acometimiento grave y de violación a la Ley 67 (vehículos de motor)

9- Juan "Nito" Matos Colón: acusado de portación de arma de fuego (legal), luego dejado en libertad. Había servido en el Ejercito de los Estados Unidos durante la Segunda Guerra Mundial.

10- Ramón Luis Serrano Rodríguez: conductor del vehículo donde portaban un rifle, explosivos (cartuchos de dinamita), por lo que fue acusado. No se ofrecen más detalles.

11- Faustino Ortega Espinenet (Espinal): fue arrestado. Su hermano Aurelio también fue detenido.

12- Luis Otero Ríos: acusado de atacar el cuartel de policía e intento de quemar otras propiedades del gobierno. No se ofrecen más detalles.

13- Elmer Rivera Nieves: acusado de por ley de armas, explosivos (seis meses de cárcel), acometimiento grave (un año de presidio), infracción al artículo 12 de la Ley 67. Fue indultado el 24 de abril de 1952.

14- Santos "Tuto" Rivera Nieves: Fue arrestado y luego puesto en libertad

* se convierte en testigo de la fiscalía: Germán "El Bizco" Cosme Rivera: fue arrestado con el grupo de los Nacionalistas y acusado por el tiroteo en contra del cuartel y se convirtió en testigo del gobierno.

Antonio González

El 30 de octubre de 1950 - Insurrección Nacionalista en Puerto Rico

El Utuadeño, Antonio González, fue el Nacionalista más joven en morir en la Insurrección Nacionalista de 1950 a sus 17 años.

Murió por la patria Borinqueña masacrado en Utuado (después de rendirse) el 31 de octubre de 1950.

Hechos en Utuado entre el 30 y 31 de octubre de 1950

Utuado fue el lugar de mayor combate y número de muertos durante la insurrección Nacionalista de 1950.

Murieron en Utuado cinco Nacionalistas, un guardia nacional, un policía y un bombero. Resultaron heridos cinco Nacionalistas, cuatro policías y cuatro guardias nacionales. Además, dos vecinos resultaron heridos y otras personas de Utuado resultaron heridas por el ametrallamiento de los aviones.

Foto: Antonio González, el joven mártir fue el Nacionalista de menos edad (17 años) en morir por la patria el 30 de octubre de 1950 - Insurrección Nacionalista en Puerto Rico.

Arrestados el 30 de octubre de 1950
Insurrección de 1950

El comando jayuyano en la corte de Jayuya:

En primera fila: Juan Morales (Juan Mencha), Elidió Torres Cruz, Ramón "Monchito" Otero, Ramón Sánchez, Carlos Juan Cruz, Jaime "Capota" Crespo Bou y Heriberto Marín.

Segunda fila: Antonio González, Lisandro "Papi Chando" Rivera Ríos, Antonio" Toñito" Cruz Colón, Oliverio Pierluisi Soto, Alfredo Pabón Rivera, Ramón "Moncho" Robles y Luis Morales (Luis Mencha).
Tercera fila: Juan Román de Jesús, Carmelo "Cano Chileno "Maldonado, Elio Torresola, Fidel Irizarry, Carlos Sánchez, Mario Irizarry.
 Cuarta fila: Miguel Ángel "Tato" Marín, Fernando Luis "Chévere" Rivera, Edmidio Marín, Miguel Ángel Rivera Santiago, José Antonio "Cheito" Rodríguez, Blanca Canales y Luis Darío Fernández.
Quinta fila: Ovidio Irizarry, Juan Antonio "Tony" González Marín, Reinaldo Morales (Reinaldo Mencha) y Miguel Ángel "Pitigrili" Román.
*No se encontró causa probable en contra de Ramón "Moncho La Bruja" Montaner, por lo que no enfrentó juicio.

Isabel Rosado, Doris Torresola, Carmín Pérez y Juanita Mills. 1950.

De izquierda a derecha: Antonio Alicea, desconocido, José Miguel Alicea y Ramón Pedrosa.

1950: Isabel Rosado, Carmín Pérez, José Rivera Sotomayor y Doris Torresola.

La Esposa e hijos de Carlos Moya Vélez, también fue arrestada.

Don Pepe Rivera Sotomayor y al lado izquierdo, Don Ramón Medina Ramírez. Medina Ramírez fue presidente Interino del Partido Nacionalista de Puerto Rico mientras Pedro Albizu Campos se encontraba preso en Atlanta.

Agente del gobierno y el abogado de Pedro Albizu Campos, Lic. Juan Hernández Vallés, arrestado.

Olga Viscal arrestada.

Aníbal Torres Arroyo de Mayagüez en 1944 se negó a ingresar en el ejército estadounidense por lo que fue enviado a la cárcel La Princesa. En 1950 fue arrestado por los sucesos del 30 de octubre de 1950.

Ruth Reynolds y el Lcdo. Julio Pinto Gandía.

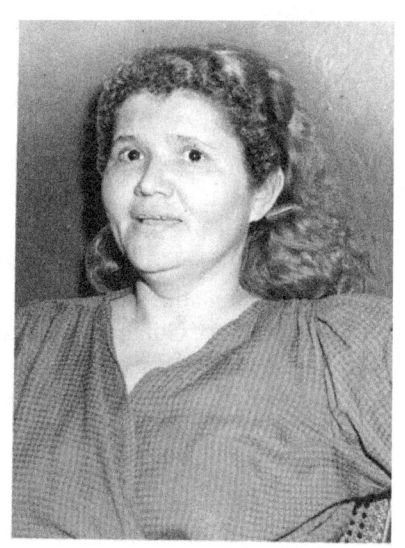

1950- arrestada.sin nombre

Justo Guzmán Serrano. Natural de Arecibo. Fue encarcelado el 30 de octubre de 1950. Indultado en el 1969. Falleció en Arecibo en los 80.
El nacionalista Justo Guzmán Serrano en su celda mientras los licenciados Osvaldo Torres Gómez y Eduardo Báez García lo escuchan. Guzmán Serrano cumplía una condena de 486 años por su intervención en la revuelta nacionalista en el pueblo de Arecibo. Guzmán Serrano encarcelado en custodia máxima no permitió que lo afeitaran y que lo recortaran en protesta por alegadas violaciones a sus derechos civiles. San Juan, Puerto Rico. 1965. Cortesía: Biblioteca Digital Puertorriqueña.

Grupo de nacionalistas que participaron en la rebelión del 30 de octubre de 1950 mientras eran juzgados en la Corte de Arecibo. Al frente, de izquierda a derecha: Ricardo Díaz, padre, Tomás López de Victoria, Manuel Méndez Gandía, Justo Guzmán Serrano, Carlos Castro y Juan Jaca Hernández. Atrás y en el mismo orden: Carlos Feliciano, Ricardo Díaz, hijo, Ismael Díaz Matos, Rafael Molina Centeno, Bernardo Díaz Díaz, semi-oculto detrás de Jaca, Leonides Díaz Díaz de Díaz y detrás su hijo, Ángel Ramón Díaz.

Nacionalistas que participaron en la revolución 1950. Mientras son juzgados en la Corte en Arecibo. Ricardo Diaz padre, Tomás López de Victoria, Manuel Méndez Gandía, Justo Guzmán Serrano, Carlos Castro, Juan Jaca Hernández, Carlos Feliciano, Ricardo Diaz hijo, Ismael Diaz Matos, Rafael Molina Centeno, Bernardo Diaz Diaz, Leónides Diaz, Ángel Ramon Diaz.

EN EL BANQUILLO DE LOS ACUSADOS

Estos son los siete nacionalistas cuyo proceso se está ventilando en el Tribunal Superior de Arecibo. Son ellos, en primera fila, Leonides Díaz Díaz, y su esposo Ricardo Díaz Díaz, a quienes acompaña su hijo Ricardo. En la segunda fila, Tomás López de Victoria y su esposa Monserrate del Valle, Juan Jaca Hernández e Ismael Díaz Morales. En el banquillo

Los hermanos Torresola

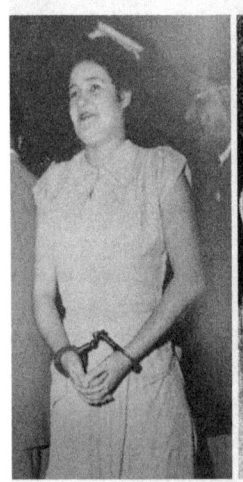

Doris Torresola 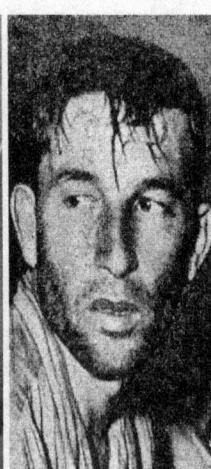   Elio Torresola    Griselio Torresola

Blanca Canales Torresola, prima de los hermanos Torresola

Ricardo Díaz Díaz (Padre)

Leonides Díaz Díaz de Díaz

Hipólito Miranda Díaz. Cubrió la retirada de sus compañeros durante el ataque al Cuartel de Arecibo.

Angel Ramón Díaz Díaz

Ricardo Díaz Díaz (Hijo)

Ángel Ramón Díaz, Ricardo Díaz, hijo, y Bernardo Díaz Díaz. (Foto Roberto.)

Ismael Díaz Matos. Dirigió el ataque al Cuartel de la Policía en Arecibo. (Foto Mandín.)

Ángel Ramón Diaz Diaz, natural de Arecibo.
Fue encarcelado el 30 de octubre de 1950. Indultado en 1969.

Hipólito Miranda Diaz
Nació el 28 de noviembre de 1925 en el Barrio Santana de Arecibo.
Falleció el 30 de octubre de 1950.Tenía 24 años y 11 meses al momento de su muerte.
Nacionalista caído en Arecibo 1950.Falleció en el cuartel de la policía en Arecibo de un disparo en el cráneo a las 11: a.m.

ALLANAMIENTOS EN PONCE

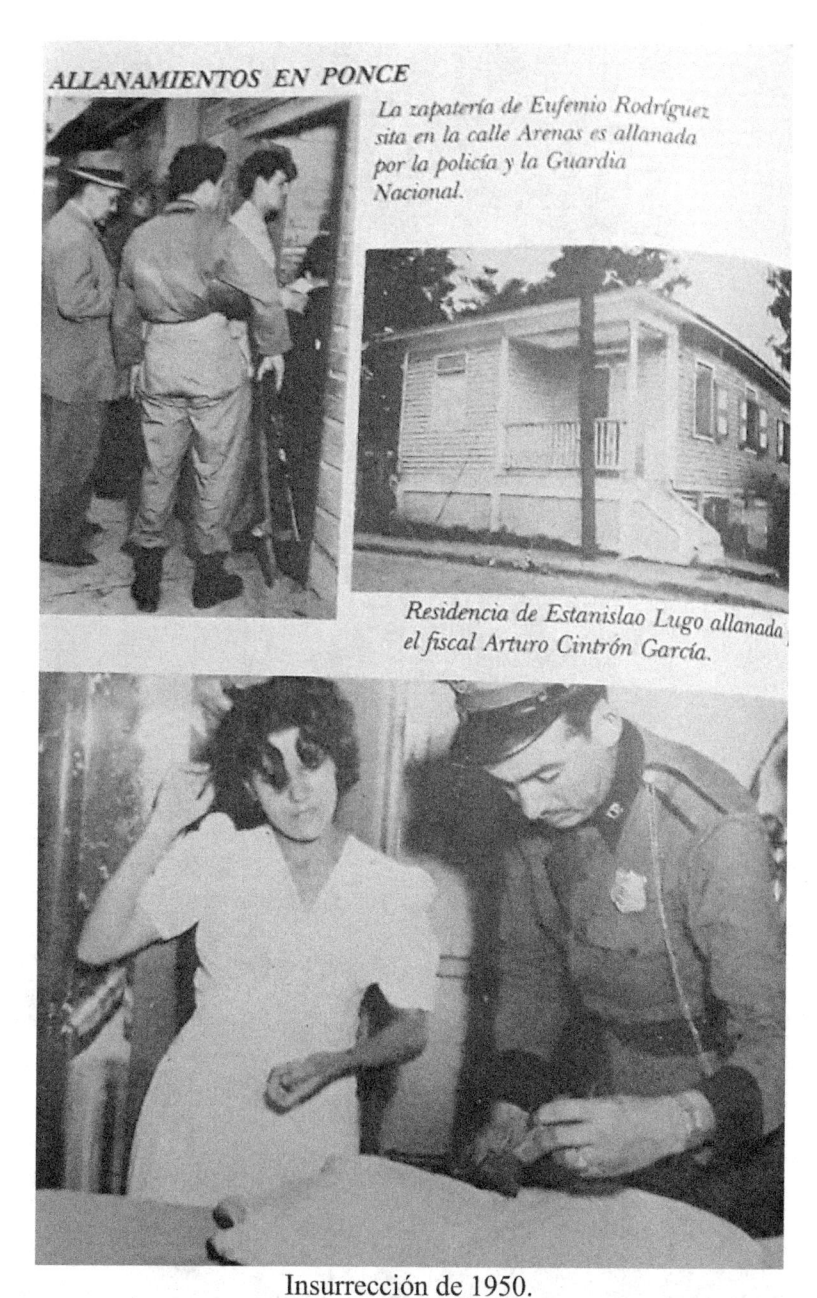

La zapatería de Eufemio Rodríguez sita en la calle Arenas es allanada por la policía y la Guardia Nacional.

Residencia de Estanislao Lugo allanada el fiscal Arturo Cintrón García.

Insurrección de 1950.
Bienvenida Domenech de Lugo es apuntada con un revólver mientras un policía examina una bolsa en busca de "material Nacionalista".

Licenciado Ángel Cruz Cruz escuchando a un grupo en el tribunal, década del 50.

Enero 4, 1951 Doris Torresola- Carmín Pérez-Ruth Reynolds

Vidal Santiago Diaz

La Guardia Nacional para arrestarlo.

Vidal Santiago.

VIDAL SANTIAGO
Cuando salía del hospital

Antonio Moya Vélez, (Izq.) chofer de uno de los automóviles detenidos en Charneco la madrugada del 26 de octubre del 1950 y el barbero Vidal Santiago Díaz comparecieron al Tribunal de Distrito de San Juan para responder de las acusaciones que le formuló el Ministerio Público.

1954- Vidal Santiago con Enrique Ayoroa Abreu nacionalista de Isabela.

Vidal Santiago Díaz. Visible la cicatriz en la frente de cuando se intentó asesinarlo luego de estar mal herido y fuera de combate a un policía percatarse que todavía respiraba, según narró un periodista que fue testigo del incidente.
Sobrevivió en 1950

El ataque a La Fortaleza, San Juan
30 de octubre de 1950

Auto que ocupaban los atacantes de la Fortaleza y con el cual se protegían algunos de ellos mientras disparaban. El automóvil se nota acribillado a balazos por efecto de los disparos que la policía y la detective hicieron desde Fortaleza." Texto en el reverso: Automóvil usado por los seis atacantes a la Fortaleza."; Información: El Mundo, 31/octubre/1950.

TRANSPORTO LOS ASALTANTES.— Materialmente acribillado a balazos quedó este automóvil, el 16-522, que condujo hasta frente a la Fortaleza a los nacionalistas que consumaron el asalto, y en cuyo baúl se encontró profusión de rifles, revólveres, balas y bombas incendiarias. El vehículo, propiedad de "Sandy" Cruz, muestra 31 perforaciones de bala. (Foto EL IMPARCIAL)

Foto- 1 de noviembre del 1950)
El vehículo usado en La Fortaleza: Plymouth verde, modelo 1949, tablilla numero 16-522
Conducía: Domingo. A su derecha a la izquierda, Roberto Acevedo. Atrás iban de, de derecha a izquierda, Roberto Acevedo, Gregorio Hernández Manuel Torres Medina

Los cuerpos de los nacionalistas Carlos Hiraldo Resto y Manuel Torres Medina yacen en el suelo en San Juan.

Miembros de la Policía Insular junto a uno de los cadáveres de los nacionalistas luego del ataque nacionalista a La Fortaleza. San Juan, Puerto Rico. 30 de octubre de 1950.

Raimundo Diaz Pacheco, comandante del Ejército Libertador, cayó en combate. Murió de una herida de bala en el tórax a las 12:30 p.m.

Domingo Hiralgo Resto.

La Revuelta Nacionalista
Relatan tragedia en Fortaleza

Por JOSE A. PURCELL, Redactor de EL VOCERO

Este es el artículo vigésimocuarto de una serie en la que se ofrecen amplios e interesantes detalles de la llamada Revuelta Nacionalista ocurrida en Puerto Rico en el 1950.

SAN JUAN.— Antes de proseguir con el relato de lo sucedido en La Fortaleza el día 30 de octubre de 1950, es bueno señalar que a pesar de que los periódicos y otros medios informativos declararon que fueron 5 los nacionalistas que atacaron La Fortaleza, fueron sólo 5 los que efectuaron el asalto. Estos fueron: Gregorio Hernández, el único que sobrevivió al ataque, Raimundo Díaz Pachaco, jefe del grupo y Comandante de Zona del Ejército Libertador, Domingo Hiraldo, que guió el carro Plymouth hasta la entrada de la residencia del Gobernador, Roberto Acevedo y Manuel Torres Medina.

La confusión en cuanto al número de atacantes de La Fortaleza pudo haberse originado en el hecho del arresto de otro nacionalista, E. Rivera Orellana, al ser detenido no en el interior de La Fortaleza por el cabo Benjamín Negrón. Este individuo forcejó con los policías al momento de ser arrestado y metido en el jeep que lo llevó al Cuartel General para interrogatorio. Sin embargo, Rivera Orellana no era del grupo de nacionalistas que llegaron hasta la entrada de La Fortaleza en el carro de Díaz Pachaco.

El relato de Hernández

Pero veamos lo que tiene que decir Goyito Hernández según lo relata el escritor Ramón Medina Ramírez en su obra "Movimiento Libertador". "Esta información, especialmente la que se relaciona con el ataque a La Fortaleza fue tomada a raíz de los acontecimientos y en momentos en que los mismos estaban muy excitados, por lo que no va detallada exacta. Más tarde, en la cárcel de Distrito donde fuimos compañeros de galera del patriota Gregorio Hernández, quien el informe daba por muerto y que fue el único sobreviviente del ferido hecho heroico, pudimos oír de sus propios labios el relato completo de dichos acontecimientos. He aquí la versión exacta de lo ocurrido, según Hernández:

"Cuando salimos de Río Piedras aquellos cinco hombres dispuestos a atacar el Palacio del Gobernador, por orden de Raimundo Díaz Pachaco, que era el que hacía de jefe, colocamos varias armas en el baúl del automóvil para repartirlas a un grupo de nacionalistas que aguardaba en la entrada de la Capital. Cuando llegamos al sitio donde los compañeros esperaban, no vieron imposibilitado de hacerlo porque iban seguidos de cerca por vehículos llenos de detectives y policías vestidos de paisano. Así comenzó el lío. Díaz Pachaco...

...ce a los que se aproximaron al carro para cumplir su cometido, dándole en voz baja una orden que él (Goyito) no pudo oír.

Sin hablar una sola palabra, siguieron los cinco hombres que ocupaban el automóvil con rumbo a su destino. "Al llegar —nos dice Gregorio— ya nos estaban esperando. A Hiraldo, que estaba en el guía, a penas lo dejaron moverse del asiento. Cuando salió del carro ya no tenía vida. A Manuel Torres Medina, excelente orador y mejor compañero, le cruzaron la cabeza con una bala al poner pie en el estribo. Yo, que bajaba detrás de él, al ir a dar una vuelta en redondo y caer sin aliento. El cuerpo de este noble amigo me salvó de la muerte, porque aunque estaba herido en el cuello, amparándome con él, logré colocarme debajo del automóvil, donde recibí muchas balas en el cuerpo y una pierna, pero no tantas como las que hubiera recibido a campo raso. Los únicos que pu...

[photo caption] Goyito es interrogado por policías y periodistas después de ser sacado de debajo del carro que utilizaron para atacar la Fortaleza.

...nublé la vista y no supe más. Cuando desperté estaba en el Hospital".

Estuvo en la Fortaleza

Hasta aquí el relato que según Ramón Medina Ramírez le hizo Goyito a él mientras compartían "galera" en la cárcel de Distrito. Así aparece en las páginas 289 y 290 de su libro. Volvemos a la historia que nos narraba el periodista del periódico El Mundo, el colega Carlos Nieves Rivera, quien se encontraba dentro de los terrenos de La Fortaleza cuando ocurrían los hechos y que según manifiesta en su artículo, fue testigo presencial del sangriento suceso. Recordamos en este momento las palabras de Blanca Canales en una entrevista cuando nos reveló que "nunca encontrará dos versiones iguales del mismo suceso, aunque las personas hayan estado allí a la misma hora". Y este caso no fue la excepción. Según Goyito Hernández, a Domingo Hiraldo las balas de la Policía lo alcanzaron al momento de tratar de salir del automóvil. Manuel Torres Medina recibió un impacto directo en la cabeza al tratar de poner pie en el estribo. Ambos, según Goyito cayeron muertos al instante.

Duplica en los sentidos

Carlos Nieves Rivera asegura que no fue así y que ambos pudieron disparar sus armas contra los agentes de seguridad de La Fortaleza y contra los edificios. Aún más, el periodista de El Mundo describe en su relato que Hiraldo fue abatido por balas policíacas después que recostado contra la pared en estado agonizante, les suplicó que no lo dejaran. Señala el colega Nieves Rivera que tanto Hiraldo como Hernández y Torres Medina recibieron numerosas balazos en distintas partes del cuerpo lo que ocasionaran la muerte momentos más tarde. Según la reseña de El Mundo del 31 de octubre del 1950, Hiraldo Resto, a pesar de los muchos balazos que recibió, "tenía vida aún cuando los defensores salieron de La Fortaleza. Agonizando frente a las cámaras de la Prensa, de los noticieros cinematográficos y de la propia Policía, pedía agua en voz incoherente. Después de revolverse en su propia sangre por varios minutos, Hiraldo Resto expiró rodeado de policías y periodistas, que estuvieron junto al revolucionario en todo momento hasta que dejó de respirar.

Torres Medina también fue blanco de varios impactos de balas de la Policía, pero aparentemente, la única que resultó mortal fue la que le entró por la sien izquierda. Pero la sorpresa mayúscula fue la que Goyito Hernández, quien a pesar de tener más de 10 balazos en su cuerpo, retenía milagrosamente y conservaba algunas lúcidas. Aprovechando la situación, los fiscales Baldomero Freyre, José C. Aponte y Guillermo Gil que habían iniciado la correspondiente pesquisa del sorpresivo ataque, le formularon varias preguntas sobre el mismo.

(CONTINUA MAÑANA)

Arrestos en el 1950: Jayuya

La bandera de Puerto Rico en alto.

La estudiante Digna Marín arrestada y encarcelada durante cuarenta y cinco días sin que se le permitiera presentarse ante un juez por quemar la bandera de los Estados Unidos que ondeaba en la asta de una escuela ende Jayuya.

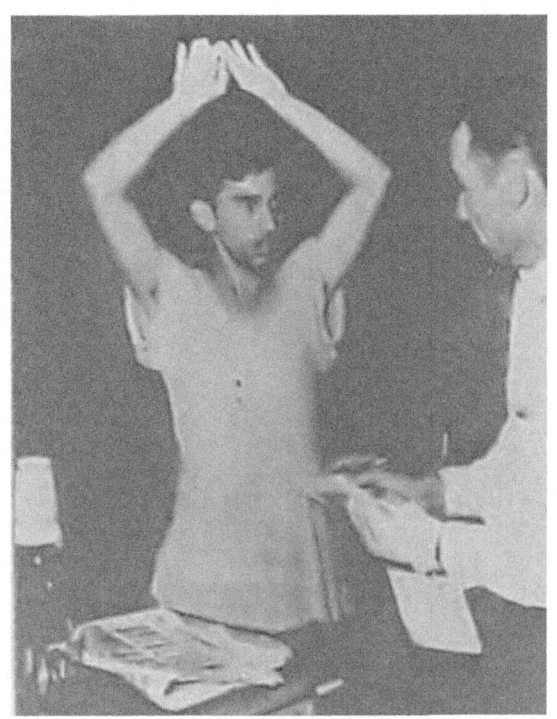

Ovidio Irizarry

Reinaldo Morales Negrón y Edmidio Marín Pagán los revolucionarios más jóvenes del comando Jayuya. Arrestados el 30 de octubre del 1950

Arrestados el 30 de octubre de 1950.

Arrestos y represión

La casa de la familia Canales en el valle del barrio Coabey. A la derecha se pued observar la cima de Los Tres Picachos.

Efectivos de la Guardia Nacional mientras tomaban posicion frente la residencia de Blanca Canales en el barrio Coabey.

Los camiones que transportaban las tropas de la Guardia nacional entraron a Jayuya desde el oeste de Utuado.

La Guardia Nacional toma la población de Jayuya.

Agentes del gobierno y guardias nacionales rumbo a Coabey por la antigua ruta de la carretera, Pr.144.

En Jayuya y Utuado.

La Guardia Nacional portando rifles y pistolas y manejaban una ametralladora tomaron posición frente a la casa de Bernardo De Paz, cerca de la plaza de recreo de Jayuya,

Dos policías y tres guardias nacionales.

A la izquierda pueden observar a dos policías de la Guardia Nacional.

Solo quedaron escombros.

A su arribo a Coabey, los guardias nacionales detuvieron a decenas de familiares de los revolucionarios, entre estos, ancianas y niños para forzar la rendición del comando dirigido por Elio Torresola.

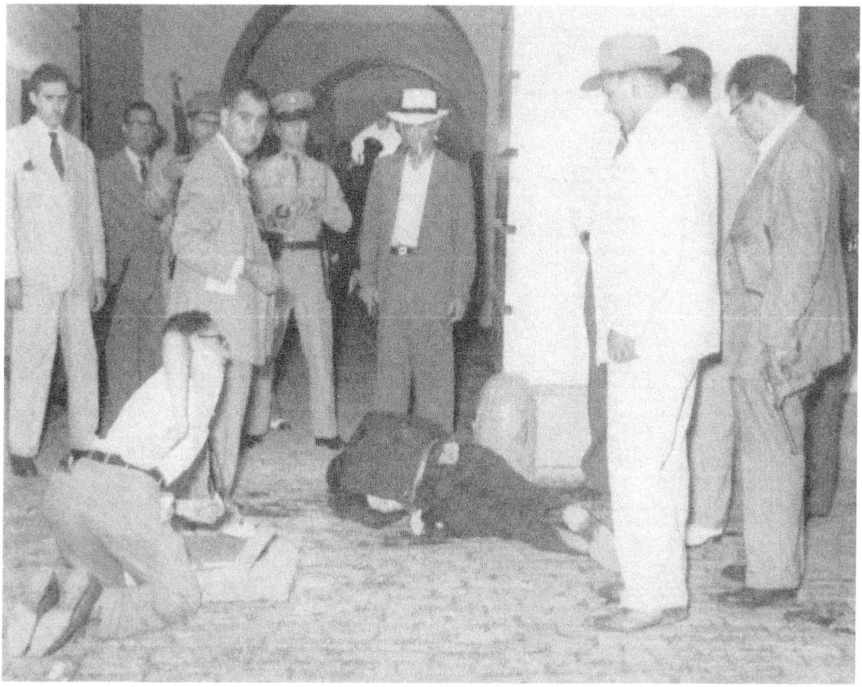

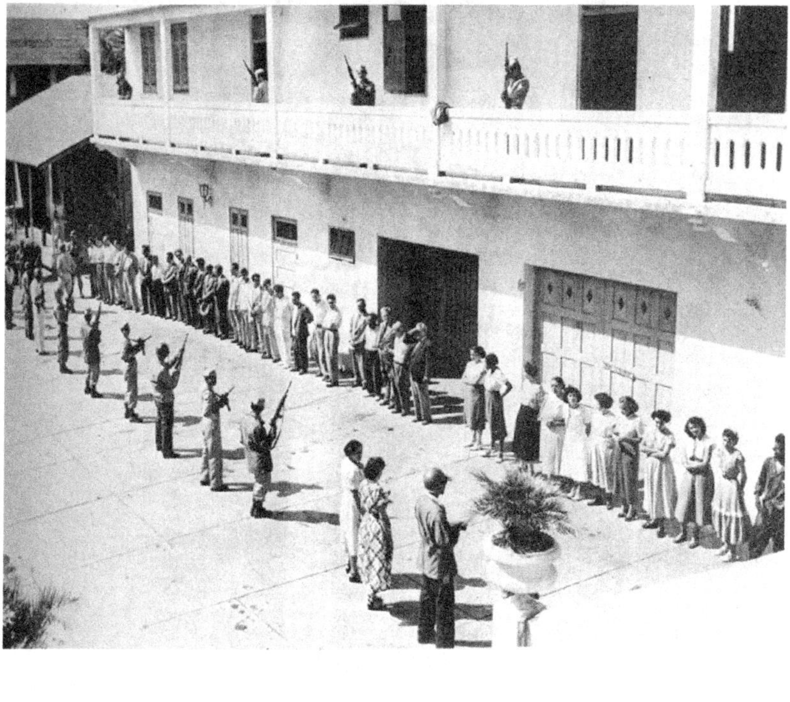

En San Juan.

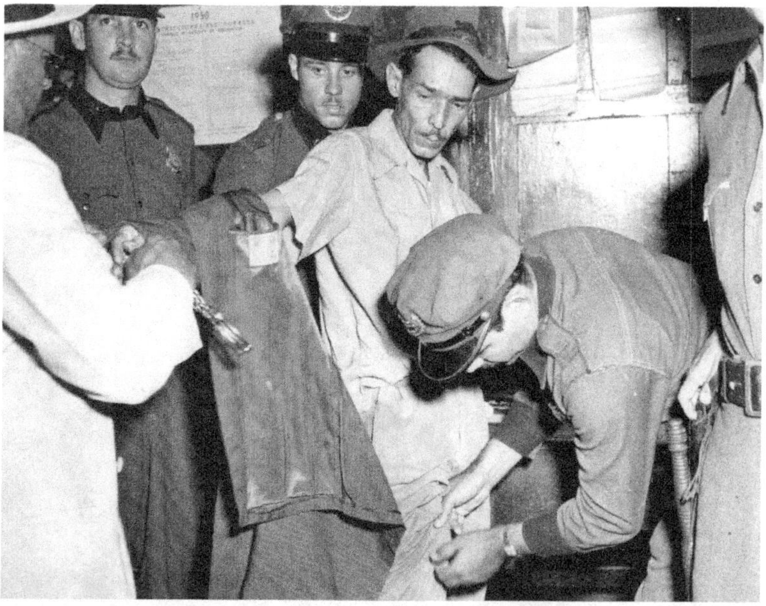

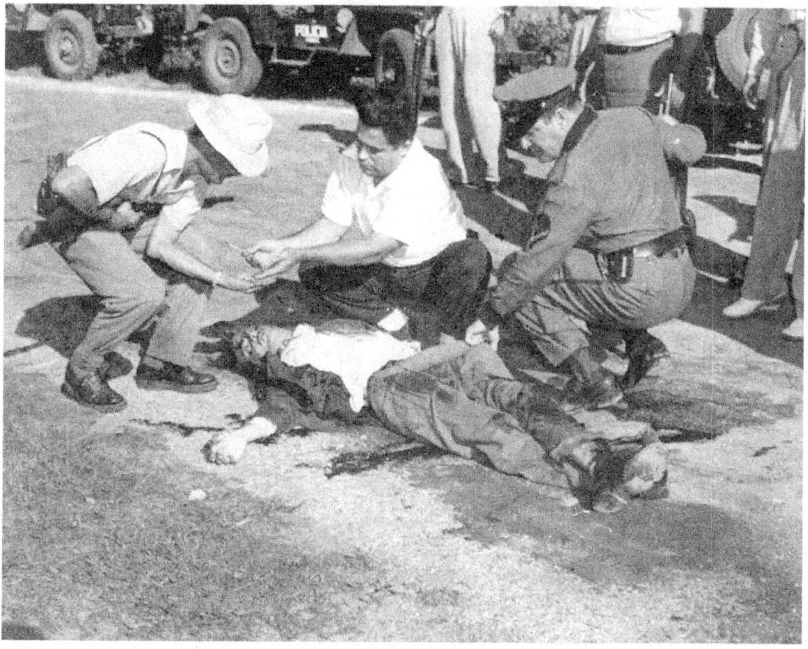
POLICIA

Tropas de la Guardia Nacional continúan llegando a Jayuya y Utuado,

Don Santos Pagán (con sombrero y brazos cruzados)

1950. Medidas de seguridad tomadas por la Policia Insular durante la revuelta nacionalista. San Juan Puerto Rico. Puente Dos Hermanos.

El arresto de El Maestro

Sede de La Junta Nacional del Partido Nacionalista de Puerto Rico. Circa 1950. El 2 de noviembre, 1950 son arrestados Pedro Albizu Campos

Doris Torresola
Carmen María Pérez (Carmín)
José Matos Muñoz Matos(universitario)
Doris es herida por una bala en el cuello y la bala se alojó en el pulmón.
Álvaro Rivera Walker: llego de visita y fue arrestado también.

El 2 de noviembre de 1950. Don Pedro es conducido a la cárcel después de dos días sitiado en su casa y resistir el fuego de la policía.
Foto: Custodiado por los agentes Jorge Camacho y Benigno Soto.

Pedro Albizu Campos, en la cárcel de San Juan, Puerto Rico el 5 de noviembre de 1950.

Pedro Albizu Campos con el estudiante Juan José Muñoz Matos.

Don Pedro Albizu Campos momentos después de llegar esposado a la sala del juez Rodolfo Ramírez Pabón para escuchar la lectura de acusaciones en su contra. Tribunal de Distrito. San Juan, Puerto Rico el 28 de diciembre de 1950.

Don Pedro Albizu Campos comparece sentado y esposado en la sala del juez Rodolfo Ramírez Pabón, de la Sección de San Juan del Tribunal de Distrito de Puerto Rico, para escuchar la lectura de acusaciones que fueron leídas por los fiscales José C. Aponte, Guillermo Gil Rivera y Ángel Viera Martínez. Albizu Campos tuvo 8 acusaciones por los delitos de infracción a la Ley 53 de 1948, ataque para cometer asesinato, violación de la Ley de Explosivos e infracción de las leyes para portar armas y registro de armas. San Juan, Puerto Rico, miércoles, 28 de diciembre de 1950.

Don Pedro Albizu Campos (Derecha) escucha la lectura de acusaciones en su contra, en la sala del juez Rodolfo Ramírez Pabón. Tribunal de Distrito. San Juan, Puerto Rico. 28 de diciembre de 1950.

En 1950 Guillermo Hernández (de 21 años en el 1943 era miembro del Partido Nacionalista) y José Miguel Alicea (acusado para matar al millonario Fred L. Crawford en Ponce en el 1950 al igual que el excadete Guillermo Hernández Vélez se convirtieron en testigos en contra de Albizu Campos y en la mayoría de los juicios en contra de otros nacionalistas.

1951.Licenciado Francisco Hernández Vargas, Pedro Albizu Campos y Lic. Juan Hernández Vallés.

La Princesa (calabozos).
1951

El 30 de junio de 1951 comienza el juicio contra Pedro Albizu Campos. Por la Rebelión Nacionalista de 1950 y duro hasta el 30 de agosto.

En la foto (arriba): Don Pedro, Juan Munoz Matos y Doris Torresola con sus abogados defensores, Francisco Hernandez Vargas, Angel Cruz Cruz y Juan Hernandez Valle. (foto El Imparcial).
Pedro Albizu Campos es declarado culpable.
Doris Torresola y Juan José Matos son declarados inocentes

1951
José C. Aponte fue el fiscal en el caso de Albizu Campos. Aponte había sido nacionalista.
El juicio contra Albizu Campos que comenzó el 30 de julio, termino el 11 de agosto con un veredicto de culpabilidad en todos los doce cargos que constaban en la acusación. La sentencia dictada contra el patriota fue de 53 años de presidio.

1953. Albizu Campos saliendo de la prisión La Princesa, luego de ser indultado por el gobernador Luis Muñoz Marin. San Juan, Puerto Rico, 30 de septiembre de 1953.

Capitulo XI
La Prensa y Las carpetas

EL IMPARCIAL

EL DIARIO ILUSTRADO

CIRCULACION CERTIFICADA POR EL ABC

5¢

La Circulación Más Grande En Puerto Rico

TOMO 177 — AÑO XVIII — San Juan, Puerto Rico, Martes 31 de Octubre de 1950. — Núm. 7010.

REBELION EN LA ISLA

NACIONALISTAS Y POLICIA SE BATEN

(INFORMACION EN LA PAGINA 3)

TIROS SOBRE LA BANDERA DE LA ONU. — La bandera de las Naciones Unidas que regalara al gobernador Luis Muñoz Marín un grupo de amas de casa, y que todavía estaba colocada en el balcón de La Fortaleza durante la intentona de asalto a la vieja mansión, hecho por los Nacionalistas, fué agujereada por ocho balazos, como puede verse en la foto. (Foto IMPARCIAL por Mier)

EL IMPARCIAL
EL DIARIO ILUSTRADO
CIRCULACION CERTIFICADA POR EL AÑO

5¢ — La Circulación Más Grande En Puerto Rico

TOMO 178 — AÑO XVIII — San Juan, Puerto Rico, Jueves 2 de Noviembre de 1950. — Núm. 7012

ATENTADO A TRUMAN

NACIONALISTA BORICUA HERIDO EN TIROTEO DE CASA BLANCA

WASHINGTON, 1 de noviembre, (INS) — Un pistolero resultó hoy muerto en un atentado contra la vida del Presidente Truman y el cómplice de aquél y tres policías sufrieron heridas en una gran batalla a tiros que ocurrió frente a Blair House, residencia oficial del Presidente. El pistolero fué identificado como Marion R. Preston, y su cómplice, como Oscar Collazo, de 37 años, vecino de la avenida Brook, Nueva York. Es natural de Puerto Rico. Las policías heridas, Donald Barzel, Joseph Downs y Leslie Coffelt, fueron trasladadas al hospital de socorro en grave estado.

Truman se hallaba en Blair House cuando ocurrió el incidente, a las dos de la tarde, hora de Nueva York. El jefe del Ejecutivo tenía que haber salido minutos más tarde para dirigirse al Cementerio Nacional de Arlington, en donde iban a celebrarse exequias por el alma del Mariscal de Campo británico Sir John Dill. Conocedores al parecer de los planes del Presidente, los dos terroristas se acercaron a Blair House, mezclándose con el gentío que iba y venía de almorzar por la avenida de Pennsylvania.

Al acercarse a la garita del centinela en frente de Blair House, Preston, según los testigos, sacó una pistola automática alemana P-38 y abrió fuego contra el guardia. Preston hizo tres disparos contra el guardia y luego se volvió para disparar contra otra guardia que se hallaba en el umbral de Blair House. Más de una docena de policías uniformados y de paisanos salieron apresuradamente de Blair House y abrieron fuego contra Preston y Collazo. Preston, chorreando sangre de sus heridas en la cabeza y el pecho, cayó a tierra. Collazo fué alcanzado por los disparos cuando trataba de huir. El Inspector de la policía de Blair House, H. W. Francis, reveló que entre los efectos de Preston se hallaron papeles escritos "en un idioma extranjero". Francis, que llegó al lugar del suceso pocos minutos después de comenzar el tiroteo, describió oficialmente el suceso como un atentado de asesinato. El inspector calificó a Preston y a Collazo de "fanáticos".

La avenida Pensilvania, donde se encuentra la Casa Blair, estaba llena de automóviles y de transeúntes, cuando comenzó el tiroteo. Centenares de empleados públicos y otras personas huyeron presas del terror. Las sirenas atronaron al ir los automóviles de la Policía y otros vehículos oficiales al lugar del suceso, de acuerdo con un plan preconcebido pero una rápida acción en cualquier emergencia que afectase la seguridad del Presidente. El barrio Central de Washington quedó azorado al difundirse la noticia de que se había atentado contra la vida del Presidente. Millares de personas abandonaron sus trabajos y salieron hacia la avenida Pensilvania donde se encuentra la Casa Blanca y la Mansión Blair, pero los cordones de la policía les impidieron llegar al lugar del suceso. El tránsito motorizado fué desviado hacia otras calles.

DESPACHO DE NUEVA YORK. (INS) — Oscar Collazo, herido en un atentado contra la vida del Presidente Truman, ocurrido en Wáshington, fué identificado por una mujer como la cual se habló por teléfono en su dirección de Nueva York como un puertorriqueño. Ella dijo ser su esposa y declaró que Collazo no estaba en casa y q. era posible que hubiese ido a Wáshington.

Oscar Collazo, natural de Ponce, vivía, desde hace tres años en Nueva York; era tesorero de la Junta Nacionalista de Nueva York y anteanoche dijo a su mujer que salía hacia Puerto Rico.

E. U. NO INTERVENDRA

WASHINGTON, 1º de noviembre, (INS) — El Gobierno Federal norteamericano asumió hoy una política de "no intervención" respecto a perseguir a los nacionalistas puertorriqueños que intentaron esta semana una rebelión contra el gobernador Luis Muñoz Marín.

Los Departamentos de Justicia y del Interior al parecer desean que sea el Gobierno Insular el que juzgue a Pedro Albizu Campos, que se dice era el líder de la insurrección, y a sus auxiliares.

Albizu Campos previamente cumplió en la Penitenciaría de Atlanta, una condena después de un proceso federal por sedición contra los Estados Unidos. En aquella época el Gobernador de Puerto Rico era nombrado por el Presidente de los Estados Unidos.

Sin embargo, Muñoz Marín fué electo, después de aprobarse la ley de gobernador electivo en 1948. Por esto, los expertos legales dudan, si un atentado contra su vida podría considerarse como un delito federal, o no.

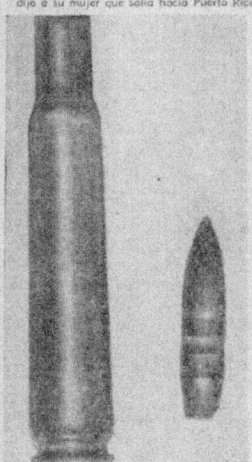

Del Bombardeo De Utuado

DISPARADA POR UN AVION — Muestra la foto un casquillo y una bala de ametralladora calibre .50, de las que llevan los cazabombarderos "Thunderbolt" del escuadrón aéreo de la Guardia Nacional, que fueron recogidas, aún calientes, en las calles de Utuado, instantes después del bombardeo a que fuera sometida la casa de Damián Torres, según confirmara telefónicamente el fiscal Efraín Crespo, desde el cuartel de policía de aquella ciudad, a nuestro Jefe de Información, Ramón M. Díez. El diccionario de la Real Academia Española define al la palabra BOMBARDEAR (Segunda acepción) "Hacer fuego violento y sostenido de artillería, dirigiendo los proyectiles contra la interior de una población u otro recinto más que contra sus muros y defensas". ¿Qué fué, entonces, o que hizo la artillería del avión que disparó esta bala hacia lo interior de la casa de un ciudadano en Utuado?

(Foto EL IMPARCIAL).

CAPITANEA EL NACIONALISMO

Nacionalistas Y Policías Se Baten A Tiros En Varios Pueblos De Isla

A la hora en que entró en prensa esta edición de EL IMPARCIAL las fuerzas del Partido Nacionalista están llevando a cabo un asalto sobre el Palacio de Santa Catalina (La Fortaleza) residencia de Luis Muñoz Marín, Gobernador de Puerto Rico, produciéndose un tiroteo general en la Mansión Ejecutiva.

Este es el punto culminante de la serie de revueltas que se produjeron en la madrugada y en el día de ayer simultáneamente en varios puntos de la Isla, y que culminaron en el encuentro entre policías y miembros del Partido Nacionalista en el barrio "Macaná" del partido de Peñuelas.

Un estado de rebelión general impera en toda la Isla, habiéndose producido numerosos encuentros entre fuerzas nacionalistas y policías.

En el momento en que se produce el asalto sobre la Fortaleza se encontraba en su despacho el Gobernador Luis Muñoz Marín reunida con su ayudante Gustavo Agraít. Se reportó que Muñoz Marín hiciera en ese momento unas declaraciones para la prensa sobre la situación general, pero en el momento de la reunión entre el señor Muñoz Marín y Agraít hicieron acto de presencia los miembros del Partido Nacionalista, iniciándose el asalto sobre la histórica mansión de los gobernadores. Inmediatamente se generalizó un tiroteo confortando la policía de La Fortaleza el nutrido fuego de los asaltantes.

En este momento en que entra en prensa esta edición al ignorar el desenlace de la lucha en La Fortaleza. Muchas veces, en los distintos pueblos de la Isla el estado de agitación y de lucha armada sigue cobrando celebridad, en San Juan y en toda la Isla. Mientras el Gobierno orienta a la hora del cierre de esta edición, movilizando todas sus fuerzas militares y policíacas para proteger la vida de Luis Muñoz Marín, presidente del Partido Popular Democrático y gobernador de la Isla, así como de su familia.

PEÑUELAS — Tres nacionalistas muertos y seis policías gravemente heridos es el balance hasta ahora de la gran batalla campal que libran desde esta madrugada en el barrio Macaná Peñuelas, miembros del Partido Nacionalista y la Policía Insular.

La batalla dió comienzo cuando miembros de la uniformada se acercaron a la casa de la viuda de Mañia, madre de Melitón Muñiz, Presidente de la Junta Nacionalista de Ponce, para registrar orden de allanamiento, ocupar armas que se informan había en dicha casa. La policía recibió una lluvia de balas desde que estuvieron a dos kilómetros de esa residencia y siguiéndosele un tiroteo continuado que se ha prolongado por largas horas, habiendo caído heridos los policías teniente Ismael Lugo, el cabo Hipólito Ortiz y los guardias Ignacio Ortiz, Francisco I. Miranda, José A. García y Enrique Alvarado, y muertos los nacionalistas José A. Ramos, alias Muñoz Marín, Víctor Ortiz y Ubaldo Ubiñas.

La Policía se arremete por la carretera que conduce a Yauco a Peñuelas, a seis kilómetros de la población, cuando de repente los nacionalistas, parapetados detrás de una muralla de cemento que cubría un referral que da acceso a una hondonada abrieron fuego con sus rifles contra la policía cayendo heridos los seis agentes de la uniformada.

Agarrando las perforaciones de las balas con la mano izquierda, con la derecha desenfundaron sus armas y respondieron al fuego con el fuego de sus armas de reglamento, matando a tres nacionalistas.

Dos nacionalistas Juan Alicea y
(Pasa a la Página 29)

Teniente Ismael Lugo   Alvarado

José García   Ignacio Ortiz

PUERTO RICO HOUSING AUTHORITY
RIO PIEDRAS, PUERTO RICO

— ADVERTISEMENT FOR BIDS —

PROJECT PR-3-33
CAROLINA, P. R.

The Puerto Rico Housing Authority will receive sealed bids until 10 A. M. on the 30th day of November 1950 at its office at Dr. Rafael López Sicardó Development, Río Piedras, P. R. at which time and place all bids will be publicly opened and read aloud, for the construction of a Housing Development, Project PR-3-33 at Carolina, P. R. described thus:

THIRTY ONE (31) REINFORCED CONCRETE BUILDINGS COMPRISING ONE HUNDRED AND NINETY SIX DWELLING UNITS, TOGETHER WITH UTILITIES AND SITE IMPROVEMENTS, ALL IN ACCORDANCE WITH CONTRACT DOCUMENTS.

Proposed forms of contract documents, including plans and specifications are on file at the office of the Puerto Rico Housing Authority at Dr. Rafael López Sicardó Development, Río Piedras, P. R.

Copies of the documents may be obtained by prospective bidders upon depositing a certified check for fifty dollars ($50.00) with the Puerto Rico Housing Authority for each set of documents so obtained. Such deposit will be refunded upon return of the plans and documents in good condition within a period of ten (10) days after the opening of bids.

A certified check or bank draft, payable to the Puerto Rico Housing Authority, U. S. Government Bonds or satisfactory bid bond executed by the bidder and acceptable surety, in an amount equal to five per cent (5%) of the bid shall be submitted with each bid. The successful bidder will be required to furnish satisfactory performance and payment bond or bonds.

Bidders attention is called to the fact that under the contract, the Contractor shall be required to pay not less than the minimum wage rate set forth in the specifications, and to comply with the minimum wage laws now in effect in Puerto Rico, and with any minimum wage rate change that may take effect during the life of the Contract, without increase in contract price.

The Puerto Rico Housing Authority reserves the right to reject any or all bids and to waive any informalities in bidding.

No bid shall be withdrawn, for a period of sixty (60) days subsequent to the opening of bids without the consent of the Puerto Rico Housing Authority.

PUERTO RICO HOUSING AUTHORITY
EMILIO SERRA
Actg. Executive Director

INMINENTE SU ARRESTO — Pedro Albizu Campos, presidente del Partido Nacionalista de Puerto Rico que exilogeoient condena en Estados Unidos durante varios años cumplía de conspirar para el derrocamiento del régimen norteamericano en Puerto Rico por la violencia, en espera de ser arrestado de un momento a otro en vista de los sangrientos sucesos registrados en diversos puntos del país y que rápidamente van asumiendo caracteres de rebelión armada de los seguidores de Albizu Campos. (Dibujo Departamental de Arte de EL IMPARCIAL).

Muere Cabo En Lucha Con Los Nacionalistas

PONCE.— (Por Teófilo Maldonado) — Numerosas armas y bombas incendiarias fueron ocupadas por la Policía de la localidad en un automóvil desde el cual se asegura que un grupo de nacionalistas dispararon matando al cabo de la Policía Aurelio Miranda, cerca de la fábrica y encendió que se encuentra en la carretera que va hacia Adjuntas.

Han sido arrestados Meliton Muñiz Santos, vecino de la calle "12 de octubre", presidente de la Junta Local del Partido Nacionalista y señalado como uno de los cabecillas del movimiento; Oscar Arroyo Torres, residente en la calle "Intendente Ramírez" número 7, y Víctor Candelario Alvarez, de Yauco, dueño de Pastillos Nueva, de la ciudad. Todos se hallan incomunicados, en el Cuartel de Comperche.

También ha sido arrestado Miguel Angel Vélez, presunto chófer del automóvil en que iba un grupo y nacionalistas que dispararon contra Miranda. El chófer ha dicho que en su automóvil metieron armas y herramientas de las que él se dio cuenta de lo que era. Asegura que después de matar al cabo Miranda, los nacionalistas huyeron.

Los heridos incendiarias ocupados al automóvil antes mencionado han sido trasladados en un pedestal más calor rápidas quedan tigueres, a esta distancia, por miembros de la tolsa, en previsión de que pueda fallar.

En la mañana de hoy Ponce dió la impresión de una ciudad en toda de sitio. Hay tremenda expectación y gran exaltación. Desde dos los edificios públicos se pedía tropas para la protección, pues no podrán ser enviadas en razón de la ley suficiente. Se espera la llegada de refuerzos policíacos

en un momento a otro. Para dar una idea del sobresalto de que se vive aquí, en Ponce, bastará decir que a vista de la Policía se están temiendo El Cuesta para comprar balas y la gente que estaba por allí creyó que había un tiroteo y corrieron desesperadamente.

El coronel José Guillermo Vivas, encargado de la Reserva de Ponce, tuvo una conferencia con la Policía para determinar las medidas de seguridad que pedían tener que proteger el Cuartel y a la población.

El alcalde Grillasca recibió una llamada del gobernador Muñoz Marín, quien le pidió que visitara a los policías heridos en su nombre. Grillasca expresó su opinión de que la actividad en el recinto se presidió tanque que ver con los asuntos entre nacionalistas y policías.

TAPICERO
Magnífica oportunidad para un buen tapicero.
CASA FUENTE
Cruz 205, San Juan

DEPENDIENTE TEJIDOS
Se solicita dependiente de tejidos con experiencia.
CASA FUENTE
Cruz 205, San Juan

EL IMPARCIAL
EL DIARIO ILUSTRADO
CIRCULACION CERTIFICADA POR EL ABC

5¢ — La Circulación Mas Grande En Puerto Rico

San Juan, Puerto Rico, Viernes 3 de Noviembre de 1950. — Núm. 7013.

ARRESTOS EN MASA

(INFORMACION EN LA PÁGINA 3)

LA RENDICION DE ALBIZU CAMPOS

Esta sensacional fotografía recoge el momento histórico de la rendición del caudillo Nacionalista, Pedro Albizu Campos a las fuerzas del gobierno de Puerto Rico, después de resistir cinco días de sitio en el cuartel general de su Partido ubicado en la esquina de las calles Cruz y Sol, en San Juan. El arresto del líder nacionalista se produjo momentos después de éste haberse rendido, tras tres llamamientos hechos a intervalos de varios minutos por los jefes de la fuerza sitiadora, capitán Benigno Soto y teniente Jorge Camacho, para que Albizu se entregara a las autoridades. El último llamamiento de rendición fué seguido de recias y prolongadas descargas de armas y del lanzamiento de bombas lacrimógenas. Momentos más tarde Albizu Campos y su ayudante Alvaro Rivera Walker se rindieron, saliendo de la casa con las manos en alto. Albizu llevaba un pañuelo blanco en la mano derecha y que todavía conserva entre sus manos, como puede verse en la foto. En la foto de este acto culminante de la rebelión nacionalista aparecen, de izquierda a derecho: detective José Cordero, detective López Luggi, detective Federico del Valle, el doctor Albizu Campos y el Jefe de la Policía Secreta Benigno Soto. (Foto de Alma Latina, por Juan Ortiz).

EL IMPARCIAL
EL DIARIO ILUSTRADO

TOMO 178 — AÑO XVIII San Juan, Puerto Rico, Miércoles 1 de Noviembre de 1950 Núm. 7011

5¢ — La Circulación Más Grande En Puerto Rico

Gobierno Reocupa A Jayuya
(INFORMACION EN LA PAGINA 3)

COMO QUEDO EL CUARTEL — Estos escombros humeantes son todo cuanto quedó de la casa donde tenía su cuartel la policía de Jayuya y que incendiaron los nacionalistas con cocteles de Molotof (botellas de gasolina con mecha encendidas) que arrojaron desde los árboles inmediatos, desde donde hicieron fuego a mansalva sobre los policías que huían de las llamas, todos los cuales murieron acribillados a balazos. (Foto EL IMPARCIAL, por Calixto H. Mier, primer fotógrafo de Prensa que entró en la población en llamas).

RESTOS DEL CORREO — Es esta una vista interior del edificio que ocupaban las oficinas de correos de Jayuya, uno de los primeros que fueron incendiados por los nacionalistas en su repentino ataque a la ciudad, que comenzó por el asalto al cuartel de la policía. Luego de incendiado éste, siguieron pegando fuego a los demás edificios públicos. (Foto EL IMPARCIAL, por Calixto H. Mier).

AUTOMOVIL DE POLICIA DE JAYUYA — Este era el automóvil particular del jefe de la policía de Jayuya, que estaba estacionado frente al cuartel en el momento en que comenzó el ataque de los nacionalistas, que incendiaron la casa y mataron a los guardias que huían de la misma, cayendo los escombros incendiados sobre el vehículo. (Foto EL IMPARCIAL, por Calixto H. Mier).

QUEMAN SERVICIO SELECTIVO — Totalmente destruidas por las llamas, según vemos, quedaron las oficinas de Servicio Selectivo de Jayuya, donde fueron destruidos todos los documentos relativos a los conscriptos de la localidad y los que iban a ser llamados a las armas. (Foto EL IMPARCIAL, por Calixto H. Mier).

INCENDIAN GARAGE — El fuego que consumía los edificios públicos de la población se propagó a la propiedad privada, alcanzando el Garage Dávila, cuya techumbre de zinc se desplomó sobre los automóviles allí almacenados, destruyéndolos. Aún pueden verse las llamas entre los escombros. (Foto EL IMPARCIAL, por Calixto H. Mier).

En La Isla

Frente acribillado a balazos quedó este automóvil, el de los nacionalistas que consumaron el asalto y en tres, balas y bombas incendiarias. El vehículo, precio de bala.
(Foto EL IMPARCIAL)

SE APERTRECHAN.— Grupo de policías del puesto de Peñuelas recibiendo carabinas que les fueron despachadas en una guagua de la Policía Insular para ayudarles a sofocar posibles amotinamientos ulteriores y mantener el orden en la población.
(Foto EL IMPARCIAL)

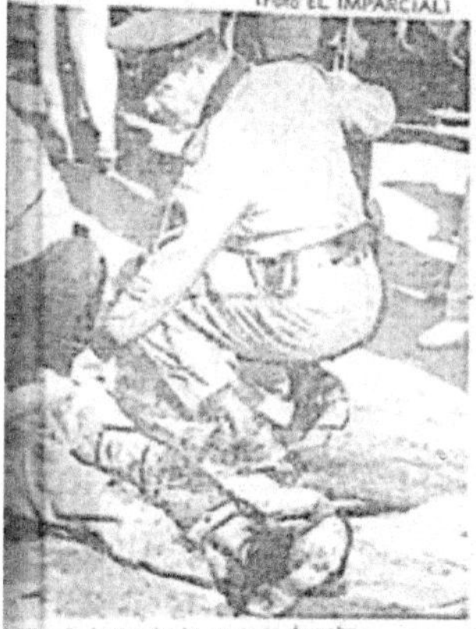

Vélez, a la izquierda, en traje de paisano Ortiz se entregan a la tarea de excarcelar a Ubides Ubiñas, en el sitio donde.
(Foto EL IMPARCIAL)

NACIONALISTAS ARRESTADOS.— Junto al jip de la Policía Insular en que se les condujo bajo arresto a raíz de los tiroteos ocurridos en Ponce, véase a los nacionalistas Juan Alicea Izquierdo, residente en la Barriada Bélgica, de Ponce, y Gonzalo Burgos, residente en el barrio Cantera, de la misma ciudad, a quienes se imputa haber participado en dichos sucesos. (Foto EL IMPARCIAL)

LO USARON NACIONALISTAS.— Es este el automóvil P 40-203, propiedad de José A. Ramos, una de los nacionalistas que perecieron en el tiroteo de Peñuelas, y en el cual viajaron los correligionarios de él hasta el lugar donde se registró el trágico encuentro con la Policía.
(Foto EL IMPARCIAL)

BOTELLAS INCENDIARIAS.— Entre los policías Félix López y José M. Arvelo, destacados en el puesto de Arecibo, sostienen una caja que les fué ocupada a los nacionalistas, la cual contenía 13 botellas de a media pinta llenas de gasolina y provistas de mechas, con las cuales se proponían los asaltantes incendiar el cuartel de la Policía de aquella ciudad. (Foto EL IMPARCIAL, por Celedonio Pérez)

Muertos Y Damas Heridas En Tiroteos De Mayagüez

MAYAGUEZ (Por Babel Pérez).— Dos muertos y seis heridos es el balance de cuatro tiroteos que se registraron en esta ciudad durante la noche. Los muertos fueron dos choferes cuyos nombres aún no han sido identificados, y los heridos son el teniente Francisco Rivera Hernández, y Ángel U. Lanzada y el detective Arnaldo Brueckman; el paisano Jaime Bonet y dos damas cuyos nombres no han sido revelados.

El primero de los tiroteos se produjo en la calle San Juan esquina Echague, donde resultaron heridos Hernández, Lozada y Brueckman. También fué herido Bonet en los momentos en que entraba en su residencia.

Poco después de este tiroteo, miembros de la Guardia Nacional arrestaron a Domingo Lugo y José Cruzado, líder nacionalista este último que ha cumplido dos sentencias en Atlanta. Los dos fueron identificados como participantes en el primer tiroteo y fueron acusados por el fiscal Marchand de cuatro atentados a la vida.

Por una confidencia que había recibido el fiscal, la Policía se dirigía a la residencia de Cruzado, en el barrio La Quinta, para practicar un allanamiento y cuando llegaron fueron recibidos a tiro limpio por los nacionalistas. Afortunadamente no hubo heridos ni muertos. Los
(Pasa a la Página 34)

REOCUPAN A JAYUYA

Por J. Córdova Chirino
Redactor EL IMPARCIAL

JAYUYA.— A las 8:30 de la mañana la Guardia Nacional entró en Jayuya, estableciéndose enseguida un cerrado tiroteo que se escuchaba en entera claridad a medio kilómetro de la población.

Aviones del Ejército volaban a muy poca altura sobre la población. Todos los movimientos indicaban que se produciría un intenso bombardeo contra las fuerzas nacionalistas en Jayuya.

La Policía que pasó la noche en Santa Bárbara, al escuchar el tiroteo, se dispuso a entrar también en la población, pero el teniente Miguel Matos Colón, que llegó de Ponce con refuerzos policiacos, dió órdenes terminantes para que nadie se acercara a la población, porque "es muy peligroso". Esto hizo pensar con cierto fundamento en la posibilidad de un bombardeo sobre Jayuya como el que ocurrió sobre Utuado.

ARRESTADO

Juan Antonio Corretjer, antiguo líder nacionalista, que junto a Pedro Albizu Campos cumplió sentencia en Atlanta, fué arrestado en la mañana de ayer por orden del Fiscal de Bayamón, quien le acusó de haber instigado la población de Guaynabo a la violencia, para que atacaran el Cuartel de la Policía. No se le fijó fianza.

Revelan Plan De Ataque Simultáneo A La Policía

(Por TEOFILO MALDONADO, Redactor de EL IMPARCIAL)

PONCE.— Jesús Gutiérrez Cádiz, capturado anoche en Adjuntas en relación con el tiroteo de Peñuelas, declaró al fiscal Arturo García

VIVO DE MILAGRO

Este policía, Ángel C. Serrano, del puesto de Arecibo, puede decir que vive por milagro de la Providencia, pues al ser desprevenidamente recibido un balazo sobre la cadera izquierda, donde cargaba su revólver, pero la bala, después de romperle la camisa y fuerza del arma (véase la flecha), rebotó sobre el revólver, en el punto señalado por el círculo, quedando él ileso.

(Foto EL IMPARCIAL)

Cintrón, que gustosamente aceptó las instrucciones que recibiera del liderato nacionalista de Ponce, de formar parte de un grupo que debería tirotear a la Policía de dicha ciudad, dentro del plan que se preparaba para atacar simultáneamente a todas las fuerzas policíacas de la Isla, "porque quería ver a su patria libre".

Declaró que el plan de que se le habló por el liderato nacionalista en Ponce consistía en iniciar el domingo pasado, a las nueve de la noche "un ataque simultáneo contra la policía en todo Puerto Rico".

Jesús Gutiérrez Cádiz explicó, a preguntas del fiscal, que el sábado por la noche fue llevado, junto a otros, al barrio Macana, donde permaneció varias horas en un canal, aguardando armas que ofrecieron suministrarle al igual que a los demás que lo acompañaban; que un tal Berríos, a primeras horas de la madrugada, le entregó una bomba incendiaria con órdenes de que la lanzara contra la Policía cuando recibiera la señal; que momentos después bajó la Policía y que, efectivamente, se le ordenó que disparara la bomba; que él prendió un fósforo para hacerle pero que no tuvo tiempo de incendiarla porque por disparos y se lanzó por el precipicio, dándose a la fuga; dijo que según la explicación que le dieran Berríos y González Ubides, que ya han muerto, aseguran por la noche a la Policía de Ponce y a la de toda la Isla.

Cuando el Fiscal le preguntó que si gustosamente aceptó la encomienda de los líderes nacionalistas de formar parte del grupo que atacaría a la Policía de Ponce, contestó fríamente: (Pasa a la Página 34)

Policía Mantiene Cerco En Torno Albizu Campos

Acorralado, sin posible escapatoria, se mantiene el líder máximo del Partido Nacionalista, Pedro Albizu Campos, a quien se asegura acompañan tres de sus más fieles seguidores que en ningún momento, durante las últimas 48 horas, se han apartado de él en la Junta Central Nacionalista, situada en la Calle Sol en San Juan, donde permanece estrechamente vigilado.

En la madrugada del martes tres disparos salieron de las oficinas de los cuarteles generales nacionalistas y, poco después, varias botellas con líquidos inflamables fueron lanzadas a la calle, suponiéndose que partieron del sitiado cuartel rebelde. Los tres disparos fueron hechos a intervalos y ninguno de ellos causó desgracias personales. El primer fogonazo fue a las dos de la mañana y cómo 40 minutos más tarde se escucharon las otras detonaciones en forma sucesiva. Inmediatamente se lanzaron bombas incendiarias, pero tampoco hicieron daño.

Docenas de agentes policíacos y de la Guardia Nacional están apostados en las azoteas de las residencias contiguas y frente al edificio que ocupa la Junta Nacionalista. En las esquinas de las calles San Jose, y Cruz, Sol, San Sebastián y Luna, policías están
(Pasa a la Página 34)

Prófugos Se Unen A Insurrectos En Ciales

A UN KILOMETRO DE JAYUYA.— (Por Jacobo Córdova Chirino) — En las dos entradas del pueblo de Ciales han sido colocados automóviles especiales de la Policía, convenientemente armados, a fin de detener todos los vehículos que entren y salgan de allí y evitar así que puedan ir nacionalistas con armas y bombas para atacar los cuarteles y la población de Ciales.

Aunque hasta anoche no se había registrado ningún intento nacionalista por entrar a uno de los cuarteles de la Policía, en el paraje denominado "Los 72 Muros", cerca del barrio Las Piedras, en la carretera Ciales-Jayuya, hay una colina desde la cual un grupo de nacionalistas y algunos de los prófugos que el sábado escaparon del Presidio Insular, han hecho varios disparos.

Tanto los nacionalistas como los prófugos han roto varios tramos de carretera y han tirado árboles en ellas, obstruyendo el tránsito.

A todo lo largo de la carretera de Ponce hasta Jayuya, no solo esta zona de la Isla, especialmente por la Isla y del extranjero, figuro uno del ex presidente de Costa, José Figueres, quien hace poco tiempo estuvo visitando la Isla, y que textualmente dice así:

"Enterado por los periódicos de los disturbios ocurridos, renuévole mi admiración y solidaridad".

FIGUERES APOYA A MUÑOZ MARIN

Entre los mensajes de solidaridad recibidos ayer noche por el gobernador de Puerto Rico, de puntos de (Pasa a la Página 34)

PROTEGE SU CUARTEL

Provisto de una carabina, un policía del puesto de Ponce custodia el cuartel principal de la Policía de la Isla, en previsión de un ataque por sorpresa como los ocurridos en otros puntos de la Isla, que han costado la vida a gran número de miembros de la Uniformada. En aquella ciudad se registró un tiroteo, frente a la fábrica de cemento, en que perdió la vida el cabo Aurelio Miranda. (Foto EL IMPARCIAL).

Diputados De Cuba Piden Proteger Albizu

HABANA, 31 de octubre. — (INS) — La Cámara de Representantes acordó enviar un cable al presidente Truman expresando preocupación por la vida del señor Pedro Albizu Campos, el líder nacionalista puertorriqueño cuya vida se dice se encuentra en peligro en Puerto Rico.

A petición del líder del Partido Socialista (Comunista) Aníbal Escalante, también se expresa preocupación por la suerte de los líderes independentistas y comunistas de Puerto Rico y por la de los estudiantes y otros pertenecientes a esos partidos.

TAPICERO
Magnífica oportunidad para un buen tapicero.
CASA FUENTE
Cruz 205, San Juan

DEPENDIENTE TEJIDOS
Se solicita dependiente de tejidos con experiencia.
CASA FUENTE
Cruz 205, San Juan

JUAN C. VILLARINY
Contador Público Autorizado
Contabilidad — Contribuciones
Reclamaciones
Edificio Plaza, Tercer Piso 302
Tel. 2-3567 Apartado 2208

REPORTERO NARRA SUCESOS

CUENTA CASQUILLOS RECOGIDOS.— José J. Torres Cintrón, reportero de "EL IMPARCIAL" (a la izquierda), relata a Pedro A. Vázquez, Ayudante Administrativo, los sucesos ocurridos frente al Palacio de la Fortaleza de que fuera testigo presencial, a la vez que cuenta los plomos de bala y casquillos (13 de estos) que recogió frente a la entrada del edificio. (Foto EL IMPARCIAL)

Repercute En La UPR Rebelión Nacionalista

Aunque los choques armados que se produjeron en varios sitios de la Isla el lunes no se extendieron a Río Piedras, en la Ciudad Universitaria daba la impresión de estar en estado de sitio. Vehículos de la policía recorrían la ciudad con agentes armados hasta los dientes, mientras la población se mantenía en tensión en espera de los acontecimientos.

Centenares de personas se congregaron frente al cuartel de la Policía y en la plaza de recreo. Agentes del orden no permitían grupos frente al Cuartel y los dispersaban tan pronto empezaban a formarse. La Compañía de la Guardia Nacional de Río Piedras fue acuartelada.

En la Universidad

Al enterarse de lo que estaba ocurriendo en el resto de la Isla, el doctor Ramón Mellado ordenó la suspensión de las clases hacia mediados de mes. Grupos de estudiantes se manifestaron frente a La Torre, a pesar de las gestiones hechas por el decano José Gueits, quien les aconsejaba que se fueran para sus hogares.

Cuando dos autos de la policía y una motocicleta entraron al campus universitario y los guardias armados con ametralladoras y fusiles se bajaron para tomar posiciones, los estudiantes empezaron a abuchearles. Se oyó un grito de "Viva la República" y un grupo empezó a cantar a coro el himno de la Universidad.

El Decano de Estudiantes señor Jolá a los universitarios abandonar el campus y al rato todos se retiraron. Los portones fueron cerrados y no se permitía la entrada a nadie, con excepción de los catedráticos que tenían su residencia allí. Policías fueron destacados en los entradas, donde se trataba teléfonos. No se requirió ningún incidente violento.

A la hora en que escribimos esta información existe una gran tensión en todo el pueblo, aunque en el cuartel de la policía se toman precauciones y no se permite a nadie acercarse. Un redactor de este periódico trató de obtener información fue al cuartel. No había ningún oficial. El cuartel, se informó, estaba a cargo de un cabo. A la entrada nos dijeron un suplente oficial no podía hablar con la prensa.

Nuevo Gabinete Es Formado En Israel

Jerusalén, 31 de octubre, (INS)— El premier David Ben Gurión anunció ayer en el Parlamento de Israel que había conseguido formar un nuevo Gabinete de coalición integrado por trece personas.

Interrogan A Líder Nacionalista Ponce

PONCE, (Por Teófilo Maldonado) — Más armas, bombas incendiarias y explosivos y otros pertrechos de guerra, fueron ocupados anteayer por la tarde en Peñuelas, según informa el fiscal William Morales Torres, quien asegura que todavía hasta esta hora no ha podido verificar el allanamiento a la residencia de la viuda Muñiz Santos.

El fiscal Cintrón García interrogó a Melitón Muñiz Santos, presidente local del Partido Nacionalista, quien dice que no estaba presente durante el tiroteo de Peñuelas. Afirmó que había salido de su casa, en el barrio Moraná, a las 11:00 de la noche del domingo con varias personas a las que no identificó. Dijo, además, que regresó a las 5:00 de la madrugada, encontrándose entonces con el tiroteo.

Luego de señalar que no hizo disparo alguno y que se entregó a la Policía, Muñiz Santos dijo que

(Pasa a la página 21)

Testigo Ocular Relata El Asalto A Fortaleza

Eran las once y cincuenta y cinco minutos de la mañana del lunes 30 de octubre. Un carro color verde bajaba por la calle Fortaleza, iban cinco hombres dentro: Roberto Acevedo, Raimundo Díaz Pacheco, Gregorio Hernández, Domingo Delgado y Domingo Gilarta Resto. Dos policías harían guardia frente a la residencia del gobernador Muñoz Marín: Isidoro Ramos y Alberto Rivera. Como ocho para antes de llegar a la puerta principal de la Fortaleza el carro verde redujo la marcha. Domingo Gilarta Resto salió del vehículo portando un pistola en mano, corrió hacia la puerta que está al lado izquierdo, pero no consiguió abrirse fuego.

Díaz Pacheco estaba apostado detrás de los postones, que están al frente del edificio de Secretaría Ejecutiva disparando con ametralletra en el interior de la Fortaleza corrieron, Acevedo disparando también desde el auto junto a Hidalgo Gregorio Hernández estaba debajo del auto desde donde también disparaba frente a los policías y soldados que luchaban por abrirse paso a tiro limpio.

Al sonar el primer disparo el gobernador se hallaba en su despacho celebrando conferencia con el Procurador Grigel Polanco. Los detectives apostados en el interior de la Fortaleza corrieron hacia a donde se hallaba el primer ejecutivo y se librearon a la habitación particular.

Abajo el tiroteo seguía. Los dos policías que estaban a la entrada ya habían sido heridos. La ametralladora que tenía Díaz Pacheco lanzaba balas hacia la oficina de Relaciones Públicas y hacia la biblioteca. Cayó Acevedo, el coronel Artiñano, ayudante militar del gobernador, tratado de comunicarse con el Cuartel General de la Policía para solicitar ayuda. Se llamó también al general Sibert, Comandante del Departamento Militar de las Antillas: "General, the Governor has been attack, send us troops". "General, el Gobernador ha sido atacado envíenos tropas". Este fue el mensaje que le envió el Coronel Artiñano por teléfono al General Sibert.

Hernández seguía disparando a los refuerzos que llegaban a Fortaleza desde la guardia de Fortaleza. De una ventana el Coronel Artiñano disparaba con su revólver. Se alcanzó la sub-ametralladora de Díaz Pacheco, y Domingo Delgado caía segundos después abatido por las balas de la policía. Quedaba Hernández, quien desde su puesto de la puerta seguía disparando.

(Pasa a la página 21)

Fotógrafo El IMPARCIAL Primero En Jayuya

Fué un fotógrafo especial de EL IMPARCIAL, Calixto Mier, el primero en entrar a Jayuya luego de haber sido asolada por las bombas incendiarias de los nacionalistas. Después de tomar varias fotos del estado en que quedó la población Mier se trasladó a Ciales y de allí, por teléfono, a las dos y media de la noche, informó a la redacción de EL IMPARCIAL lo siguiente:

"Prácticamente, sólo la Iglesia Católica de Jayuya está en pie. Seis cuadras de casas han sido pasto de las llamas. El Cuartel de la Oficina del Servicio Selectivo la Cámara y otros edificios son sólo ruinas. En la iglesia, un cura americano de Pittsburgh con una docena de señoras de alguna edad pide allí se ha refugiado, una por la otra, pasan adentro de la situación reinante.

En las calles de la población no pueden quedando los vecinos que quedan, dos jóvenes nacionalistas que, según me relata Doris Sánchez y Miguel Vales. Prácticamente no existen ciudadanos con quienes pudiera hablar aquí, ya que el resto de la población ha evacuado la ciudad. En algunas de las casas se percibe hay varias docenas de cadáveres, pero no existe nada más que los dos que estaban en las calles. Hay Cerca del Cuartel de la Policía, está totalmente destrozado el carro del teniente de la Policía, quien murió en combate contra los nacionalistas cuando se iniciaban los disparos allí. También a la iglesia los cables entre las líneas telefónicas y eléctricas y la ciudad está en tinieblas. También ha empezado a notarse la falta de agua.

COSTURERAS

Expertas para trabajar de día o de noche desde las 6 hasta las 10. Solicite en Caleta San Francisco 54, segundo piso.

ESTA NOCHE!

LOS VINOS Y BRANDIES DE

FLORIDO HNOS.

LO MEJOR QUE PRODUCE ESPAÑA

PRESENTAN

"SEA UD. EL MANAGER"

EL INTERESANTE
PROGRAMA DE
ENTREVISTAS
DEPORTIVAS DESDE
LOS "STANDS"
DEL PARQUE SIXTO
ESCOBAR
CON

KIKO PESQUERA

7:30 P. M. WIBS

Distribuidores de Florido
SOBRINO DE IZQUIERDO, INC.
CASA FUNDADA EN 1868 — SAN JUAN

PERDIDO

- Maletín personal, de color "brown", se extravió sábado 28 de octubre en la Calle Violeta, cerca Hospital Montefiores, Santurce.
- Sólo contiene documentos y correspondencia personal y de negocios.
- Se recompensará generosamente a quien lo devuelva a Charles Castro, en Sabrina de Impuestos, Inc., La Marina, San Juan. Teléfono 2-3030. No se harán preguntas.

Arrestan A Cuarenta Rebeldes En Jayuya

JAYUYA, (Por Jacobo Córdova Chirino) — Escribo desde los cuarteles de la Policía y la Guardia Nacional. Aquí estaban detenidas 40 personas. Dos de ellas mujeres. Las vi minutos después ser arrestadas. Debe entenderse que no todos son actores del drama sangriento del mediodía, la tarde y la noche del 30 de octubre, cuando por hilo especial, a un kilómetro de esta población, eran trasmitidas durante 10 horas noticias a EL IMPARCIAL.

Los 40 detenidos fueron colocados rodeando hileras de mesas. Estábamos presentes Rojas (fotógrafo) y yo, cuando hubo una alarma. La Policía ordenó que los que estaban de espaldas a la pared inclinaran sobre ella la cabeza. Los demás del frente fueron ordenados que se cubrieran la cabeza con los brazos recostados de las mesas.

Algunos lloraban alegando inocencia. La oficialidad había dado órdenes de arrestar todo sospechoso. En la duda se procedía al arresto. Los

APRESAN MAS REVOLUCIONARIOS.— Entre policías y soldados de la Guardia Nacional conducen prisioneros a un grupo de mujeres y niños del barrio Caobey sospechosos de haber participado en el brote revolucionario. Nótese al soldado haciendo entrar en el grupo a un chiquillo que parece querer tomar las de Villadiego. (Foto EL IMPARCIAL).

EL IMPARCIAL
EL DIARIO ILUSTRADO
CIRCULACIÓN CERTIFICADA POR EL ABC

5¢ — La Circulación Más Grande En Puerto Rico

TOMO 178 — AÑO XVIII · SAN JUAN, PUERTO RICO, MIÉRCOLES 1 DE NOVIEMBRE DE 1950 · NÚM. 7

BOMBARDEO EN UTUADO: 30 DE OCTUBRE DE 1950

Avión Republic P-47 Thunderbolt o Juggernaut del tipo utilizado para el bombardeo en Utuado y Jayuya

EL CENTRO CULTURAL JESÚS MARÍA MUÑOZ DE UTUADO, INVITA A LOS ESTUDIANTES Y LA COMUNIDAD DEL MUNICIPIO DE UTUADO A PARTICIPAR DEL CONVERSATORIO SOBRE LA HISTORIA UTUADEÑA Y LOS EVENTOS DEL 30 DE OCTUBRE DE 1950. CONOZCA SOBRE ESTE EVENTO ÚNICO EN LA HISTORIA DE ESTE MUNICIPIO QUE MARCÓ NUESTRO PUEBLO Y TODA LA NACIÓN PUERTORRIQUEÑA.

RECONQUISTA DE JAYUYA

ROJAN METRALLA — Desde una estratégica posición en una resi-
cia particular de Jayuya véase á soldados de la Guardia Nacional
leando una ametralladora contra los nacionalistas que uno de ellos
ara desde el suelo, mientras por sobre él hacen fuego de fusilería
compañeros. (Foto EL IMPARCIAL).

30 de octubre de 1950.

AVIACION BOMBARDEA EN UTUADO

REVELAN PLAN NACIONALISTA

NUEVOS TIROTEOS EN MAYAGUEZ Y ARECIBO

EL IMPARCIAL
EL DIARIO ILUSTRADO — DE PUERTO RICO

28 PAGINAS — 3 Centavos

Tomo IV — Año 18 — San Juan, P. R., Viernes 25 de Octubre de 1935

NACIONALISTAS Y POLICIAS TUVIERON UN TRAGICO CHOQUE EN RIO PIEDRAS

El balance trágico registra cinco muertos: Ramón S. Pagán, Juan Muñoz Jiménez, Pedro Jiménez, José Santiago y Eduardo Rodríguez.- Un herido grave: Dionisio Pearson.- Dos menos graves: Cabo Pérez y Félix Cruz.- El propósito era interrumpir una asamblea de estudiantes universitarios en

El Jurado absolvió en Guayama a Felipe Sánchez Caballero (a) Lolo
La Corte le impuso dos meses de cárcel por portar armas

Periodista Relata Acción Contra Rebeldes Utuado

(Por JACOBO CORDOVA CHIRINO, Redactor de EL IMPARCIAL)

La toma del barrio Coabey, de Jayuya, donde se fraguó la revuelta nacionalista, que sembró espanto e inquietud en toda la Isla, el jueves por la mañana por fuerzas de guardias nacionales y policías fué dramática y emocionante. Yo estaba allí. Iba con una carabina suministrada por un agente federal que llevaba instrucciones de arrestar a los que incendiaron el Correo de Jayuya.

BAJO FUERTE CUSTODIA

NACIONALISTAS ARRESTADOS. — Junto al jeep de la Policía Insular, en que se les conduje bajo arresto a raíz de los tiroteos ocurridos en Ponce véase a los nacionalistas Juan Abréo Izquierdo, residente en la Barriada Bélgica, de Ponce, y Gonzalo Burgos, residente en el barrio Canteras de la misma ciudad, a quienes se imputa haber participado en dichos sucesos. (Foto EL IMPARCIAL)

EXTRAEN BALAS DE CADAVER. — El policía Quintín Vélez (a la izquierda, en traje de paisano), el Dr. Aníbal Vázquez Vélez y el cabo de policía Américo Ortiz se entregan a la tarea de extraer balas del cuerpo y de los bolsillos del cadáver del nacionalista Ubides Ubiñas, en el sitio donde cayó abatido a balazos en el tiroteo de Peñuelas. (Foto EL IMPARCIAL)

10 poblaciones están envueltas en rebelión

La Policía Calcula Hasta el Momento que ha Habido 28 Muertos y 23 Heridos en la Isla

Atribuyen a Juan Antonio Corretjer la dirección de las operaciones que llevaron a cabo en Jayuya

Por James FOWLER
Corresponsal de Prensa Asociada

SAN JUAN, Puerto Rico, (PA), 31 de octubre.— El gobernador Luis Muñoz Marín, movilizó 3,500 miembros de la Guardia Nacional para sofocar la rebelión de los nacionalistas que odian a Estados Unidos, y quienes han provocado la violencia y el derramamiento de sangre en diez poblaciones de la Isla.

Ya la Policía ha contado 28 muertos y 23 heridos en el peor levantamiento ocurrido en la historia de Puerto Rico.

Muñoz Marín, aparente blanco de un ataque realizado al Palacio del Gobernador, en San Juan, ayer, declaró que la rebelión es una "conspiración contra la democracia, ayudada por los comunistas".

Armadas con ametralladoras, bazukas y tanques, dos compañías de la milicia fueron apresuradas a Jayuya, población de 1,800 habitantes, a 50 millas al suroeste de San Juan, donde los nacionalistas estaban en control del pueblo.

Encabezados por Juan Antonio Corretjer, ayudante principal del jefe del Partido Nacionalista, Pedro Albizu Campos, graduado de Harvard, unos cien rebeldes mataron a un bombero y a todos los seis policías en la población, y rechazaron un intento por la Policía desde la inmediata población de Adjuntas para recuperar el control.

Los rebeldes derribaron árboles a través de las carreteras que conducen a Jayuya y esperaban el asalto por las tropas que debían llegar al amanecer.

Se informa que Jayuya quedó virtualmente destruida por el fuego.

La situación de Utuado también es confusa.

El Gobierno no tenía comunicación con la población y desconocía lo que estaba ocurriendo allí.

El área alrededor del hogar del doctor Albizu Campos, en San Juan, parecía un campamento armado. La Policía y los

LA GUARDIA NACIONAL BOMBARDEA POSICIONES NACIONALISTAS UTUADO

Cuarenta y ocho horas después de haber estallado en Puerto Rico el movimiento revolucionario más importante que ha sido registrado en la historia del país, el Gobierno de Puerto Rico moviliza aún todas sus fuerzas para aplastar los últimos reductos de la sublevación nacionalista, especialmente en los pueblos de Utuado, Arecibo, Mayagüez, Peñuelas y Jayuya, en la región montañosa de la Isla. El sangriento levantamiento tenía hoy un balance de alrededor 25 muertos y de cientos de heridos, habiéndose practicado numerosos arrestos y manteniéndose al país en un estado de agitación y crisis acentuada por la movilización de la Guardia Nacional.

ARSENAL RODANTE

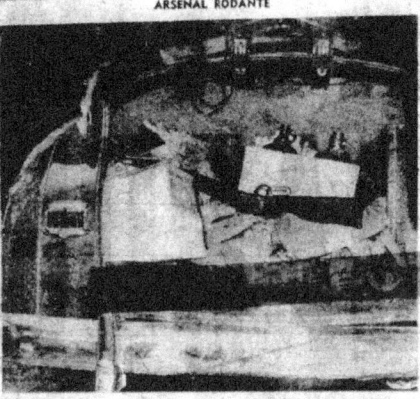

CIRCULACION DE EL IMPARCIAL CERTIFICADA POR EL A. B. C.; LA MAS GRANDE EN PUERTO RICO

Con una tirada promedio de 55,701 ejemplares (venta neta diaria) ha quedado rotundamente comprobado por el Audit Bureau of Circulations que EL IMPARCIAL es el diario de mayor circulación en Puerto Rico.

Durante un buen número de años EL IMPARCIAL, rotativo fundado en 1933 por el Licenciado Antonio Ayuso Valdivieso, ha tenido sin interrupción alguna, el liderato en la circulación diaria de todos los periódicos puertorriqueños.

EL IMPARCIAL
EL DIARIO ILUSTRADO
CIRCULACION CERTIFICADA POR EL ABC

6¢ — San Juan, Puerto Rico, Sábado 4 de Noviembre de 1950. — Núm. 7014

Atentado A Truman

SE CREE HAY COMPLICES EN GOBIERNO P.R.

(INFORMACION EN LA PAGINA 3)

ESCENARIO DEL ATENTADO

He aquí una vista de la Mansión Blair, en Wáshington, D. C., donde en la tarde del miércoles se registró el frustrado y trágico intento de dos nacionalistas puertorriqueños — Griselio Torresola y Oscar Collazo — de asesinar al presidente Harry S. Truman. Descubiertos cuando ya estaban próximos a las entradas al edificio por los centinelas de la mansión provisional del Presidente, fueron atacados a tiros por éstos, pereciendo Torresola y cayendo gravemente herido Collazo no sin antes matar a uno de los guardianes y herir de gravedad a dos más. El guardia Birdzall corrió hacia la vía del tranvía para alejar los disparos de la Mansión Blair y disminuir el peligro a la vida del Presidente. Más fotos en la contraportada. (Fotodiagrama del "Wáshington Times Herald" distribuido por INS).

EL IMPARCIAL
EL DIARIO ILUSTRADO
CIRCULACION CERTIFICADA POR EL ABC

San Juan, Puerto Rico, Lunes 6 de Noviembre de 1950.

ACUSAN TODO EL LIDERATO NACIONALISTA

(INFORMACION EN LA PAGINA 2).

EL IMPARCIAL
EL DIARIO ILUSTRADO
CIRCULACION CERTIFICADA POR EL ABC

San Juan, Puerto Rico, Martes 7 de Noviembre de 1950.

JEFE CADETES RELATA PLAN DE REBELION

(INFORMACION EN LA PAGINA 2).

EL IMPARCIAL
EL DIARIO ILUSTRADO
CIRCULACION CERTIFICADA POR EL ABC

5¢ — La Circulación Más Grande En Puerto Rico

TOMO 178 — AÑO XVIII — San Juan, Puerto Rico, Lunes 13 de Noviembre de 1950. — Núm. 7023.

Rebelión Nacionalista

ALBIZU EN LA PRINCESA

(INFORMACION EN LA PAGINA 2).

INGRESA EN LA CARCEL.— Con una amplia sonrisa, Pedro Albizu Campos, presidente del Partido Nacionalista, se despidió ayer a las tres de la tarde, al ingresar en la Cárcel de Distrito de San Juan, de la sargento Laura San Antonio, de la Policía Secreta. Contra Albizu se han formulado acusaciones por fomentar la paralización del Gobierno, ataque para cometer asesinato y por no tener inscritas tres armas de fuego. Se le señalan fianzas montantes a $90,000. (Foto Exclusiva de EL IMPARCIAL por Vázquez Boneta). Información en la Página 2.

PUERTO RICO en MARCHA

LA REBELION CONTRA LA TIRANIA ES OBEDIENCIA A DIOS

EPOCA II   FEBRERO Y MARZO DE 1969   NUMERO 7

UNICO SOBREVIVIENTE DE ATAQUE A LA FORTALEZA DURANTE LA REVOLUCION DEL 30 DE OCTUBRE DE 1950 SE DIRIGE A ASAMBLEA DEL PARTIDO NACIONALISTA DE PUERTO RICO

"LAS POCAS FUERZAS CON QUE CUENTO SON PARA DEDICARLAS A LA LUCHA POR LA INDEPENDENCIA DE PUERTO RICO" — DICE

Gregorio Hernández Rivera, único sobreviviente de los cinco patriotas, Raimundo Díaz Pacheco, Manuel Torres Medina, Roberto Acevedo, Domingo Hiraldo, que en la Revolución del 30 de Octubre de 1950, atacaron La Fortaleza, sede del Primer Ejecutivo del gobierno pelele que tiene establecido el gobierno invasor de los Estados Unidos de Norteamérica en Puerto Rico desde 1898, se dirige a la Asamblea del Partido Nacionalista de Puerto Rico, el 23 de febrero de 1969, en el Ateneo Puertorriqueño. Con palabra firme, mostrando impresionante serenidad de patriota a toda prueba, Goyito, como le llamamos cariñosamente familiares y amigos, con ejemplarizante humildad y con su manifiesto de obrero aleccionado en la defensa de la patria, tuvo elocuentes palabras para sus hermanos en la Asamblea y para todos los puertorriqueños. Extendiéndose luego de veinticinco minutos de exposición, por la debilidad física que padece, afirmó "las pocas fuerzas con que cuento para dedicarlas a la lucha por la independencia nacional de Puerto Rico". Gregorio Hernández Rivera salvó la vida milagrosamente, pues decenas de balas de las armas de los esbirros al servicio del régimen yanqui, perforaron su cuerpo. Aunque cuatro de las balas homicidas continúan alojadas en su cuerpo, atormentándolo físicamente, y como índice de la persistencia criminal del imperio yanqui de exterminar al Partido Nacionalista de Puerto Rico, Goyito, con sus vibrantes y emocionadas palabras revive la gesta heroica de sus compañeros y sirve de ejemplo y fuente de inspiración para todos los puertorriqueños defensores de la libertad patria.

AÑO CENTENARIO DE LA PROCLAMACION DE LA REPUBLICA DE PUERTO RICO, EN LARES

PUERTO RICO en MARCHA

LA REBELION CONTRA LA TIRANIA ES OBEDIENCIA A DIOS

ÉPOCA II   ABRIL DE 1969   NUMERO 3

NACIONALISTA RUBRICA A TIROS RESISTENCIA AL SERVICIO MILITAR YANQUI

Hace Prevalecer Suprema Justicia de la Nacionalidad Puertorriqueña

AÑO CENTENARIO DE LA PROCLAMACION DE LA REPUBLICA DE PUERTO RICO, EN LARES

Las Carpetas

NACIONALISTA

Pres. del partido nacionalista en Pto. Rico. Estuvo preso en Atlanta por fomentar derrocar al gobierno americano. Fué arrestado y acusado por varios casos por Inf. a la Ley 53, ataque para cometer asesinato, Ley de explosivos y registro de armas, todos en relación con la revuelta nacionalista del 30 de oct. de 1950.

Insular Police Headquarters
San Juan, P. R.

IS No. 1309

Name ALBIZU CAMPOS, PEDRO
Alias
Age 62 años   Complexion trigueño
Weight 115 lbs.   Hair negro
Height 67"   Eyes negros
Born Ponce, P.R., el 20 de sept. de 1891
Occupation abogado
Permanent Address Se encuentra preso
Investigated by
Date
Nature of investigation Seguridad.
(SEE PHOTO REVERSE SIDE)

NACIONALISTA

Secretario General del partido nacionalista en P.R. Fué arrestado en la revuelta nacionalista del 30 de oct. de 1950 y acusado de 4 delitos de Inf. a la Ley 53 y sentenciado en los mismos, saliendo bajo fianza el 16 de enero de 1952. Es un líder muy activo en el partido y capaz de cometer cualquier acto de violencia.

Francisco Matos Paoli.

NACIONALISTA

Fué arrestada y acusada por Inf. a la Ley 53, en relación con la revuelta nacionalista. Fué secretaria particular de Albizu Campos. Visita frecuentemente a dicho líder nacionalista en la Penitenciaría. Asiste y toma parte activa en todos los actos nacionalistas. Es muy activa en el partido.

```
            Insular Police Headquarters
                  San Juan, P. R.
                           IS No. 1347

Name    PEREZ GONZALEZ, CARMEN MARIA.
Alias
Age     25            Complexion  blanca
Weight  115 lbs.      Hair        negro
Height  5'3"          Eyes        negros
Born    Lares, P.R., el 30 de oct. de 1928
Occupation
Permanent Address
Investigated by
Date
Nature of investigation  Seguridad.
         (SEE PHOTO REVERSE SIDE)
```

Carmin Perez.

NACIONALISTA

Miembro cooperadora del partido nacionalista. Asistía a todos los mítines y asambleas del partido nacionalista. Visitaba frecuentemente a Pedro A. Campos.

```
                Insular Police Headquarters   F33
                   San Juan, P. R.
                              IS No.   270

Name               FREYRE DE MATOS PAOLI, ISABEL
Alias
Age             38 años   Complexion    blanco
Weight      120 lbs.  Hair       negro
Height        61"     Eyes       verdes
Born        Cidra, P.R., en Feb. de 1915.
Occupation  Trabaja en el periódico El Imparcial.
Permanent Address  C-O'Donell #155, San Juan, P.R.
Investigated by   Ernesto Irizarry, P.S.
Date          2 de agosto de 1950.
Nature of investigation    Seguridad
           (SEE PHOTO REVERSE SIDE)
```

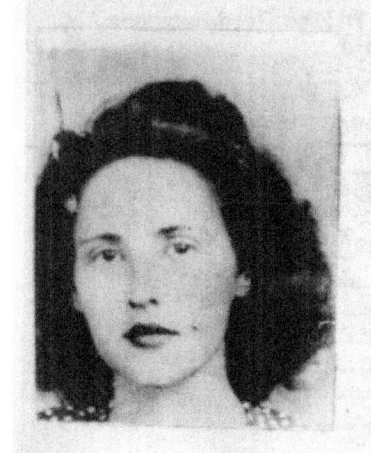

NACIONALISTA

Líder nacionalista de Jayuya. Visitaba frecuentemente a Albizu Campos. Asistía a todos los mítines nacionalistas.

Insular Police Headquarters F104
San Juan, P. R.
IS No. 271

Name __TORRESOLA TORRESOLA, GLADYS__
Alias _____
Age __29 años__ Complexion __blanca__
Weight __108 lbs.__ Hair __negro__
Height __61"__ Eyes __castaños__
Born __Ponce, P.R.__
Occupation __Doméstica__
Permanent Address __Brumbaugh #1053, Río Piedras__
Investigated by _____
Date _____
Nature of investigation __Seguridad.__
(SEE PHOTO REVERSE SIDE)

NACIONALISTA

Por violación al servicio selectivo Sec. 2 y 11 fué sentenciado a cumplir 2 años en la Corte Federal de P.R. También fué acusado por Ley 53. Está conceptuado como un nacionalista peligroso.

Insular Police Headquarters F84
San Juan, P. R.
IS. No. 1503

Name RIVERA SOTOMAYOR, JOSE
Alias "CHEO"
Age 45 años   Complexion blanco
Weight 145 lbs.   Hair negro
Height 66 1/2"   Eyes pardos
Born Morovis, P.R., el 19 de mayo de 1908
Occupation
Permanent Address Apt. 25, San Agustín #212, Pta.
Investigated by Pedro L. Pamias (de Tierra, S.J.
Date 22 de agosto de 1952
Nature of investigation Seguridad

(SEE PHOTO REVERSE SIDE)

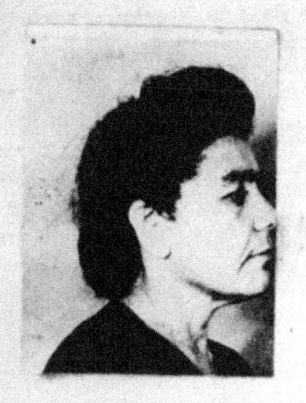

NACIONALISTA

Muy activa en la propaganda de dicho partido. Se dedica a hacer rifas y colectas para fondos del partido. Asiste a todos los mitines y reuniones. Fué arrestada y acusada por Inf. a la Ley #53 en dos casos, siendo declarada culpable en un caso y absuelta en el otro.

Insular Police Headquarters F88
San Juan, P. R.
IS No. 33

Name ROSADO MORALES, ISABEL
Alias "Isabelita"
Age 43 años Complexion blanco
Weight 140 lbs. Hair negro
Height 66" Eyes castaños
Born Ceiba, Puerto Rico
Occupation
Permanent Address Hato Rey, sitio Cantera
Investigated by Juan González, P.S.
Date
Nature of investigation Seguridad.
(SEE PHOTO REVERSE SIDE)

NACIONALISTA

Era una de las líderes de la huelga Universitaria. Asistía a todos los mítines y reuniones del partido nacionalista. Visitaba a Pedro A. Campos en el Club de dicho partido en San Juan. Se manifiesta en contra del gobierno. Fué arrestada y acusada por Inf. a la Ley 53 y sentenciada por dicho delito a cumplir de 1 a 10 años de presidio, en relación con la revuelta nacionalista del 30 de oct. de 1950.

```
                    Insular Police Headquarters
                         San Juan, P. R.
                                         IS No. 692

Name  VIZCAL GARRIGA, OLGA ISABEL
Alias
Age     24 años          Complexion  blanca
Weight  96 lbs.          Hair  brown
Height                   Eyes  brown
Born New York, el 5 de marzo de 1929.
Occupation
Permanent Address  Actualmente está presa en la
Investigated by    cárcel de Dtto. de Arecibo.
Date
Nature of investigation   Seguridad.

              (SEE PHOTO REVERSE SIDE)
```

OJEDA MALDONADO, Juanita c/p
"Janet"

NACIONALISTA ACTIVA, PELIGROSA,
DECIDIDA - Carp. #3083

Blca, 48 años, nat. Utuado, pelo y ojos
castaños, 61" estatura.

Reside Bo. Bubao, Utuado o Calle Brumbaugh #1053.

Sent. Trib. Superior, Arecibo en 9-16-52 por dos Inf. Ley 53, 1948, a cumplir de 8 a 13 meses y de 7 a 13 meses de prisión. Salió en libertad en la fecha de sentencia al abonársele prisión preventiva había cumplido.

HACE COLECTAS, RIFAS, CELEBRA BAILES Y OTRAS ACTIVIDADES PARA ALLEGAR FONDOS PARTIDO NACIONALISTA.

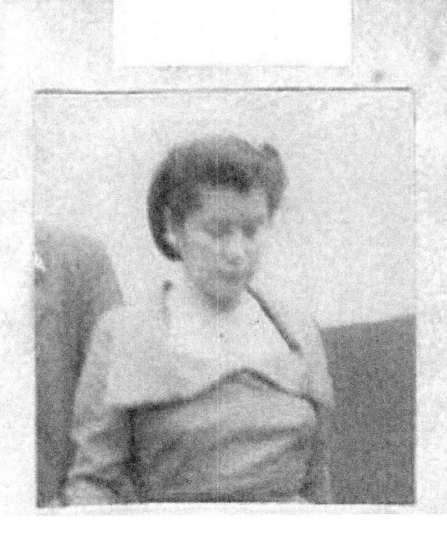

Nació el 16 de julio de 1930, en Mayaguez, P.R. Tiene 23 años de edad. Es trigueño, pelo negro, ojos brown, pesa 135 lbs. y mide 67" de estatura. Reside en 214 South, 3rd. St. N.Y.C.

NACIONALISTA PELIGROSO: Extinguió condena en una penitenciaría Federal por no inscribirse para el Servicio Milit Se ha expresado en el sentido de que hay que terminar con el Imperialismo Yanqui, que la independencia hay que conseguirla de cualquier manera y que está dispuesto a ofrecer su vida por la causa de la Independencia.
El día 1ro. de marzo de 1954, en unión a un grupo de nacionalistas tiroteó al Congreso de los E.U., hiriendo a 5 Congresistas. Se encuentra actualmente preso.

NACIONALISTA

La noche del 26 al 27 de oct. de 1950 fué arrestado por miembros de la Brigada del Negdo. de Seg. Int. y acusado de varias Infracciones a la Ley de Tránsito y portar armas prohibidas mientras regresaba manejando uno de los vehículos ocupados por los nacionalistas que habían asistido a un mitin en Fajardo esa noche.

```
                    Insular Police Headquarters      E 62
                         San Juan, P. R.
                                        IS No.  251

Name            MOYA VELEZ, ANTONIO
Alias
Age      36 años        Complexion   blanco
Weight   160 lbs.       Hair    negro
Height   67"            Eyes    brown
Born     Arecibo, P.R., el 5 de mayo de 1917.
Occupation
Permanent Address  Calle 16 #606, Bol Obrero,
Investigated by  Sant.
Date
Nature of investigation    Seguridad.
              (SEE PHOTO REVERSE SIDE)
```

Insular Police Headquarters
San Juan, P. R.

IS No. 122

Name BURGOS FUENTES, RAFAEL ANGEL
Alias
Age 48   Complexion blanco
Weight 170 lbs.   Hair castaño
Height 70"   Eyes azules
Born Rio Piedras, P.R., el 12 de julio de 190_
Occupation agricultor   (casa #26
Permanent Address Cayey salida para Guayama
Investigated by Juan León Arroyo
Date 1ro. de julio de 1952.
Nature of investigation   Seguridad.

(SEE PHOTO REVERSE SIDE)

NACIONALISTA

Líder nacionalista en Cayey, P.R. Asistía a todos los mítines y reuniones del partido nacionalista, En finca de su propiedad los cadetes nacionalistas tiraban al blanco. Fué arrestado en la revuelta nacionalista el 30 de oct. de 1950 y acusado por la ley 53 y portar armas. Fué sentenciado por dicho delito a cumplir 5 años de presidio y seis meses de prisión por portar armas.

NACIONALISTA

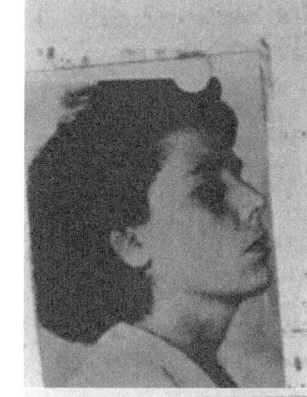

Visitaba con frecuencia a Pedro A. Campos. Asistía a todos los actos de dicho partido. Fué arrestada durante la revuelta nacionalista del 30 de oct. de 1950. Hace propaganda activa a favor de dicho partido.

Insular Police Headquarters
San Juan, P. R.

IS No. 713

Name GONZALEZ BOULLERCI JUANA
Alias
Age 35 años   Complexion blanco
Weight 105 lbs.   Hair negro
Height 62"   Eyes brown
Born San Sebastián, P. R.
Occupation Doméstica
Permanent Address Calle J-18, Urb. Roosevelt, HatoRey
Investigated by Octavio I. Dávila
Date 14 de agosto de 1952
Nature of Investigation Seguridad

(SEE PHOTO REVERSE SIDE)

NACIONALISTA

Asiste a los mítines de dicho partido. Vestía de cadete de la república. Organizaba los mítines cuando Pedro A. Campos iba a Fajardo. Dijo que la patria tenía que ser libre de cualquier forma. Es un enemigo del gobierno legalmente constituido. Fué arrestado y puesto en libertad en la revuelta nacionalista del 30 de oct. de 1950.

Insular Police Headquarters
San Juan, P. R.
IS No. 1896   F30

Name: DIAZ DUCHESNE MIGUEL ANGEL
Alias:
Age: 38 años   Complexion: negro
Weight: 175 lbs.   Hair: grifo-negro
Height: 70"   Eyes: verdes
Born: Luquillo, P.R. en el año 1915
Occupation: electricista
Permanent Address: Calle Jorge Bird León #36, (Fajardo, PR
Investigated by: Manuel Delgado
Date: 23 de nov. de 1951
Nature of investigation: Seguridad

(SEE PHOTO REVERSE SIDE)

Insular Police Headquarters
San Juan, P. R.

F-115

IS No. ___

Name CARDONA MOLINA, JOSE
Alias Papín Cardona
Age 38 Complexion blanco
Weight 165 lbs. Hair castaño
Height 66" Eyes brown
Born Ciales, P.R., el 20 de nov. de 1914.
Occupation comerciante al por mayor y al detal
Permanent Address calle 14 #621 Bo.Obrero, Sant.
Investigated by Ramón Martínez
Date 16 de enero de 1951.
Nature of investigation Seguridad.

(SEE PHOTO REVERSE SIDE)

NACIONALISTA

Coopera económicamente para el partido. Asistía a todos los actos nacionalistas. Fué visto conduciendo personas en su automóvil en el ataque a la Fortaleza. Lo consideran peligroso. Fué arrestado y puesto en libertad durante la revuelta nacionalista del 30 de oct. de 1950.

Insular Police Headquarters
San Juan, P. R.

F19

IS No. 2239

Name COLON SANZ, ANTONIO
Alias
Age 27 años   Complexion   blanco
Weight 128 lbs.   Hair   negro
Height 68"   Eyes   brown
Born Arecibo, P.R., el 13 de junio de 1926.
Occupation   Barbero
Permanent Address   Bella Vista #220, Villa Palmeras,
Investigated by   Rafael M. Fernández, P.S.
Date   25 de mayo de 1951.
Nature of Investigation   Seguridad.

(SEE PHOTO REVERSE SIDE)

NACIONALISTA

Miembro del partido nacionalista. Asistía a mítines y reuniones nacionalistas. Era Capitán del Ejército Libertador del Partido Nacionalista. Fué arrestado y puesto en libertad durante la revuelta nacionalista del 30 de oct. de 1950.

Insular Police Headquarters
San Juan, P. R.

IS No. 202

F59

Name GONZALEZ TORRES, EDUARDO
Alias
Age 43 años   Complexion blanco
Weight 130 lbs.   Hair negro
Height 66"   Eyes brown
Born Jayuya, P.R., el 5 de enero de 1910
Occupation Vendedor ambulante de miselaneas
Permanent Address Col. 71B, San Juan, P.R.
Investigated by José A. Vázquez
Date 30 de agosto de 1950
Nature of investigation Seguridad

(SEE PHOTO REVERSE SIDE)

NACIONALISTA

Manifiesta que Muñoz Marin es un traidor porque traicionó la patria. Alaba mucho a Pedro A. Campos y lo considera un patriota. Asistía a todos los actos nacionalistas y en su residencia tiene retratos de Pedro A. Campos. Se manifiesta en contra del gobierno. Fué arrestado en la revuelta nacionalista de 1950 y puesto en libertad.

Insular Police Headquarters
San Juan, P. R.

F-9

IS No. 2510

Name BERRIOS MORALES, MARCIAL
Alias
Age 39 años   Complexion blanco
Weight 115 lbs.   Hair negro
Height 65"   Eyes brown
Born Naranjito, P.R., el 8 de julio de 1914.
Occupation
Permanent Address Bo. Cedro Abajo, Naranjito, P.R.
Investigated by José Meléndez, P.S.
Date 24 de abril de 1952.
Nature of investigation Seguridad.

(SEE PHOTO REVERSE SIDE)

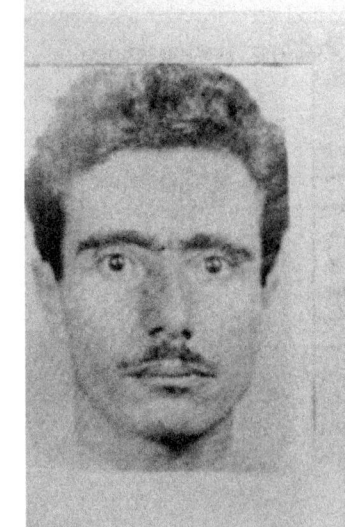

NACIONALISTA

Fué uno de los organizadores para derrocar al gobierno en la revuelta nacionalista del 30 de oct. de 1950. Fué arrestado en dicha revuelta. Fué acusado por la Ley de explosivos y sentenciado a cumplir 6 meses de cárcel.

NACIONALISTA

Asistía a todos los actos nacionalistas celebrados en la isla. Visitaba a Pedro A. Campos con frecuencia. Fué arrestado y puesto en libertad durante la revuelta nacionalista el 30 de oct. de 1950.

Insular Police Headquarters
San Juan, P. R.

F 10

IS No. 559

Name BIASCOCHEA LOTA, ROBERTO
Alias
Age 38   Complexion blanco
Weight 175 lbs.   Hair castaño
Height 70"   Eyes brown
Born Arroyo, P.R., el 10 de nov. de 1915.
Occupation Maestro de la Universidad.
Permanent Address Ave. Magdalena #1159, Condado
Investigated by (SJ
Date
Nature of investigation Seguridad.

(SEE PHOTO REVERSE SIDE)

Insular Police Headquarters F/3
San Juan, P. R.
IS No. 227

Name CALVENTI ROSADO, FELIPE
Alias
Age 51   Complexion negro
Weight 130 lbs.   Hair grifo
Height 67"   Eyes brown
Born Isabela, P.R., el 12 de mayo de 1902
Occupation
Permanent Address Bda. Brazos de Boston #408 Ro. Obrero, Santurce, P.R.
Investigated by Rafael González
Date 29 de marzo de 1949
Nature of investigation Seguridad.

(SEE PHOTO REVERSE SIDE)

NACIONALISTA PELIGROSO

Fué arrestado y acusado por los delitos de portación y no inscripción de armas e infracción a la ley 53 de los cuales cumplió condena. Antes de la revuelta nacionalista llevaban a cabo academias y prácticas de tiro en la finca de Carmelo Alvarez en Vega Alta, P.r. Lo consideran un hombre peligroso.

Insular Police Headquarters F65
San Juan, P. R.

IS No. 171

Name NEGRON NOGUERAS, MANUEL
Alias
Age 51 año   Complexion blanco
Weight 160 lbs. Hair negro
Height 65"   Eyes negros
Born Cayey, P.R., 11 de enero de 1902.
Occupation
Permanent Address C-Arzuaga #7, 3er piso, R.P.
Investigated by Rafael Correa
Date 28 de mayo de 1948.
Nature of investigation Seguridad.
(SEE PHOTO REVERSE SIDE)

NACIONALISTA

Es un propagandista muy activo del partido nacionalista. Distribuidor de hojas sueltas relacionadas con dicho partido. Fué el Pres. huelgario de los maestros en el año 1946 y fué expulsado como maestro. Asistía con frecuencia a todos los actos nacionalistas y visitaba con frecuencia al líder máximo de dicho partido. Lo consideran dicho partido. Lo consideran peligroso.

NACIONALISTA

Líder del Partido Nacionalista. Distribuía propaganda a favor del partido. Asistía a mitines nacionalistas. Antes de la Rev. del 30 de oct. de 1950, se le veía en unión á Pedro A. Campos. Era una de las líderes de la Huelga Universitaria. Fué arrestada y puesta en libertad en la Rev. del 30 de oct. de 1950.

Insular Police Headquarters
San Juan, P. R.
IS No. 1025

Name VIDAL ALVAREZ, CARMEN ROSA
Alias
Age 27 años Complexion blanco
Weight 120 lbs. Hair negro
Height 61" Eyes negros
Born San Juan, Puerto Rico
Occupation
Permanent Address Calle San Antonio #610, Bo.
Investigated by Obrero, Sant., P.R.
Date
Nature of investigation Seguridad.

(SEE PHOTO REVERSE SIDE)

Carlos Padilla Rodríguez estuvo entre los más jóvenes de los arrestados por el gobierno colonial luego del levantamiento del 30 de octubre de 1950. En la foto tenía 20 años. Inicialmente cumplió cerca de dos años en presidio. Carlos Padilla era miembro de La Junta Nacionalista de Rio Piedras y estudiante de la Facultad de Pedagogía de la Universidad de Rio Piedras.

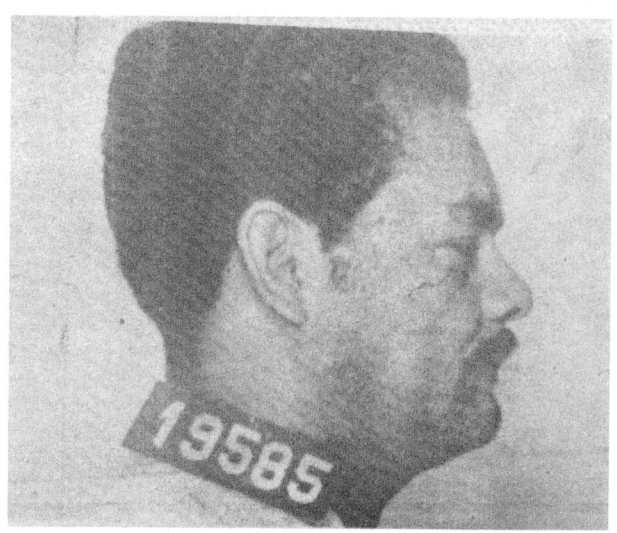

Ricardo "Dico" Diaz Diaz, hijo

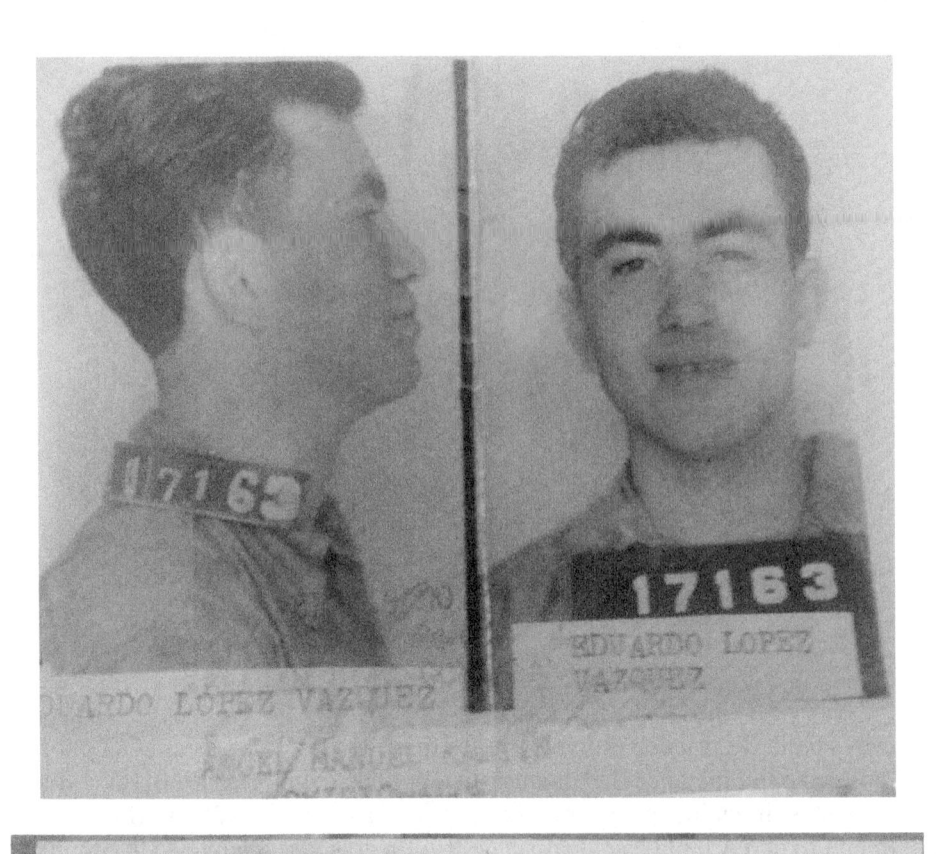

POLICIA DE PUERTO RICO   12 de dic. de 1963.
COMANDANCIA AREA SUR
PONCE, PUERTO RICO

NOMBRE: López Vázquez, Eduardo   C/P "Eddie"
DESCRIPCION: Blanco de 39 años, pesa 140 lbs., mide 65 pulg., ojos claros.
DIRECCION: Calle Luis Muñoz Rivera #111, Cayey, P.R.
OCUPACION: Dependiente de Ferretería   PATRONO: Sr. Agustín Vázquez
SITIO DE EMPLEO: Ferretería "Lumber Yard", Calle Romeu Esq. Barbosa, Cayey
Posee auto marca   , lic.   , mod.   , color
No aparece inscrito en las listas electorales de 1960 de Cayey.
AGRUPACION SEPARATISTA A QUE PERTENECE: M.P.I. y Nacionalista
HISTORIAL: Este individuo fue sentenciado por Inf. Ley #53 en Sept. 5 de 1951
Sentenciado por Inf. Registro de Armas de Fuego en 1950 y sentenciado en la
misma fecha por ley de armas a un año de cárcel (Porter Armas) Este indivi-
duo estuvo envuelto en los sucesos del 1950 (Revuelta Nacionalista). Es con-
siderado un ind. peligroso.

Imágen de un traidor

La gráfica muestra a Salvador González Rivera, el "N-1" de la Policía de Puerto Rico, en el momento de su ficticio "arresto" al frente de las oficinas del Partido Nacionalista y residencia de Albizu, en la esquina de las calles del Sol y de La Cruz en el viejo San Juan.

Salvador "N-1" González Rivera ya para el 1949 estaba involucrado en La Junta Municipal de Santurce del Partido Nacionalista-Movimiento Libertador.
Alrededor de un año después estalló la insurrección y líderes y seguidores – además de muchos meros simpatizantes– pararon en prisión. Salvador escapó de ser encarcelado, hecho que atribuyó a sus supuestas habilidades fingidas.
Mientras tanto, el N-1, el hábil agente encubierto de la Policía que más cerca del Viejo había logrado llegar en esa época, le sometía periódicamente informes orales telefónicos con relación a las actividades generales del Partido Nacionalista en la zona de la capital y sobre el estado de salud del Viejo a un Teniente que era su oficial de contacto. Ese oficial, cuyo nombre en clave era el Monge, mantenía al día, con datos que el N-1 y otros encubiertos le proveían, un registro de los lugares de residencia y de empleo de los miembros del partido y de sus simpatizantes.
Salvador visitaba al prócer diariamente, a veces más de una vez al día, para saber de su estado de salud y ansioso por realizar cualquier tarea que fuera menester. Durante los últimos años se había distinguido por su dedicación a la causa y en más de una ocasión había demostrado su abnegación y su sentido del sacrificio.
El N-1 era sin duda uno de los más valiosos agentes encubiertos con los que contaba el régimen.
El N-1 había comenzado su espionaje del Movimiento Libertador desde afuera, cuando tenía unos 19 años, a través de la amistad que tenía con uno de los miembros del Partido Nacionalista que había sido su condiscípulo desde la escuela elemental hasta graduarse ambos de la escuela superior.
Fuente de Pedro Aponte Vázquez.

Capitulo XII
1950: Oscar Collazo y Griselio Torresola atacan la Casa Blair

El 1 de noviembre de 1950 un comando Nacionalista compuesto por Oscar Collazo y Griselio Torresola atacó a la Casa Blair, residencia provisional del presidente Harry S. Truman, con el propósito de captar la atención de la comunidad internacional hacia el caso de Puerto Rico y, particularmente, evidenciar el hecho de que el levantamiento del 30 de octubre no se trataba de una lucha entre puertorriqueños. Los dos puertorriqueños intercambiaron disparos con el oficial de seguridad. Torresola murió en la acción, mientras que Collazo fue herido.

Torresola debía dispararle a Truman primero y estaba a punto de lograr su intención cuando fue herido de muerte por un agente de seguridad. Oscar Collazo recibió varios balazos, pero logró sobrevivir.

Oscar Collazo fue condenado a muerte, condena que fue inmutada por cadena perpetua cuatro años más tarde. Nuestro héroe ya había cumplido 25 años de su sentencia cuando fue indultado debido a la presión mundial a favor de su excarcelación.

1950
Oscar Collazo y Griselio Torresola se hospedan en el Hotel Tarris, de la avenida Massachusetts.
Tenían dos pistolas automáticas; una "Luger" y otra "P38".
Oscar Collazo es Antonio Silva de Connecticut.
Griselio Torresola es León González de Miami.

417

Consciente de la importancia de llevar la lucha a las entrañas del Imperio un comando compuesto por Oscar Collazo López y Griselio Torresola Roura atacan la Casa Blair, residencia provisional del Presidente Harry S. Truman.

Oscar Collazo López, sobrevivió el ataque a la Casa Blair. Cumplió casi 30 años de prisión en las cárceles del Imperio. Oscar Collazo murió en 1994.

Griselio Torresola Roura, patriota boricua que murió en el ataque a la Casa Blair.

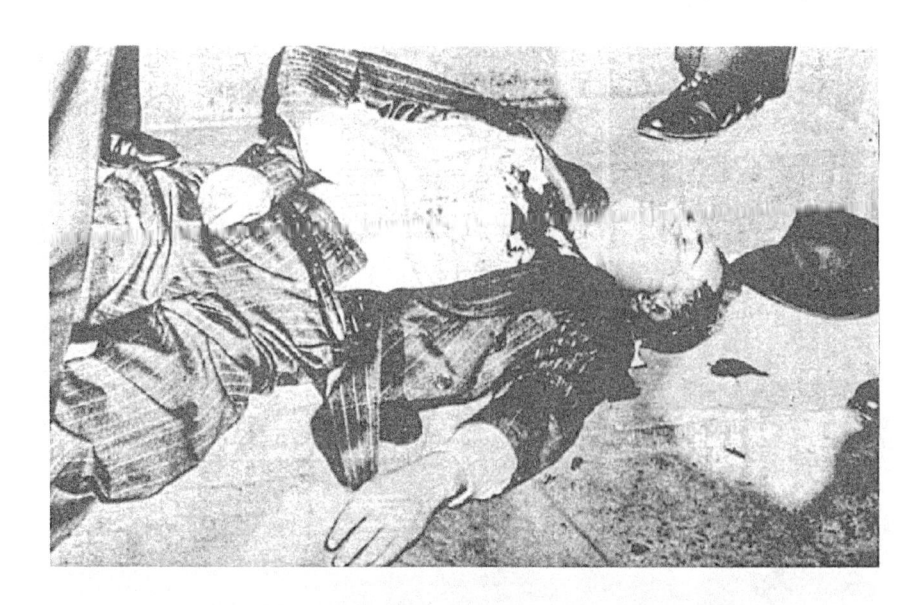

Oscar Collazo López yace herido en las escalinatas de la Casa Blair el 1ro de Noviembre de 1954.

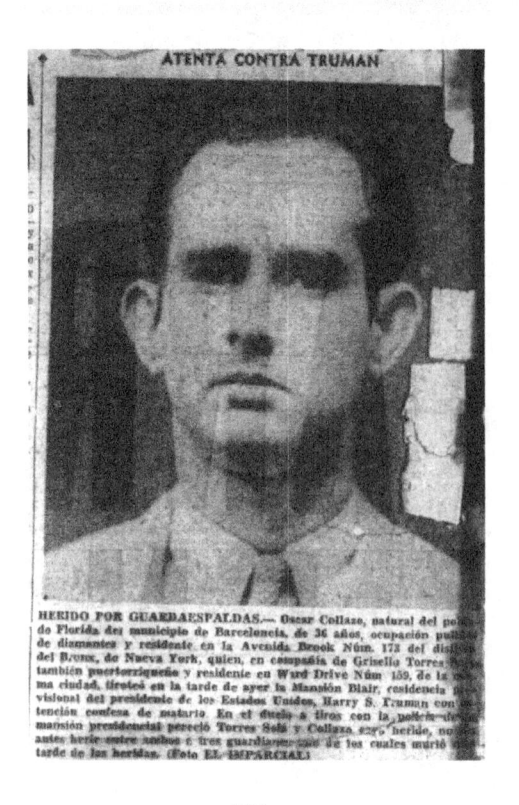

HABIA COMPLOT NACIONALISTA PARA ATENTADO A TRUMAN

WASHINGTON, 2 de noviembre, (INS) — Dos puertorriqueños hicieron ayer un esfuerzo desesperado por asesinar al Presidente Truman y uno de los asaltantes fué muerto y otro herido por los guardias, tres de los cuales fueron alcanzados por las balas en el encuentro que se libró frente a la Casa Blair.

El presidente, despertado de su sueño por el tiroteo, observó la culminación del incidente desde la ventana de su dormitorio.

El jefe del Servicio Secreto U.S. Baughman, dijo que el pistolero que había sobrevivido declaró: "Vinimos aquí con el propósito expreso de matar al Presidente."

Baughman identificó al pistolero muerto como siendo Griselio Torresola, o Lorenzo Amselo Torresola del número 1250 de Ward Drive, Nueva York. El cómplice de Torres Solá, es el apellido correcto era Oscar Collazo, de 37 años, del número 173 de la Avenida Brook en el barrio del Bronx, Nueva York.

Funcionarios del gobierno dicen que el atentado contra la vida del Presidente tiene relación directa con el levantamiento nacionalista registrado el lunes en Puerto Rico.

El hombre que murió en la refriega había sido identificado erróneamente como siendo Marios R. Puente, pero resultó que Puente es un policía de Washington que escapó del encuentro con un agujero de bala en su chaqueta.

Los guardias de la Casa Blanca que resultaron heridos y todos ellos de gravedad eran: Donald Barnell Joseph Powne y Leslie Coffelt.

Baughman, después de una intensa investigación de dos horas, declaró que Torresola y Collazo, eran "terroristas" asociados con el "Movimiento Revolucionario Nacionalista" de Puerto Rico.

Torresolá, con la cabeza atravesada de oreja a oreja por un balazo, murió instantáneamente.

Truman se vestió rápidamente, de acuerdo con su programa para el día se trasladó al Cementerio Nacional de Arlington, a tomar parte en las ceremonias en memoria del difunto Mariscal de Campo Sir John Dill.

El Secretario Presidencial Charles G. Ross, dijo que Truman había resultado ser "el hombre de más calma en toda la casa."

La esposa del presidente presenció también parte del tiroteo.

La Policía Secreta encontró dos cartas escritas en español y una tarjeta del Servicio de Seguro Social en los bolsillos de Torres Solá. Una carta decía:

"Si se hace necesario que usted asuma la dirección del movimiento en los Estados Unidos, usted lo deberá hacer sin vacilaciones de ninguna clase-apelamos a su alto sentido de patriotismo y sano juicio lo dé lo concerniente a este asunto".

La carta estaba firmada por "Pedro Albizu Campos". Esta bien puede ser una interpretación errada dada por la policía del nombre de "Pedro Albirn Casepos", el líder de los Nacionalistas en Puerto Rico.

La segunda carta se refería a la colecta de fondos hecha entre los Nacionalistas puertorriqueños en los Estados Unidos y mencionaba a un hombre llamado "Gorzelino".

"El delegado le acordará toda la cooperación que sea necesario de modo que esa misión resulte un éxito".

Ambas cartas fueron enviadas desde San Juan, Puerto Rico, el 21 de septiembre.

Después del atentado contra la vida del Presidente, una guardia especial de la policía capitalina fué colocada junto a la Oficina del Comisionado Residente de Puerto Rico, Fernós Isern.

PUERTO RICANS BATTLE POLICE

Nationalist Pair Rushes Blair House with Pistols Blazing; One Desperado and One Guard Killed; Others Wounded Seriously

By ARTHUR EDSON
(The Associated Press)

Washington, Nov. 1 — Two fiery Puerto Rican revolutionists shot their way to President Truman's doorstep Wednesday but were mowed down in a gun battle with White House guards before they could carry out their plot to murder the sleeping President.

One of the gunmen was killed, the other seriously wounded.

Wednesday night, a secret service man died of bullet wounds suffered in the roaring gun fight in front of Blair House, the President's temporary home across the street from the White House. Two other guards were hurt, one seriously.

The surviving gunman was formally booked on a murder charge.

It was the first conspiracy—by two or more persons—to kill a president of the United States since John Wilkes Booth shot Abraham Lincoln in a plot to wipe out the whole leadership of the government.

REDS BEAT BACK UN KOREA FORCE

US Regiment Surrounded; Situation Held 'Serious'

(The Associated Press)

Seoul, Nov. 2 (Thursday) — Rocket-firing Chinese and North Korean troops Thursday pressed attacks which have encircled an American regiment and forced other units to retreat in North-

TWO SHOT TRYING TO KILL TRUMAN

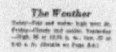

PUERTO RICANS BATTLE POLICE

Nationalist Pair Rushes Blair House with Pistols Blazing; One Nationalist and One Guard Killed; Others Wounded Seriously

Doctor Says Heart Failure Not Likely Cause of Dunn's Death

Assassin Slain, Another Shot at Truman's Door; Puerto Rican Terrorists Kill Guard, Wound 2; President Glimpses Battle's End From Window

Torresola Estuvo Aquí Antes Atentado Truman

(Exclusivo).

Prueba terminante de que Griselio Torresola, uno de los dos nacionalistas que participó en el atentado criminal contra el presidente Truman, estuvo en reuniones secretas con nacionalistas en el barrio Coabey, de Jayuya, hace mes y medio, aproximadamente, está ya en poder de las autoridades judiciales insulares y federales.

Los familiares de Griselio Torresola en Nueva York, al ser interrogados por los agentes federales después del frustrado atentado criminal contra Truman, dijeron que él no visitaba Puerto Rico desde hacía 13 o 15 años, pero los investigadores insulares y federales, tienen declaraciones de testigos, residentes en el barrio Coabey, que aseguran haber visto a Griselio Torresola, el pasado mes de septiembre, en dicho barrio, y que asistía a reuniones secretas con líderes nacionalistas.

La familia Torresola es muy conocida en Jayuya. Griselio tenía dos hermanos, Elio, uno de los líderes de la rebelión de Jayuya, acusado en la Corte Federal de incendiar el correo de aquel pueblo, y Doris, la secretaria del presidente del Partido Nacionalista, Pedro Albizu Campos. Doris resultó herida de un balazo el lunes al trabarse un tiroteo entre nacionalistas y policías frente a la casa de Albizu Campos en la Calle Solde San Juan. Ella, al ser herida, salió de la casa de Albizu y, en calidad de detenida, fué trasladada al Hospital Municipal, de Santurce, donde permanece.

La familia Torresola está emparentada con Blanca Canales Torresola, la líder del movimiento nacionalista en Jayuya. En su casa se hospeda Albizu Campos, durante largas temporadas, según la prueba en poder de las autoridades insulares y federales.

Señora Collazo Acusada Por Atentado A Truman

NUEVA YORK, 2 de noviembre, (INS) — La señora Rosa Collazo, esposa de Oscar Collazo, uno de los puertorriqueños que ayer tarde trataron de asesinar al presidente Truman, fué acusada oficialmente hoy por la mañana de "conspirar para lesionar al Presidente de los Estados Unidos, y se le fió fianza de 50 mil dólares.

Rosa Collazo tiene 40 años de edad, y es la esposa del extremista puertorriqueño herido en el tiroteo con los guardias de la Casa Blanca. Fué presentada ante el Comisionado de los Estados Unidos Edward W. McDonald, en la casa del Tribunal Federal de Nueva York, después de una redada en el barrio puertorriqueño de la ciudad, en la que fueron detenidas 10 personas más.

El Fiscal Federal Irving Saypol se negó a comentar sobre lo que se hará con los otros diez detenidos —cinco mueres y cinco hombres— pero indicó que aún no se ha podido determinar todo al alcance de la conspiración contra la vida del

(Pasa a la Página 6)

Carmen "Lolita" Torresola.

Carmen "Lolita" Torresola.

Griselio Torresola con su hija Rebeca en Nueva York
Antes del ataque a la casa Blair.

Rosa Collazo.

Los combatientes Nacionalistas Griselio Torresola Roura y Oscar Collazo, este último herido frente a las escaleras de Casa Blair.

Griselio Torresola.

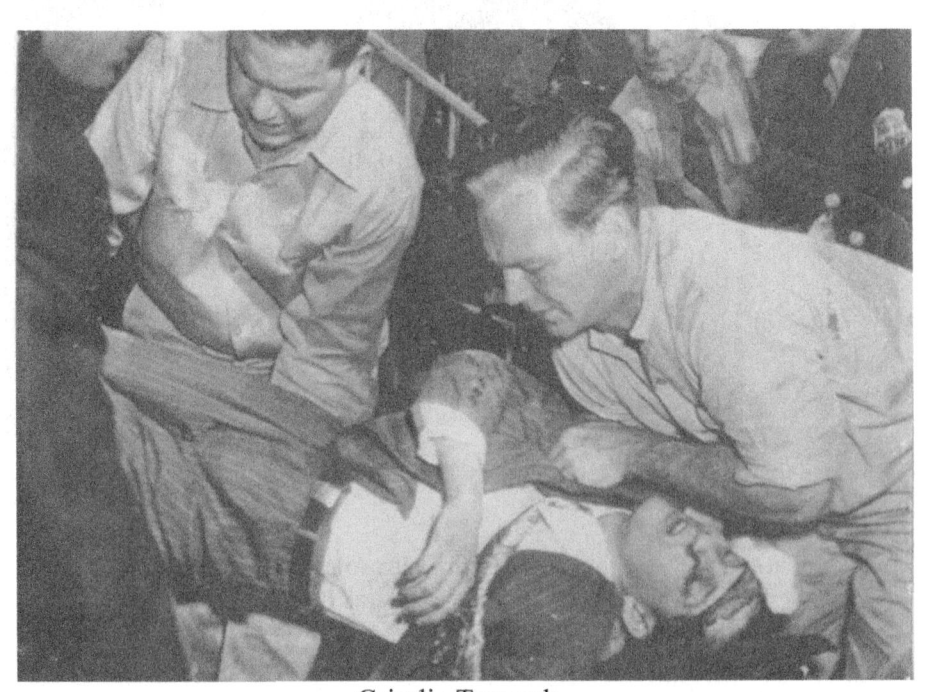

Griselio Torresola,

Traen El Cadáver De Torresola A La Isla

NUEVA YORK, 6 de noviembre, (INS) — El cadáver de Griselio Torresola, muerto en el fracasado atentado contra la vida del presidente Truman, será enviado por avión a Puerto Rico donde se le dará sepultura.

Un portavoz de la funeraria Hernández, en Brooklyn, declaró que la señora Carmen Torresola, de 21 años, viuda del nacionalista puertorriqueño que se encuentra detenida acusada de conspiración bajo fianza de $50,000, solicitó a la funeraria enviase por avión el cadáver a la tierra natal de Torresola para que allí se le de sepultura.

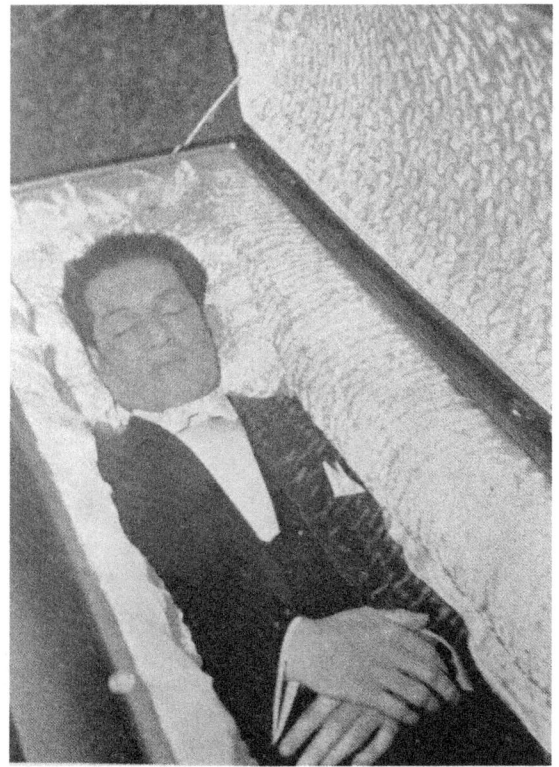

El cadáver del Nacionalista Griselio Torresola, expuesto en una funeraria de Brooklyn, Nueva York. Torresola murió en el ataque Nacionalista a la Casa Blair en Washington D. C. el 1 de noviembre de 1950. Sus restos llegarían a Puerto Rico días más tarde.

La llegada de los restos de Griselio Torresola a una funeraria de Brooklyn, Nueva York. Torresola murió en el ataque Nacionalista a la Casa Blair el 1 de noviembre de 1950. Sus restos llegarían más tarde a Puerto Rico. Brooklyn, Nueva York. Noviembre de 1950.
Nota: Con esta foto finaliza nuestra serie de fotos relacionadas a los ataques Nacionalistas de 1950.

Rosalina Roura, madre de Griselio de rodillas y Angelita Torresola, hermana de Griselio en la capilla de la Funeraria Buxeda.

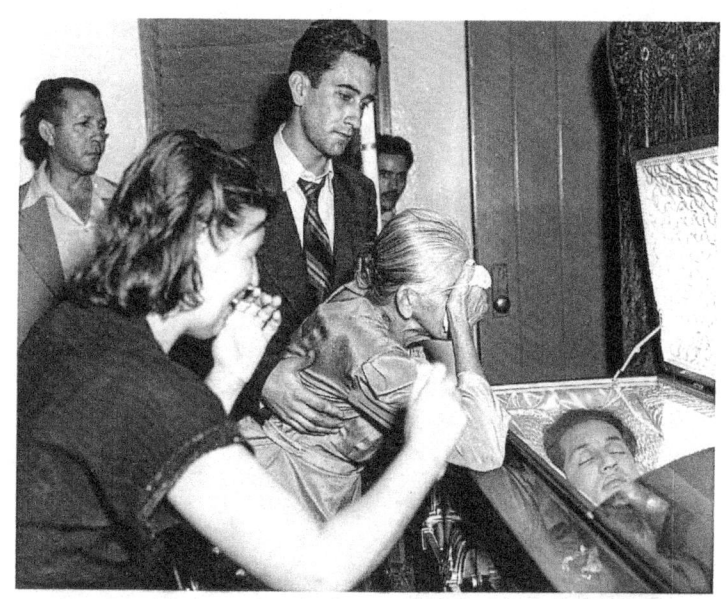

Rosalina Roura, madre de Griselio de rodillas y Angelita Torresola, hermana de Griselio en la capilla de la Funeraria Buxeda.

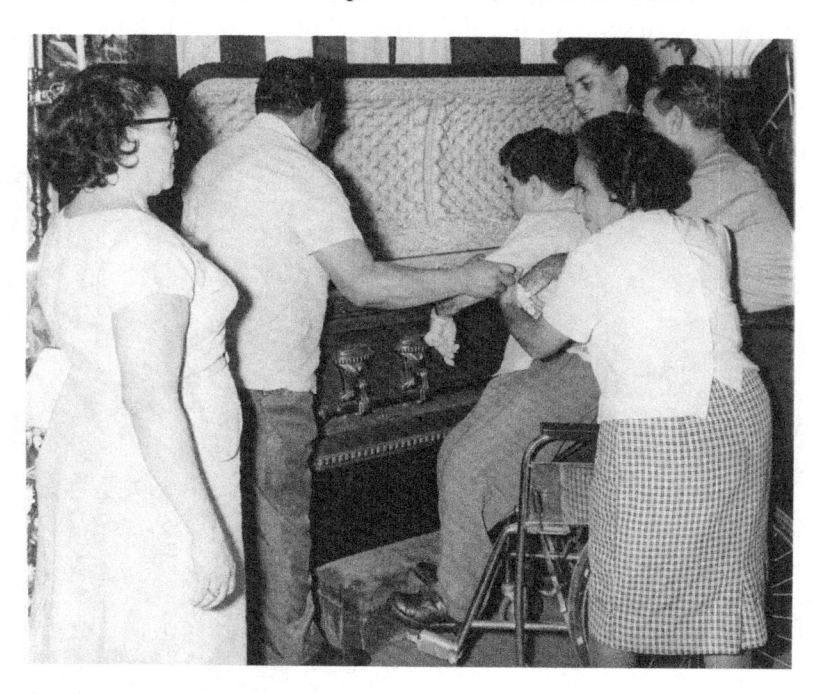

431

Jayuya-Doris Torresola, acompañada de José Marcano (Liga Socialista Puertorriqueña) y su sobrino Griselio Torresola hijo, frente a la tumba de Griselio Torresola. Torresola murió durante el ataque Nacionalista a la Casa Blair en Washington D.C. en 1950. Jayuya, Puerto Rico. Circa 1960-61.

Oscar Collazo en el 1951

Capitulo XIII
1954 Un Acto Sublime: El Ataque al Congreso de los Estados Unidos

Cuatro años más tarde se atacó al Capitolio de los Estados Unidos. Luego de estos acontecimientos se hace el primer arresto por violación a la Ley 53 con el arresto del líder del Partido Nacionalista, Pedro Albizu Campos. Con este arresto se comienza la detención masiva e interrogación de miembros de los partidos Independentista y Nacionalista. Años después, muchos artículos fueron escritos acerca de este acontecimiento. Uno de los artículos que explica la historia legislativa de esta ley fue "Discrimination for Political Beliefs and Associations", escrito por David M. Helfeld en 1964. Helfeld sostiene que esta ley fue aplicada más bien en contra de los líderes y seguidores Nacionalistas, al igual que fue usada para molestar e intimidar a personas y grupos minoritarios para evitar una revolución.

Andrés Figueroa Cordero, Irving Flores, Lolita Lebrón y Rafael Cancel Miranda atacaron la Cámara de Representantes del Congreso de Estados, centro de la legalización colonialista, el 1 de marzo de 1954. Su propósito era el llamar la atención sobre el caso del coloniaje en Puerto Rico en la Conferencia Interamericana iniciándose ese día en Caracas, Venezuela. Se escogió ese día, además, por su proximidad al aniversario de La Masacre de Ponce, el 21 de marzo. Esa mañana compraron un boleto de ida desde Nueva York a Washington, porque no pensaban regresar vivos. A las 2:32 pm Lolita Lebrón se puso de pie y gritó "¡Viva Puerto Rico libre!" y empezaron a disparar sus pistolas, desplegando la bandera puertorriqueña simultáneamente. De los 243 congresistas presentes, cinco resultaron heridos en el asalto. En el momento que fue arrestada, Lolita Lebrón dijo, "No vine a matar a nadie, vine a morir por Puerto Rico." Los cuatro Nacionalistas fueron acusados de cinco cargos de intento de homicidio y cinco cargos de asalto con armas de fuego. A Lolita Lebrón se le sentenció a cumplir de 16 años y 8 meses a 50 años de cárcel. A sus compañeros se les sentenció de 20 a 75 años de cárcel cada uno. Rafael fue sentenciado de 20-85 años de cárcel. Los Nacionalistas se negaron a usar el proceso de libertad bajo palabra y estuvieron presos por 25 años. El presidente de EE. UU. Jimmy Carter los indultó el 10 de septiembre de 1979. Esa fue la primera y única vez en la historia de Estados Unidos que el Congreso ha sido atacado. Esta acción es considerada como una de los más importantes en la historia de la lucha por la independencia de Puerto Rico, comparable al Grito de Lares y al Alzamiento del 1950.

Don Pedro lo llamó "Un Acto Sublime".

El Ataque al Congreso de Estados Unidos en 1954.

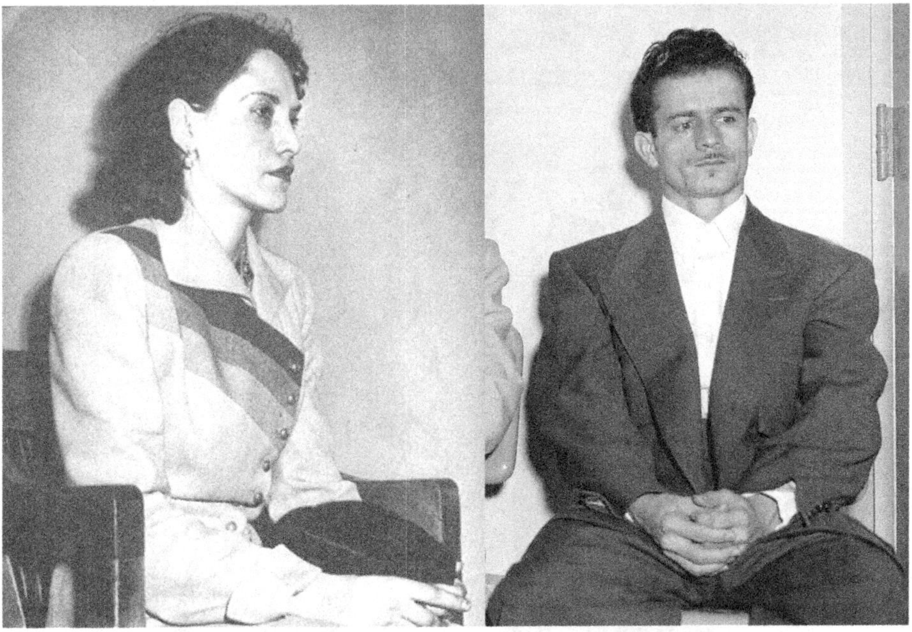

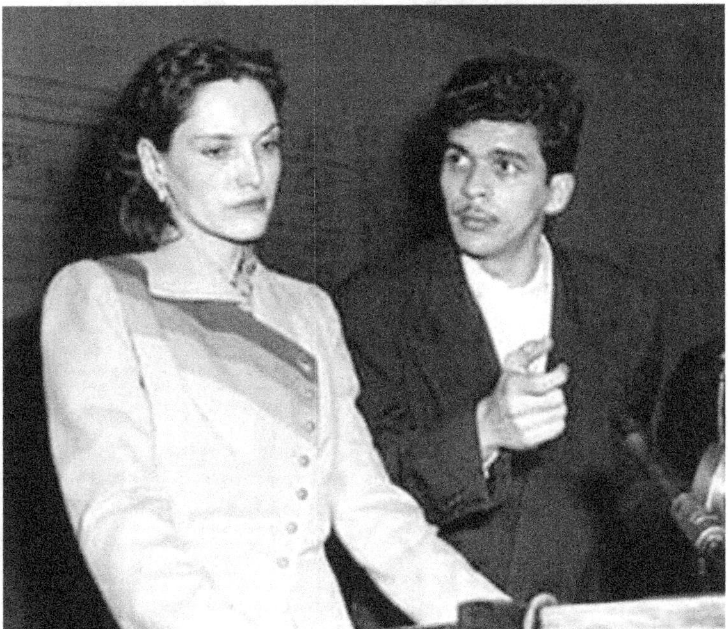

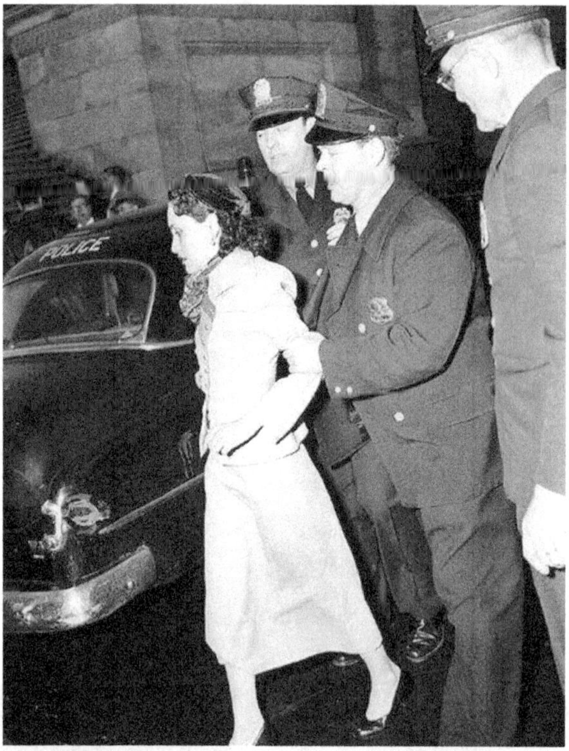

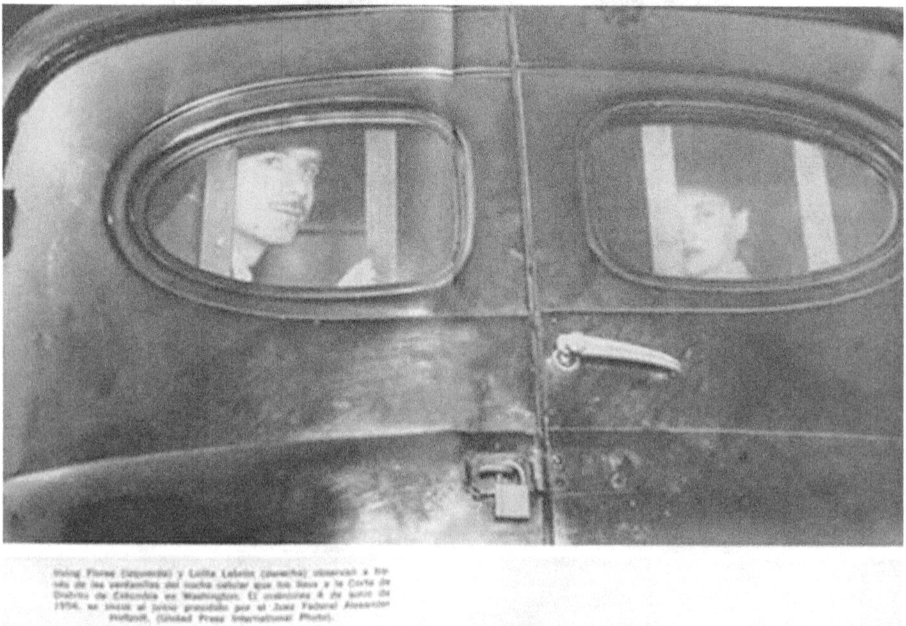

437

El primero de marzo de 1954 los Nacionalistas puertorriqueños Lolita Lebrón, Rafael Cancel Miranda, Irvin Flores y Andrés Figueroa entraron con pistolas a la sala del Capitolio de la Cámara de Representantes de Estados Unidos en Washington DC y comenzaron a disparar. Cinco congresistas fueron heridos. Fueron arrestados y pasaron 25 años en prisión. El propósito de su atrevido acto fue llamar la atención del mundo a la situación colonial de Puerto Rico y la represión del gobierno de Estados Unidos contra el movimiento independentista de la nación caribeña.

En Nueva York son interrogados y arrestados: Julio Pinto Gandía, Francisco Ortiz Medina y Tomas Sotomayor González. Por negarse a contestar ese interrogatorio fueron sentenciados a seis meses por desacato.

Luego fueron arrestados: Rosa Collazo, Gonzalo Lebrón, y otros. En total fueron 17 los enjuiciados. Todos fueron acusados de conspirar para derrocar al gobierno de los Estados Unidos en Puerto Rico por la fuerza. El 26 de octubre del 1954 fueron todos condenados a seis años de prisión.

Relato Parcial:

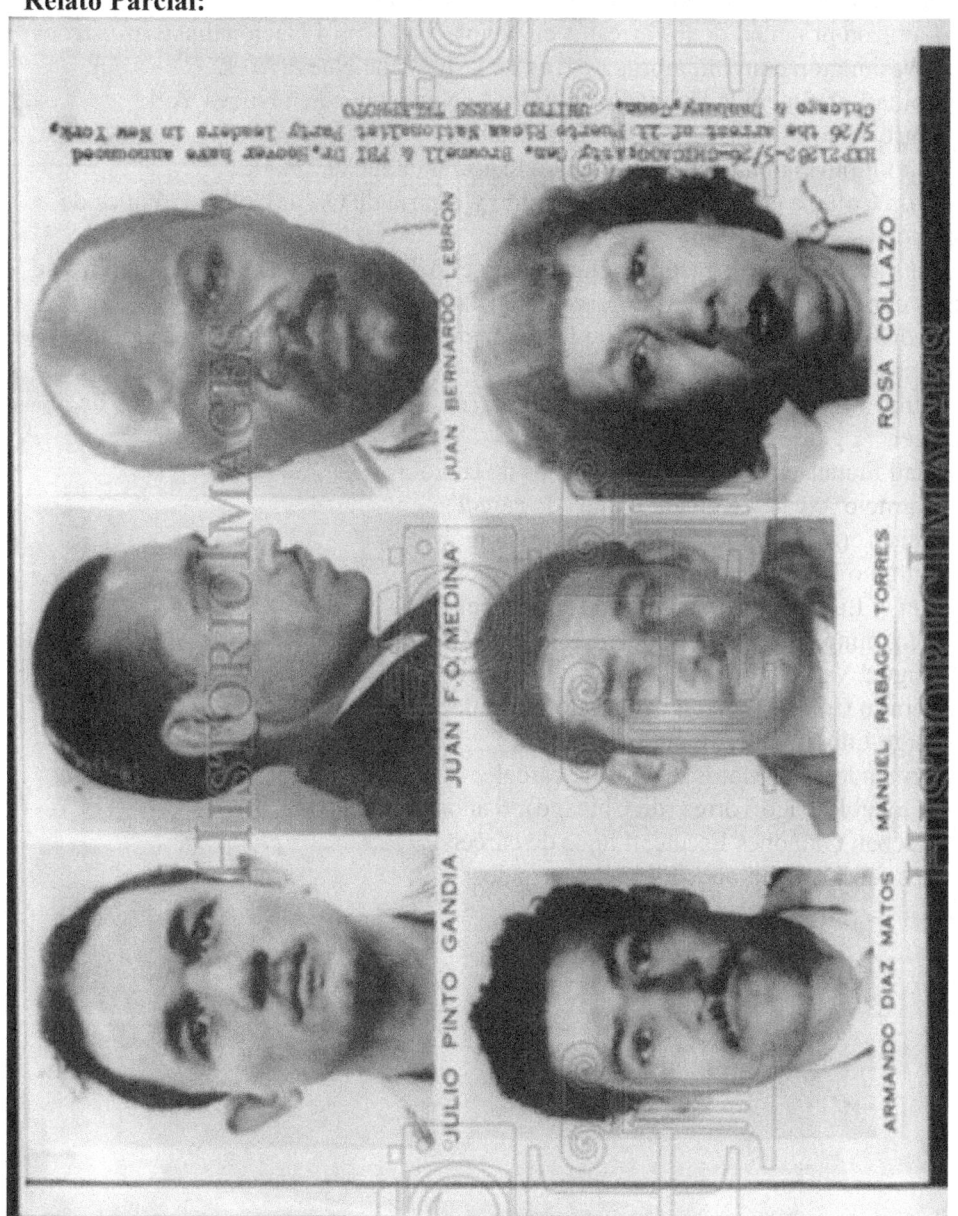

Hablar del 1954 no es solo mencionar Lolita Lebrón, Rafael Cancel Miranda, Andrés Figueroa Cordero y a Irvin Flores Rodríguez.

Por el acto del 1954 fueron arrestados muchos Nacionalistas más, en especial los de La Junta de Nueva York y de la Junta de Chicago.

Al igual fueron arrestados muchos otros Nacionalistas en Puerto Rico.

La razón principal de los arrestos en Nueva York: los 4 Nacionalistas arrestados en Washington eran miembros activos de la Junta de Nueva York.

Lolita Lebrón era la Delegada del Partido Nacionalista en Nueva York.

Entre los arrestados en Nueva York estaban:

Julio Pinto Gandía con un tremendo historial de lucha.

Rosa Collazo era la tesorera del partido y esposa de Oscar Collazo: 6 años de prisión.

Carmen (Lolita) Torresola (viuda de Griselio Torresola) y una de las mujeres de más confianza de Albizu Campos: sentenciada a 4 años.

Pedro Aviles, vicepresidente de La Junta de Nueva York y esposo de Lolita Torresola: sentenciado a 4 años.

Otros arrestados: Juan Bernardo Lebrón (no es familia de Lolita): 6 años de cárcel.

Juan Francisco Ortiz Medina: 6 años de cárcel.

Carmelo Álvarez Román: 6 años de cárcel.

Julio Torres Medina: 18 meses de prisión

Antonio Herrera Moreno: 4 años de cárcel

Ángel Luis Arzola Vélez: 4 años de cárcel

Maximino Pedraza Martínez: 6 años de cárcel

Miguel Vargas Nieves: 18 meses de cárcel

Serafín Colón Oliviera: declarado inocente

Jorge Luis Jiménez: 6 años de prisión

Armando Diaz Matos: 6 años de cárcel

Manuel Rábago Torres (de Chicago): 6 años de cárcel

Esteban Quiñones Escuté: 4 años de cárcel

Los esposos Quiñones Escuté: arrestados

Maximino Pedraza Martínez: 6 años de cárcel.

Julio Pinto Gandía.

Carmen "Lolita" Torresola.

Rosa Collazo y Lolita Lebrón salen del Tribunal federal en Washington, DC. Luego de ser sentenciadas en el 1954.

Se convirtieron en traidores y testigos del gobierno:

1-Gonzalo Lebrón Sotomayor (hermano de Lolita).
2-Francisco Cortés Ruiz (también en el 1963 se convierte en testigo contra Albizu Campos).
3-Ángel Luis Medina: testigo del gobierno.
4-Francisco Cortez Ruiz: testigo del gobierno.
5-Carlos Aulet: se convirtió en testigo del gobierno.

Gonzalo Lebrón Sotomayor, hermano de Lolita Lebrón, delator en contra de su hermana, Lolita Lebrón y otros Nacionalistas de Nueva York y Puerto Rico. Fue presidente de la Junta Nacionalista de Chicago en los años 50.

Gonzalo Lebrón Sotomayor, quien fuera presidente de la Junta Nacionalista de Chicago en los años 50, y hermano de Lolita Lebrón, se hizo testigo del gobierno testificando en contra de su hermana y los demás Nacionalistas.

Durante sus confesiones ante la Policía colonial, Lebrón Sotomayor implicó a las siguientes personas: Juan Hernández Vallé, Juan Bernardo Lebrón, Mercedes Villanueva, Julio de Santiago, Ruth M. Reynolds, Ángel Santiago, Francisco Ríos, César Garcés, Rafael Ruiz, Rafael Virella, Edmundo B. Fernández, Juan Álamo Díaz y su esposa Germana Bilbao, Veneranda Rivera, Isabel Freyre de Matos, Jorge Luis Jiménez, Rosa Collazo, Francisco Ortiz Medina, Isabel Rosado Morales, Víctor Carrasquillo Santos y muchos conocidos líderes del Partido Nacionalista de Puerto Rico y Estados Unidos. Casi todos fueron a parar a la cárcel.

Francisco Cortes Ruiz (al centro), acompañado del alguacil federal señor Donald Draughton, fue trasladado a Nueva York.

El Nacionalista Francisco Cortés Ruíz, al centro, acusado por las autoridades federales en unión a otros Nacionalistas de conspirar para derrocar el Gobierno por medio de la violencia. Cortés fue el único de los Nacionalistas cuyo arresto fue realizado por el Negociado Federal de investigaciones y que se encontraba en Puerto Rico. En una vista en el tribunal supremo de Puerto Rico en mayo de 1964 sobre la revocación del indulto que se le había impuesto a Albizu en 1953, Francisco Cortés Ruiz declaró el único testigo en contra del prócer.

Francisco Cortés Ruiz se convierte en testigo en contra de Don Pedro (y de otros Nacionalistas).

Calce de El Mundo, 9 jun 1954 (UPR).

Ángel Luis Medina   Carlos Aulet.

Arrestados en Puerto Rico en el 1954:
El 6 de marzo de 1954 el local -hogar de Pedro Albizu Campos- fue atacado y Albizu es arrestado.

1954. Pedro Albizu Campos siendo arrestado luego del ataque nacionalista al Congreso de Estados Unidos.

Don Pedro Albizu Campos
Doris Torresola
Isabelita Rosado Morales
Carmen (Carmín) Pérez
José (Don Pepe) Rivera Sotomayor
José Antonio Otero Otero: 6 años de cárcel federal, luego regresó a Puerto Rico y fue nombrado Presidente Interino de El Partido (1963-66)
Lcdo. Juan Hernández Vallé: 6 años de cárcel.
Santiago González Castro: 6 años de cárcel.

Ataque a las ofcinas del partido Nacionalista de Puerto Rico-54

449

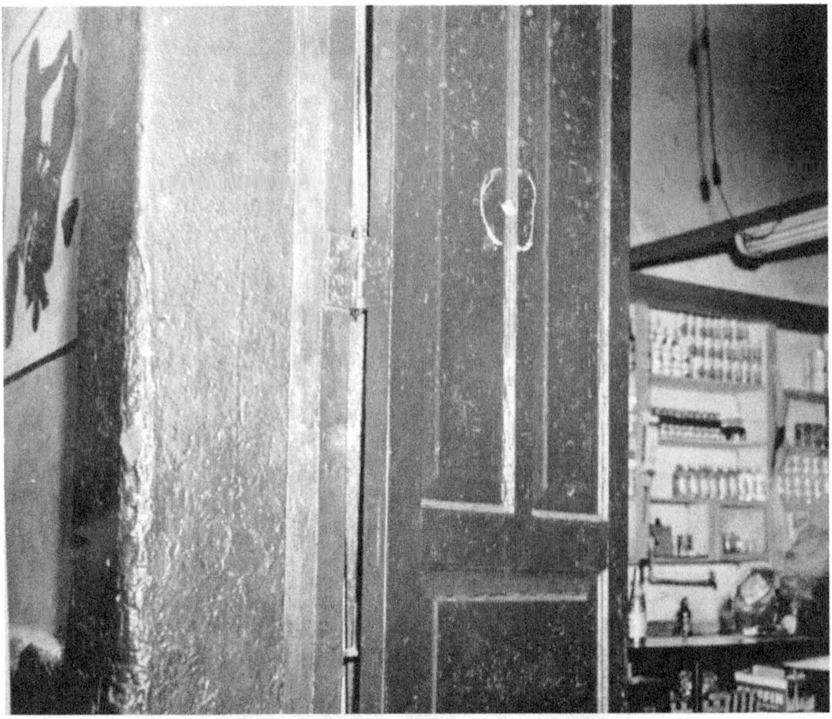

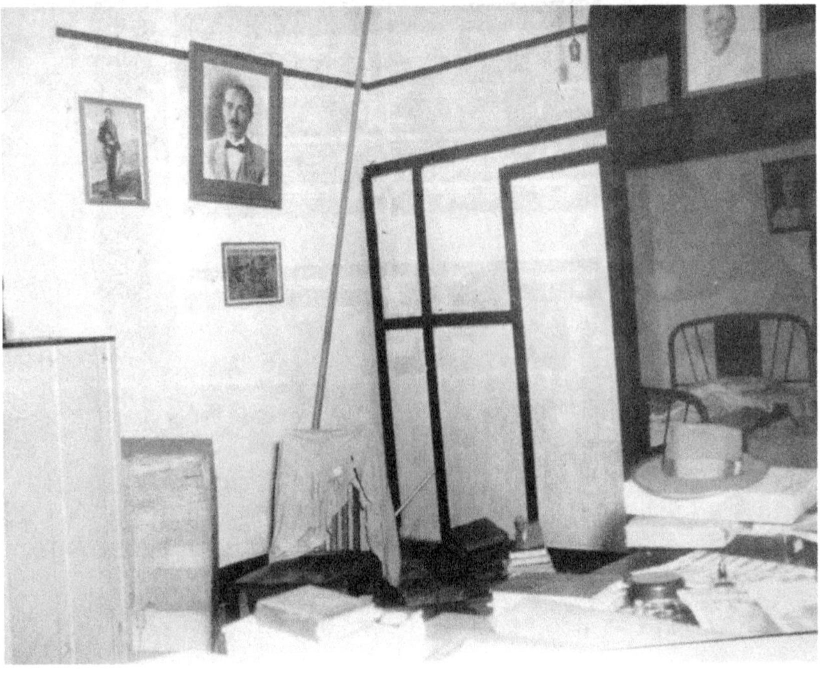

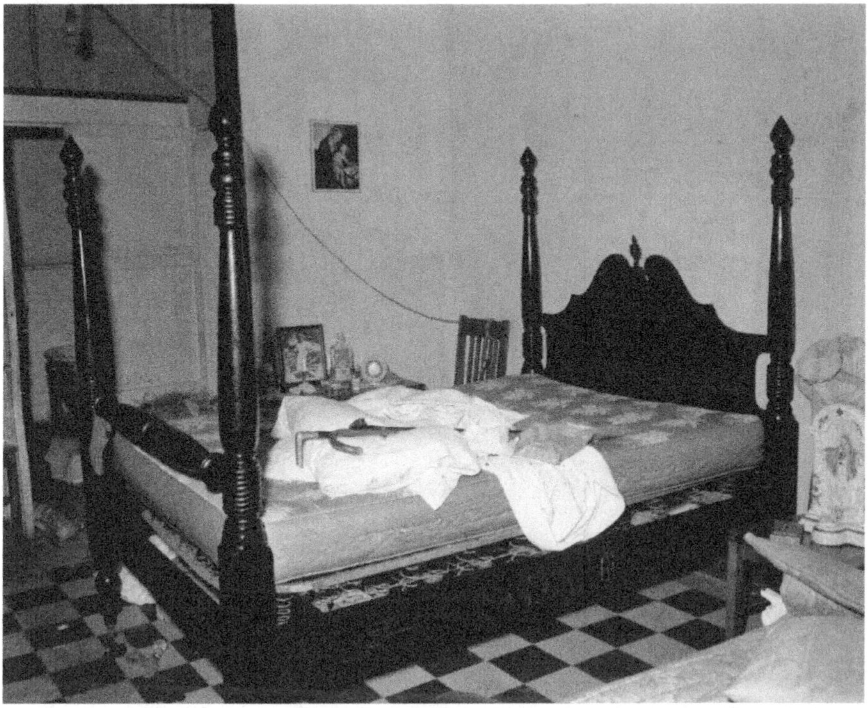

452

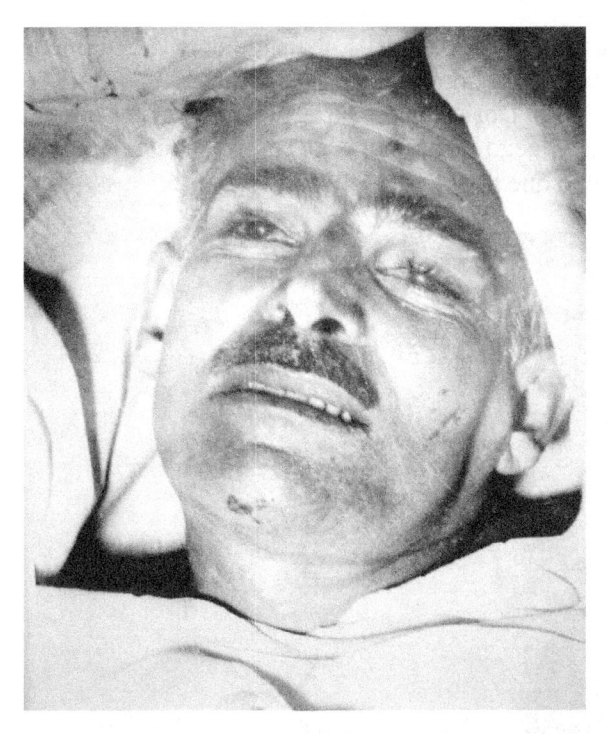

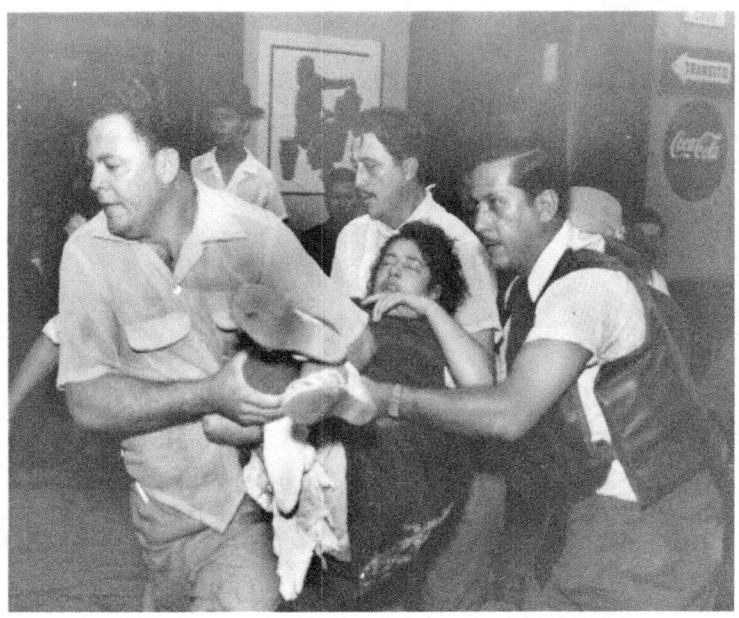

Doris Torresola Roura el 6 de marzo del 1954.

Luego del ataque al Congreso del 1 de marzo de 1954, se encontraba de nuevo en la Junta Nacional del Partido Nacionalista, donde se aproximó la policía para arrestar a Don Pedro. Doris, junto a otros protectores de Don Pedro, se fue a tiros contra la policía, y luego de dos horas de confrontación la policía lanzó bombas de gases lacrimógeno que la obligó a salir inconsciente.

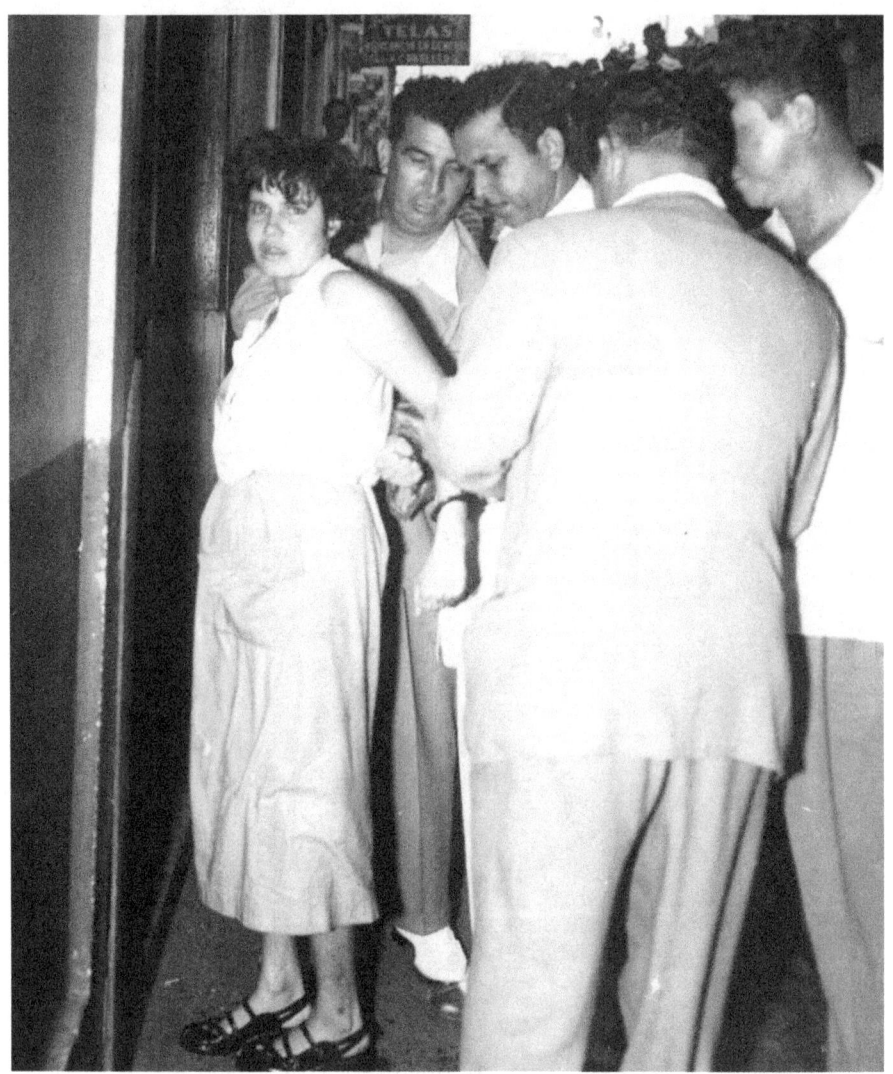

Carmín Pérez

Isabelita Rosado

455

José "Don Pepe" Rivera Sotomayor

Arresto de Pedro Albizu Campos, luego del ataque Nacionalista al Congreso.
Foto de el periódico El Mundo, 6 de marzo de 1954.

El ultimo en salir fue Don Pedro quien es cargado a hombros por el capitán Dudley Osborne. Albizu Campos semi asfixiado por los gases tóxicos fue devuelto a prisión y su indulto cancelado.

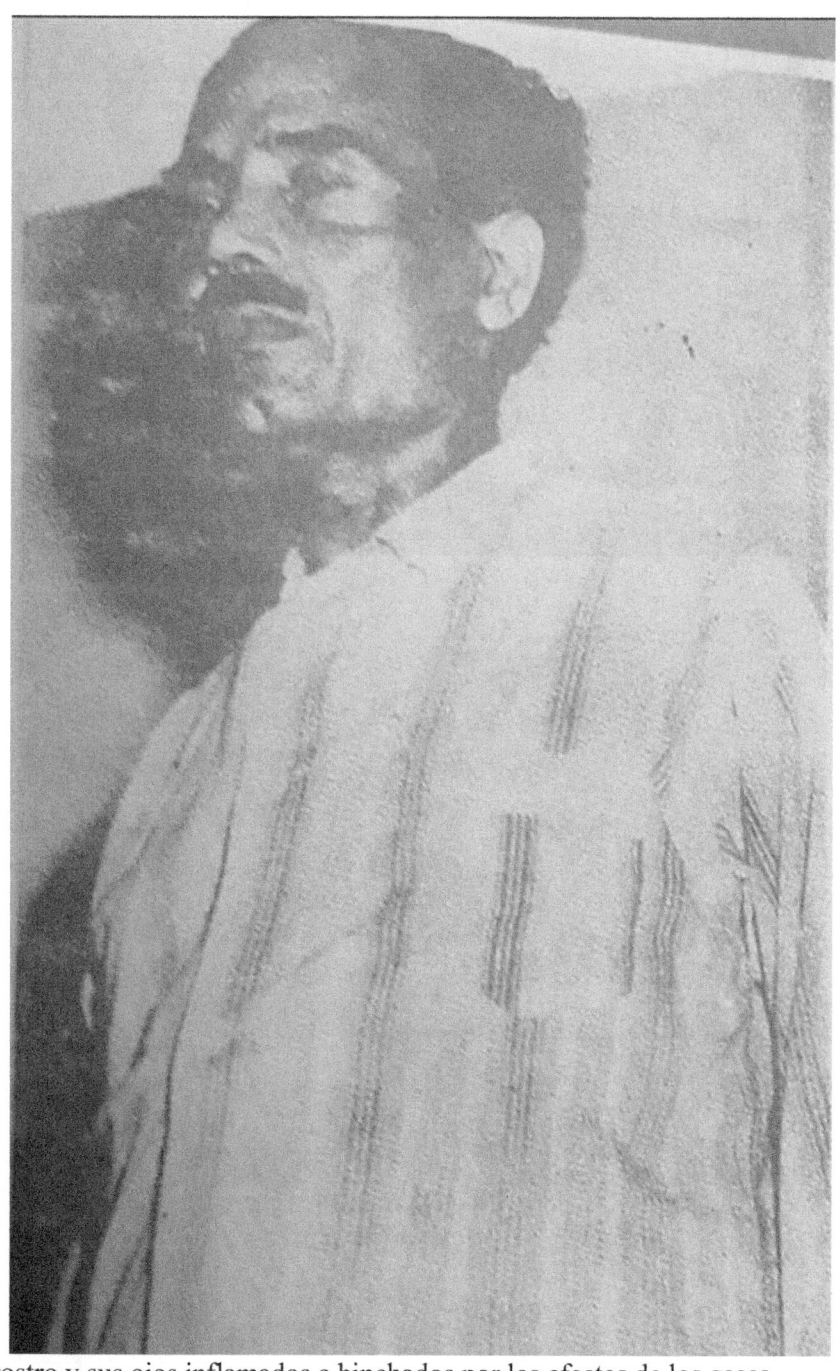

Su rostro y sus ojos inflamados e hinchados por los efectos de los gases lacrimógenos.

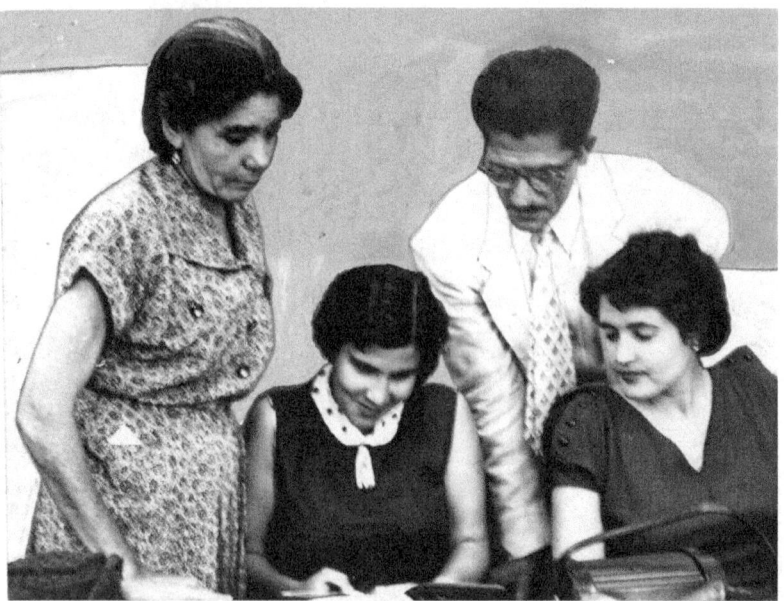

En la corte Isabelita Rosado, Carmen Pérez, Doris Torresola y Don Pepe Rivera Sotomayor.

Nuestras valientes mujeres en 1954

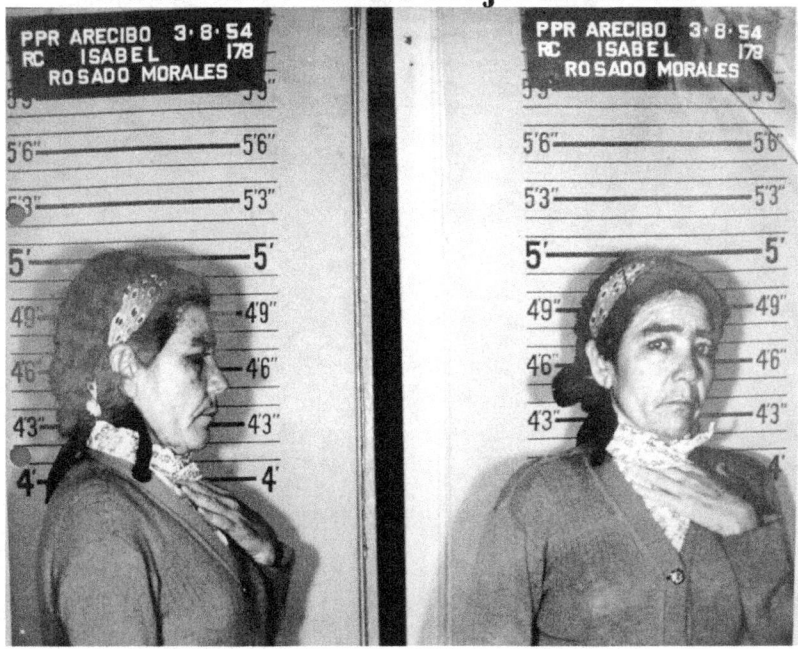

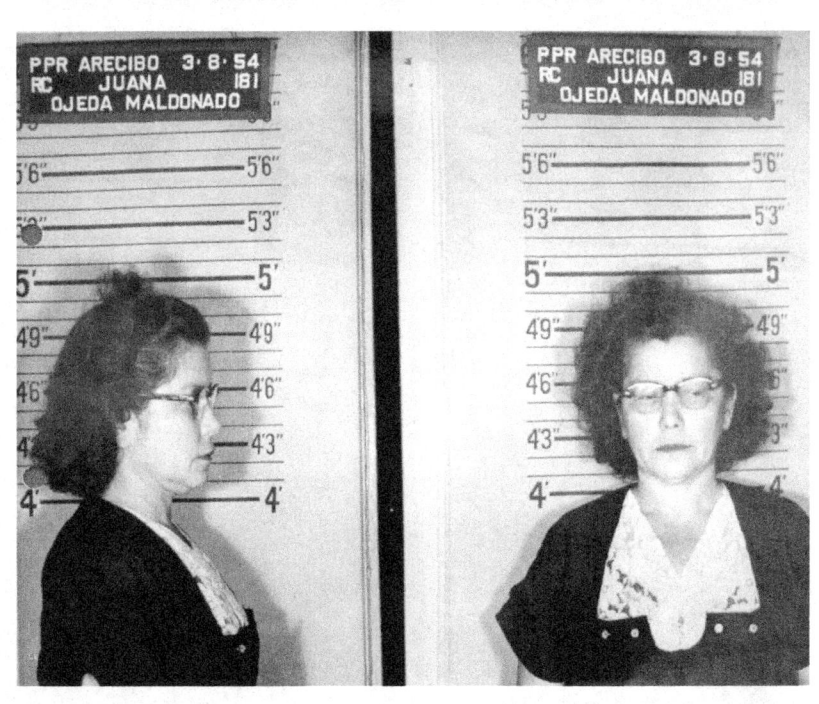

PPR ARECIBO 3·8·54
RC JUANA 177
MILLS ROSA

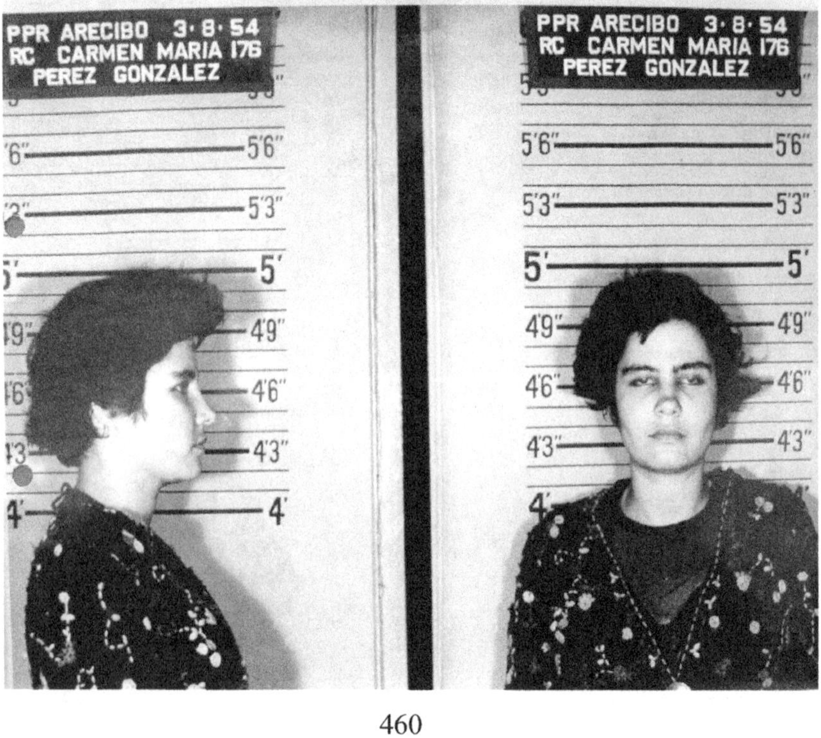
PPR ARECIBO 3·8·54
RC CARMEN MARIA 176
PEREZ GONZALEZ

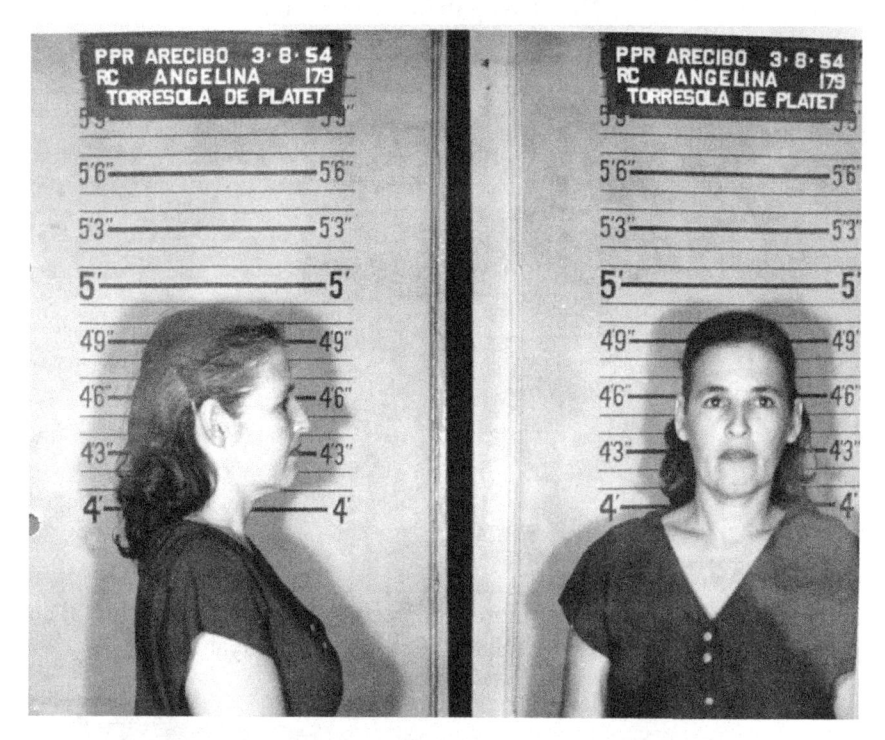

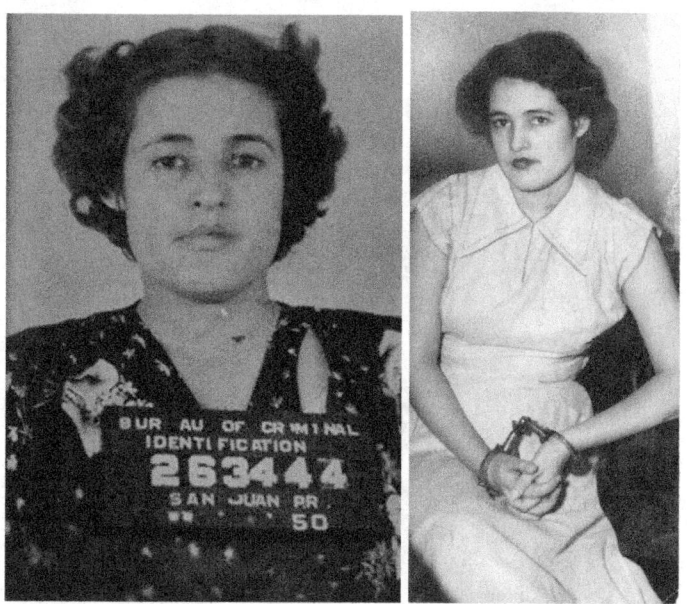

Doris Torresola Roura.

Nuestros patriotas en corte.

Daniel Feliciano (cuarto de izquierda a derecha), Víctor Carrasquillo (al centro, vestido de oscuro) Saltari Crespo (con guayabera).

Grupo de nacionalistas en cort

Capitulo XIV
Las torturas y el asesinato a Pedro Albizu Campos
Martes 12 de septiembre del 1961

PARTIDO NACIONALISTA
DE PUERTO RICO

Pedro Albizu Campos

UNA GLORIA DE PUERTO RICO

PARTIDO NACIONALISTA DE PUERTO RICO
PEDRO ALBIZU CAMPOS
Una gloria de Puerto Rico.

El gran pensador mexicano Don José Vasconcelos, Presidente de la Universidad Nacional Autónoma de México y Ministro de su país escribió de Pedro Albizu Campos en su libro INDOLOGIA: "Algún día esta América Nuestra lo saludará como uno de sus héroes". La escritora chilena Gabriela Mistral, Premio Nobel de Literatura, se refirió así sobre Pedro Albizu Campos: "Es el primer puertorriqueño y quizás el primer hispanoamericano". El filósofo cubano, Ministro de Educación de Cuba y Rector de la Universidad de La Habana, Enrique José Varona, dijo de Pedro Albizu Campos: "Apostol y propagandista de noble ideal y levantado empeño." El Congreso Popular de la Paz de América, reunido en Buenos Aires con asistencia de numerosas personalidades latinoamericanas, exaltó a Pedro Albizu Campos como "La figura cumbre en la contemporaneidad cívica de América".

PEDRO ALBIZU CAMPOS HA DICHO:

—La mujer es respetable hasta en el dolor inmenso de la prostitución
—No llega a puerto seguro una vida al azar.
—Quien vive de odios se embrutece.
—La libertad es disciplina.
—A la patria hay que amarla como a una mujer, física y espiritualmente.
—El triunfo de los puertorriqueños sobre los puertorriqueños es la derrota de la patria.
—En Puerto Rico se decidirá si ha de truinfar la fuerza o el derecho en América.
—Las invasiones (extranjeras) nunca son románticas.
—Grande es el imperio que desafiamos pero más grande que ese imperio es nuestro derecho a la libertad.
—La patria es valor y sacrificio.

Ha dicho que se dedicó a la política porque nació en un país esclavo, pero que si hubiera nacido en un país libre se habría dedicado a las ciencias o a las artes. Afirma: "Albizu Campos no es un hombre insustituible y el deber de cada uno de ustedes es prepararse para sustituir a Albizu Campos en cualquier momento.

El próximo 12 de septiembre, el Dr. Pedro Albizu Campos cumple 70 años de edad. Se encuentra paralítico, casi mudo e incomunicado, con guardia a la vista día y noche sin que se le permita la visita de su abogado ni de su esposa. Del día 10 al 17 de septiembre Puerto Rico y toda América le rendirá homenaje.

EL PROGRAMA A DESARROLLARSE EN PUERTO RICO SERA EL SIGUIENTE:

Domingo 10 de septiembre de 1961:

10:00 A. M.—Piquete extraordinario frente al hospital Presbiteriano donde se encuentra preso el Dr. Pedro Albizu Campos.

Martes 12 de septiembre de 1961:

6:00 A. M.—Diana por las calles del área metropolitana.

7:00 A. M.—Mañanitas bajo la ventana de la habitación - celda No. 310, por un grupo de artistas puertorriqueños.

10:00 A. M.—Guardia de honor frente al hospital Presbiteriano portando las banderas latinoamericanas, la bandera nacional puertorriqueña y la bandera de Lares. Esta guardia de honor se prolongará hasta las 4:00 P.M.

10:00 A. M.—Exhibición de la exposición de arte patriótico frente al hospital Presbiteriano.

8:00 P. M.—Acto en el Ateneo Puertorriqueño.

Viernes 15 de septiembre de 1961:

7:30 P. M.—Programa de radio por una cadena de emisoras donde dramatizará las partes sobresalientes de la vida de Albizu Campos.

Domingo 17 de septiembre de 1961:

9:00 A. M.—Organización de un gran desfile cívico-patriótico detrás del capitolio en Puerta de Tierra.

10:00 A. M.—Desfile hacia San Juan, dirigiéndose a la Casa de Albizu Campos y oficinas de la Junta Nacional del del Partido Nacionalista en Cruz esquina Sol, desde donde se leerá una Proclama a los pueblos del mundo en solicitud de apoyo a la lucha puertorriqueña por la independencia y la liberación de nuestros presos políticos. El desfile continuará luego hasta la Plaza de Armas (Baldorioty de Castro) en el que harán uso de la palabra oradores del patriotismo nacional.

En la casa de Albizu Campos y oficinas de la Junta Nacional del Partido Nacionalista, se realizarán varias actividades en los días y horas que el Comité Pro Homenaje, en el que estamos integrados junto a otras agrupaciones, no esté celebrando actos. Desde allí se instalarán altoparlantes para pasar algunas grabaciones en la voz de Albizu Campos y se dará lectura a otros discursos y trabajos de nuestro ilustre presidente. Durante esa semana ese lugar permanecerá abierto al público y estará adornado con banderas, retratos y luces. Se exibirá el grabado obra de la inspiración del gran artista mexicano Adolfo Mexiac.

Mañana, cuando la libertad nos alumbre, usted podrá decir: "Yo también estuve en el homenaje al Dr. Pedro Albizu Campos cuando cumplió 70 años de edad y 21 de estar preso".

Luis Manuel O'Neill
Coodinador Nacional

José Miguel Castillo
Presidente Comisión Interna

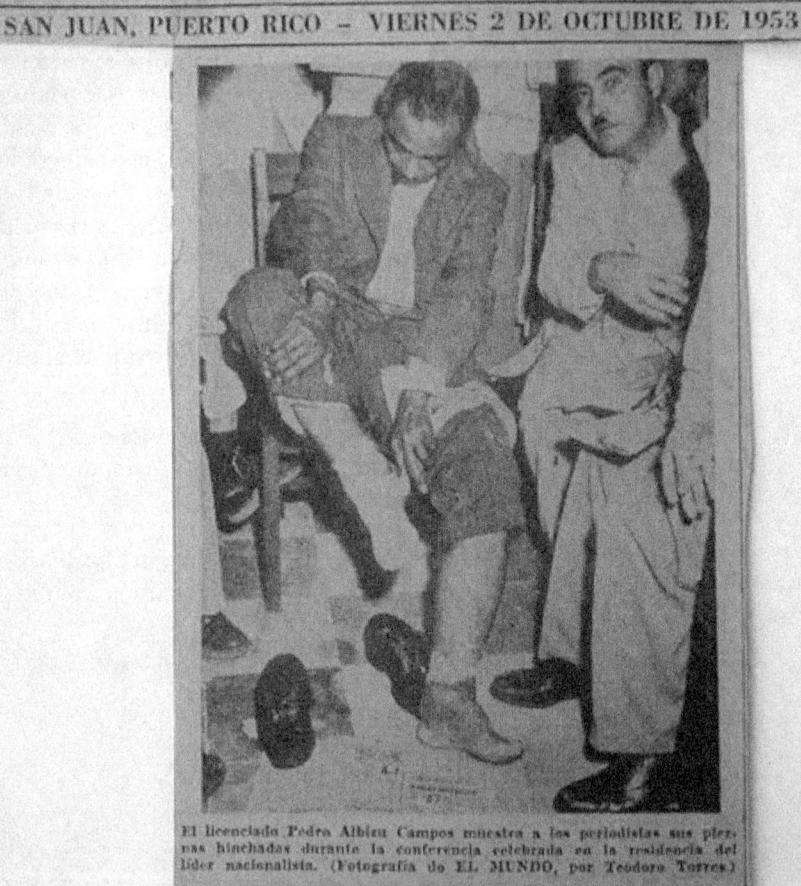

Albizu Campos muestra a periodistas el efecto de los ataques con radiación.
[periódico El Mundo, 2 de octubre de 1953]

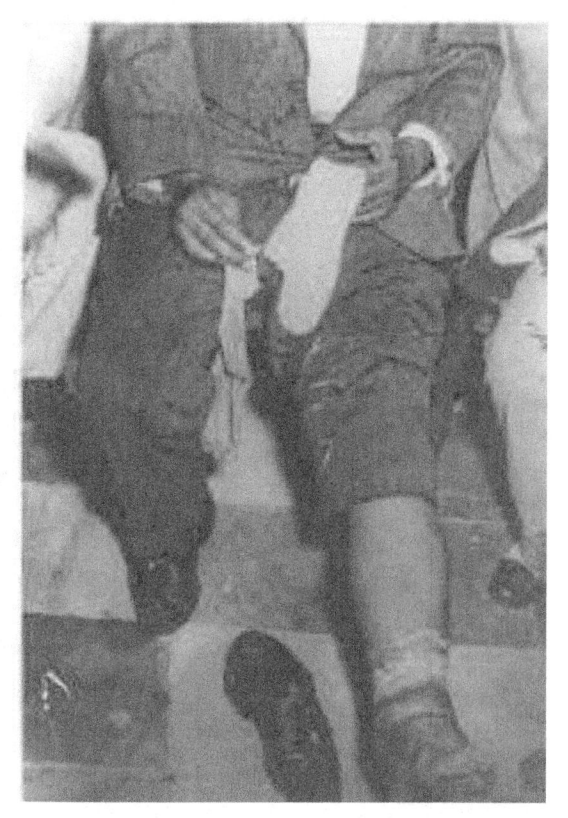

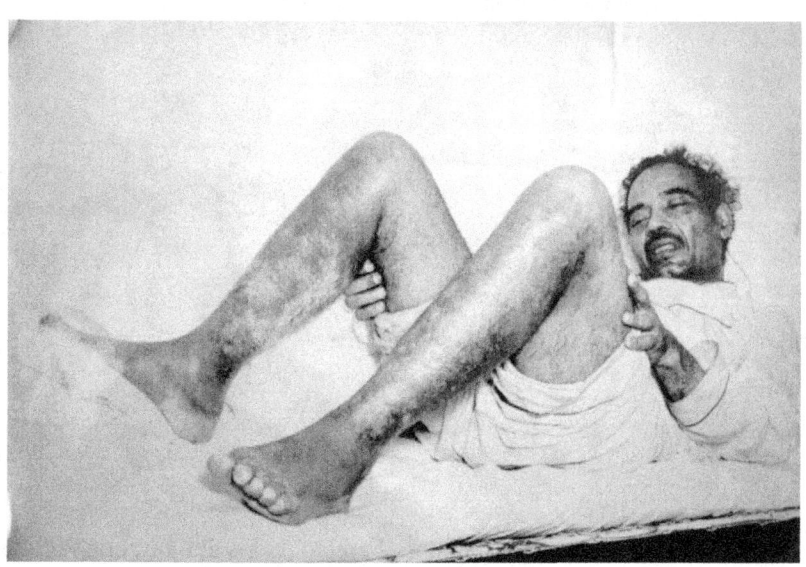

fotos del 30 de septiembre del 1953.

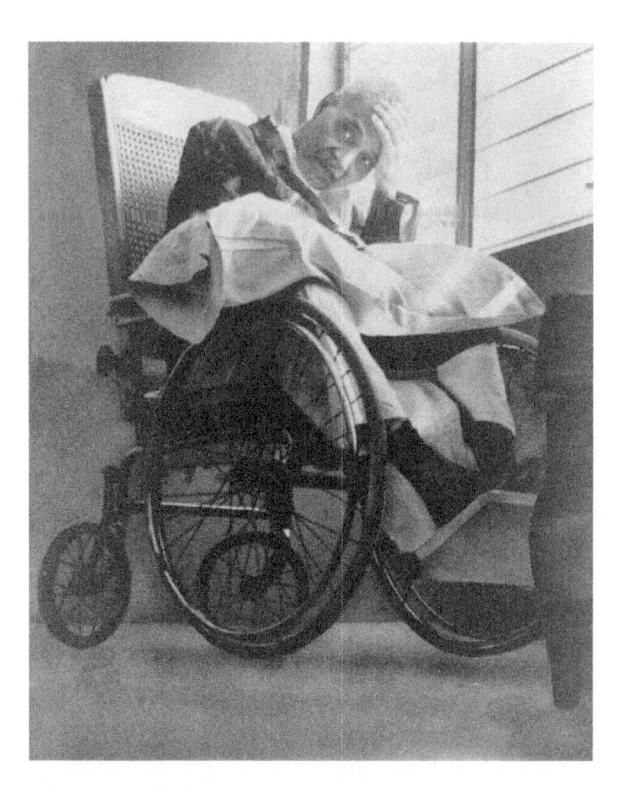

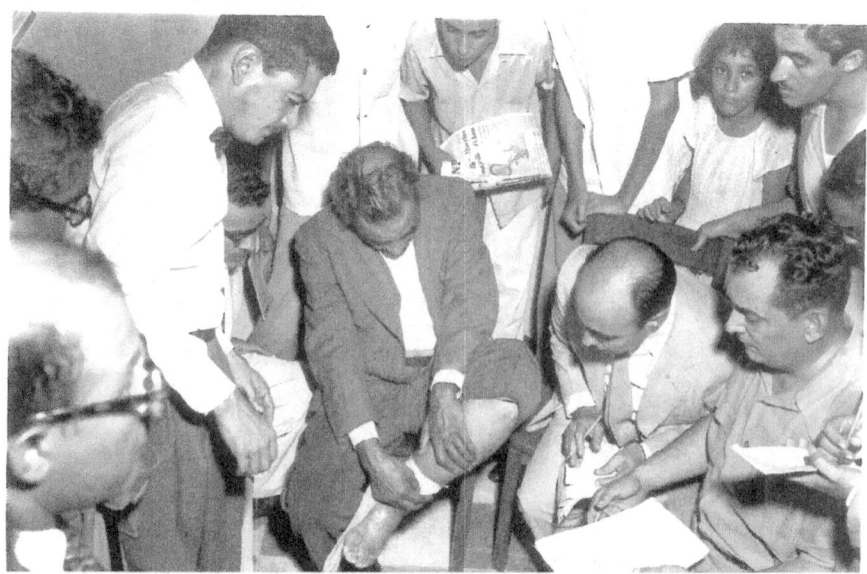

Albizu Campos muestra a periodistas el efecto de los ataques con radiación. [periódico El Mundo, 2 de octubre de 1953]

Foto del joven Pedro Albizu Meneses llegando al Hospital Presbiteriano a visitar a su padre Pedro Albizu Campos quien se encontraba recluido en dicho hospital al sufrir un derrame cerebral en la cárcel. Lo acompañan de izquierda a derecha: Juanita Ojeda, Agustín Maldonado y Ana Albizu, hermana menor de don Pedro. San Juan, Puerto Rico. 1956. Cortesía: Biblioteca Digital Puertorriqueña.

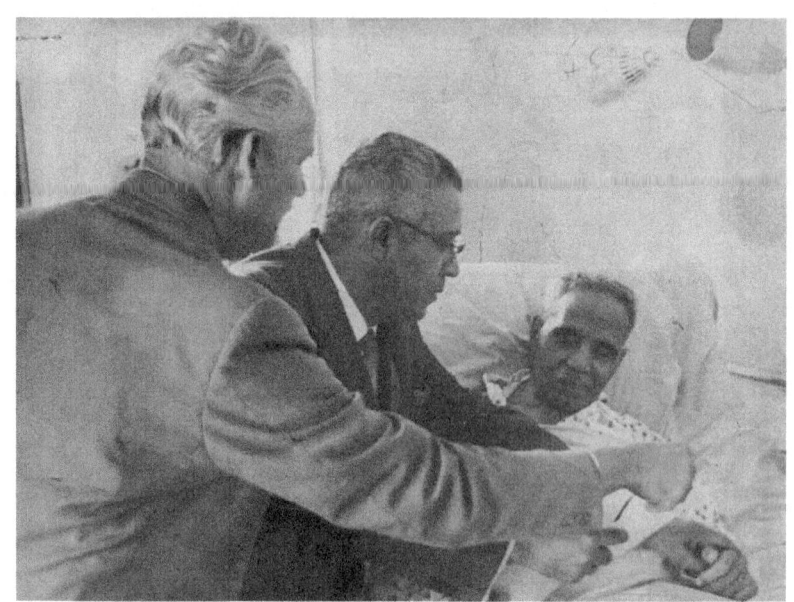

El señor Gerardo Delgado Alcaide del Presidio, mientras entregaba los papeles del indulto a Don Pedro Albizu Campos junto al Licenciado Carlos Carrera Benítez en 1965.

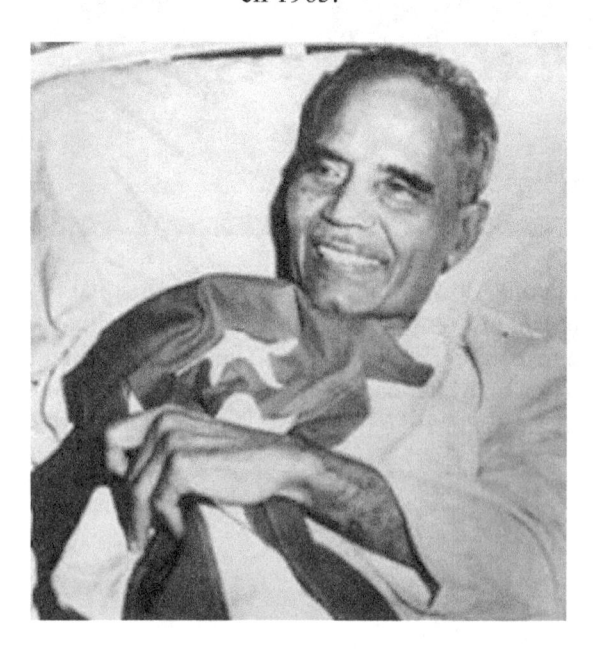

Don Pedro en su lecho de enfermo.

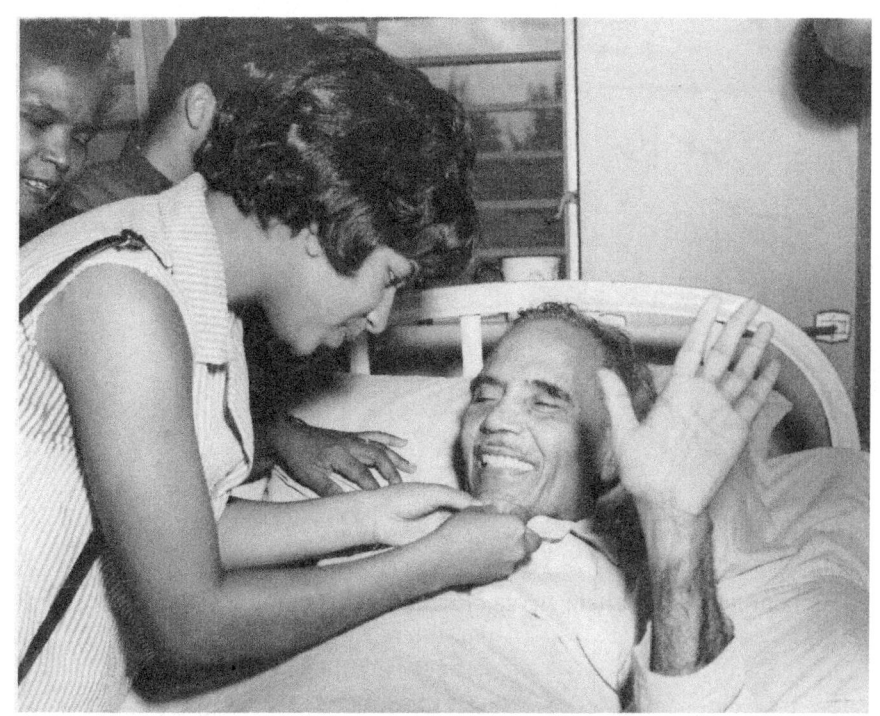

Marta Sánchez Olmedo, enfermera que cuido a Don Pedro. También sufrió persecución y "carpeteo".

Juanita Ojeda abrazando a Don Pedro Albizu Campos después del indulto. El 15 de noviembre de 1964.

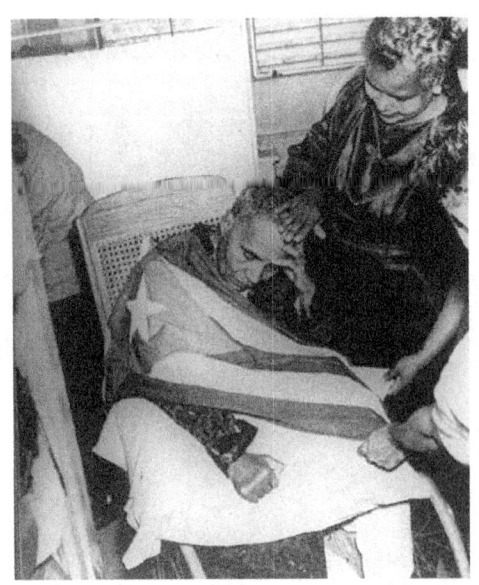

La heroína Nacionalista Juana (Juanita) Mills cuida de Don Pedro, semi paralítico.

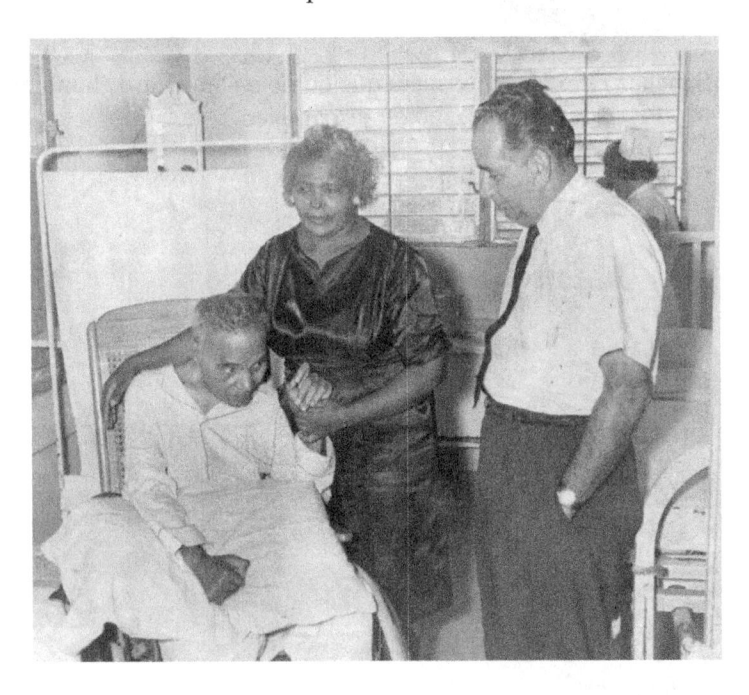

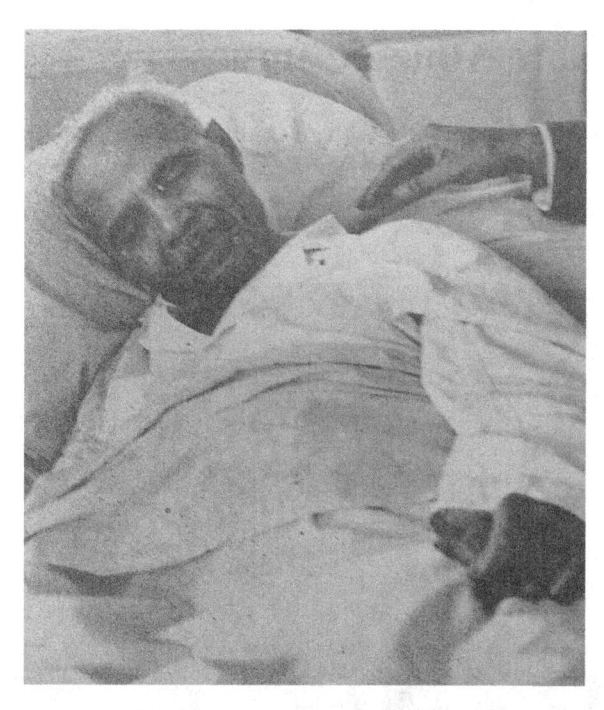

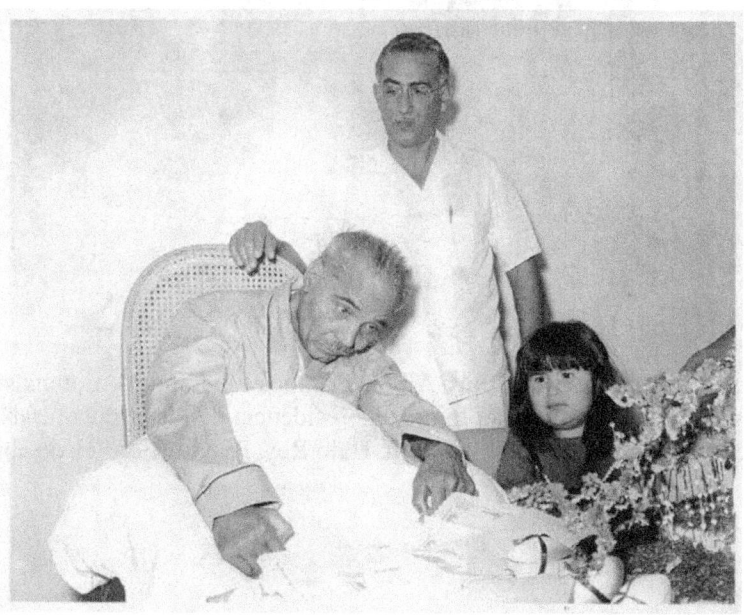

El 17 de febrero del 1965. Cumpleaños de su nieta Alicia Meneses, Albizu Campos y el Dr. Ricardo Cordero.

1965: Muere Albizu Campos

Un grupo de seguidores de Pedro Albizu Campos esperando la noticia sobre la condición del líder Nacionalista frente a la residencia donde se encontraba. Albizu falleció esa misma noche a las 9:40 p.m. Hato Rey, Puerto Rico. 21 de abril de 1965.

Un grupo de seguidores de Pedro Albizu Campos esperando la noticia sobre la condición del líder Nacionalista frente a la residencia donde se encontraba. Albizu falleció esa misma noche a las 9:40 p.m. Hato Rey, Puerto Rico. 21 de abril de 1965.

1965. Una demostración en El Capitolio luego de la muerte de Albizu Campos. San Juan, Puerto Rico.

1965. Laura Meneses, esposa de Pedro Albizu Campos.

✝
PEDRO ALBIZU CAMPOS
HA FALLECIDO
A las 9:30 P.M. del 21 de abril de 1965

Su viuda Laura Meneses de Albizu Campos; sus hijos Pedro Albizu Campos Meneses (Ausente) Rosa Albizu Campos de O'neill (ausente) y Laura Albizu Campos de Meneses, sus hijos políticos Mercedes Espiñeira de Albizu Campos (ausente) Luis O'neill Rosario (ausente) y Carlos G. Meneses (ausente); sus sobrinos, nietos y demás familiares su fiel y consecuente amiga Juanita Ojeda; Los Doctores Ricardo Cordero, Cuello y Rodríguez, suplican una Oración al Todopoderoso y asistir al Acto del Sepelio que tendrá lugar el domingo 25 de abril a las 2:00 PM; partiendo la comitiva fúnebre desde el Ateneo Puertorriqueño hasta el Cementerio de San Juan acto por el cual quedarán agradecidos. Los restos mortales permanecerán en Capilla ardiente en la Funeraria Jensen Fda. 26, Santurce, hasta el sábado 24 de abril a las 2:00 PM, hora en que será trasladado al Ateneo Puertorriqueño, donde recibirá Honras Fúnebres hasta el domingo 25 de abril a las 2:00 P.M. que se procederá al Sepelio.

JENSEN

"La Patria es Valor y Sacrificio."

Dr. Pedro Albizu Campos
Nació el 12 de septiembre de 1890
Falleció el 21 de abril de 1965

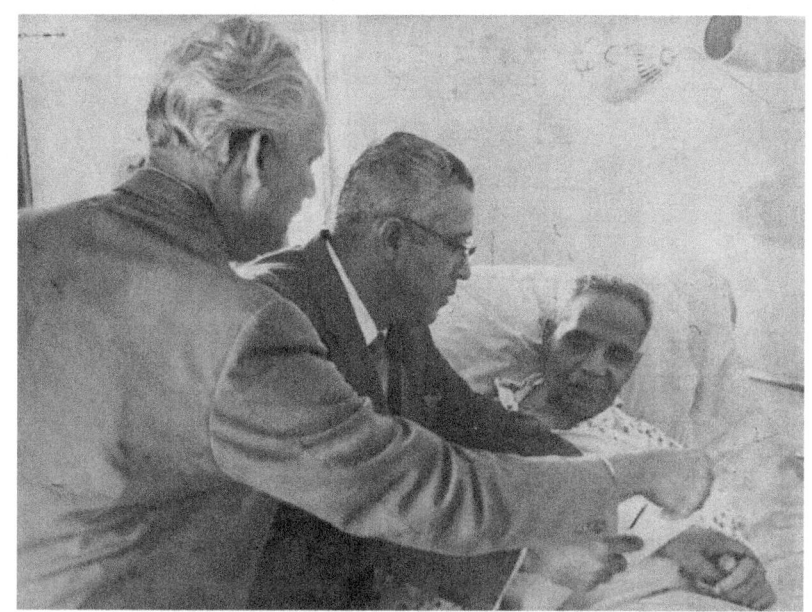

El señor Gerardo Delgado Alcaide del Presidio, mientras entregaba los papeles del indulto a Don Pedro Albizu Campos junto al Licenciado Carlos Carrera Benítez en 1965.

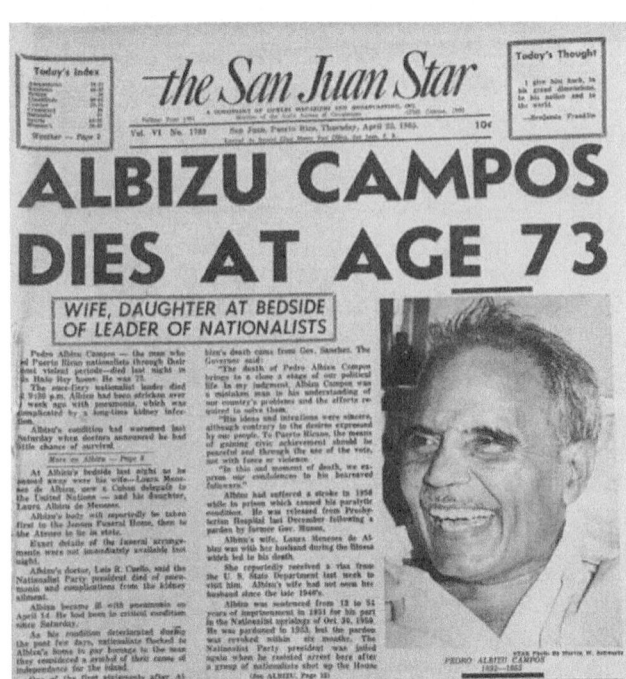

The San Juan Star. 22 de abril de 1965

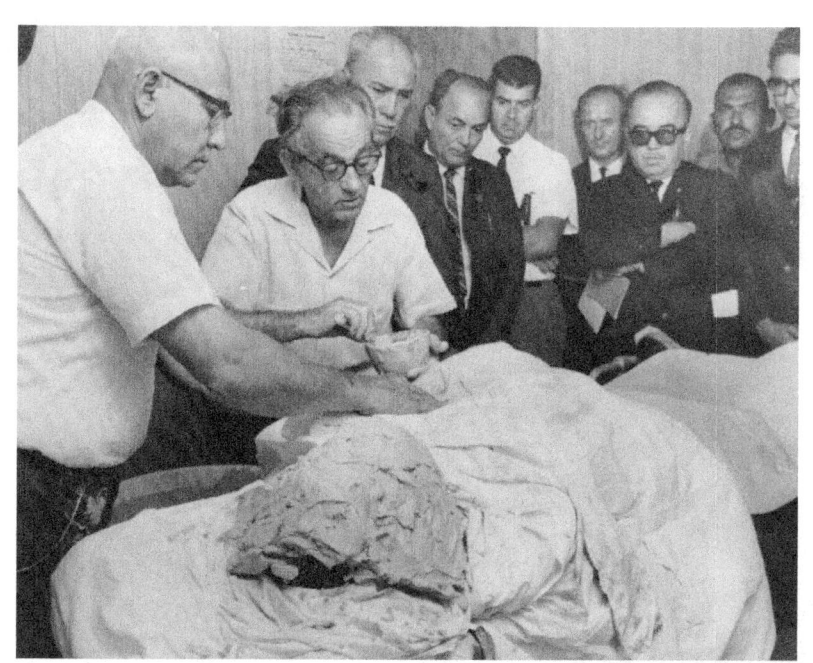

Momento en que el escultor Compostela (segundo a la izquierda) retiraba la mascarilla de don Pedro Albizu Campos. Detrás, desde la izquierda, Eduardo Guzmán, G. Vicente Maura, Juan Antonio Corretjer y José Marcano. Foto: 21 de abril 1965.

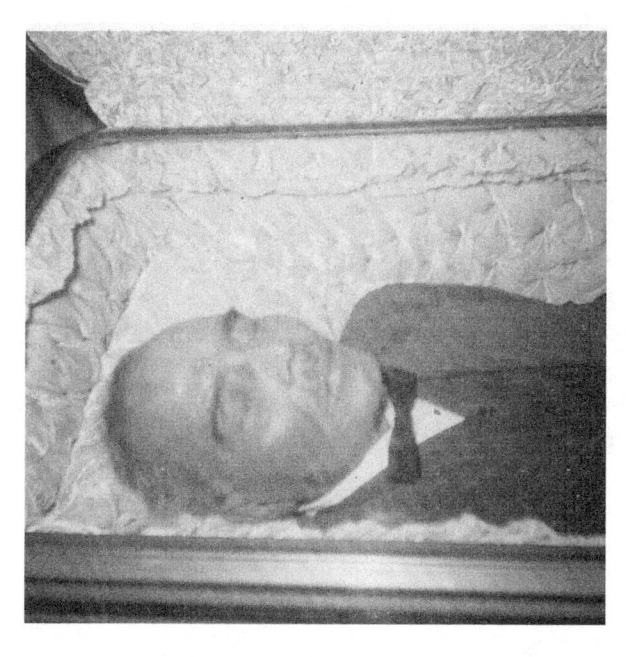

Ante su féretro, expuesto el primer día en la funeraria Jensen y el segundo día en el Ateneo, desfilaron decenas de miles de personas habiéndose agotado temprano al segundo día 75,000 recordatorios de luto. Se recibieron cables de varios países del mundo uniéndose al duelo. El Congreso de Venezuela declaró varios días de luto y envió a José A. Herrera Oropesa quien participó en la despedida del duelo. Personas de todas las ideologías políticas, incluyendo al Dr. Santos P. Amadeo, del Partido Estadista Republicano, le hicieron guardia de honor. La multitud adolorida que acompañó sus restos mortales hasta el Cementerio María Magdalena de Pazzis se dilató más de tres horas en llegar. Allí al obscurecer del 23 de abril de 1965, fueron depositados al lado de la tumba de José de Diego. El Dr. Manuel Maldonado Denis fue designado por la familia oficialmente para despedir el duelo.

Antulio Parrilla Bonilla dirigió como obispo las exequias en el funeral de Pedro Albizu Campos en abril de 1965.
El obispo Parrilla Bonilla fallece el 3 de enero de 1994 a los 75 años.

El sepelio de Don Pedro Albizu Campos en 1965. Se trasladan al pueblo de Lares.

1965-San Juan. Salida del Ateneo. Entierro de Pedro Albizu Campos.

Al centro; Isabelita y Juanita Ojeda.

1965.Tumba de Albizu Campos.

1965-San Juan. Salida del Ateneo. Entierro de Pedro Albizu Campos.
1965. Tumba de Albizu Campos

Cumplíste Maestro

12 SEPTIEMBRE 1891

Dr. Pedro Albizu Campos

Encarcelado desde 1936-1943, 1950-1953, 1954-1964 por un total de 20 años.
El 6 de noviembre de 1950 Pedro Albizu Campos es arrestado.
El 30 de septiembre de 1953 Luis Muñoz Marín indulta a Albizu Campos por razones de salud.
El 1ero de octubre de 1953 los medios de comunicación dan a conocer las denuncias de Albizu Campos en el sentido de que se le había expuesto a radiaciones y quemado por "rayos electrónicos de belicismos colores y precisión".
El 6 de marzo de 1954 se ordena el arresto y encarcelación de Albizu Campos.
El 20 de marzo de 1956 Pedro Albizu Campos sufre una trombosis.
El 24 de marzo de 1956 es ingresado en el Hospital Presbiteriano. (trombosis, afasia motora, hemiplejia, arterosclerosis cerebral).
El 5 de marzo de 1956 es ingresado al presidio luego de 68 días en el hospital.
El 9 de noviembre de 1956 es admitido nuevamente al hospital presbiteriano en las mismas condiciones de la vez anterior, pero esta vez con pérdida casi total del habla.
El 15 de noviembre de 1964 Pedro Albizu Campos es indultado.
El 21 de abril de 1965 muere Pedro Albizu Campos.

Pedro Albizu Campos: un Adelantado
Cronología de José Benjamín Torres
1893: Nació el 29 de junio en el barrio Tenerías de Ponce, Puerto Rico. Según los documentos de inscripción de su puño y letra en Harvard y el testimonio de su familia. Según la inscripción de reconocimiento por su padre, cuando casi terminaba sus estudios, nació el 12 de septiembre de 1891.
1904: Cursó instrucción primaria en las escuelas de Juana Díaz y Ponce.

1912: Becado por la Logia Masónica Aurora, Albizu Campos inicia sus estudios en la Universidad de Vermont, Estados Unidos.
1913: Albizu Campos pasa a la Universidad de Harvard a continuar sus estudios por recomendación del Profesor Thompson. La universidad de Harvard lo invita a estudiar especificando que no podría aspirar a una beca hasta que cursara el primer año.

1916: Albizu Campos recibe su bachillerato; prosigue sus estudios postgraduados e ingresa en la Escuela de Derecho de la Universidad de Harvard.
En la Universidad de Harvard, Albizu Campos conoce al sabio jesuita Luis Ródes, destacado astrónomo y científico catalán.

1917: Al estallar la Primera Guerra Mundial, Albizu Campos ingresa voluntariamente, pagando todos sus gastos, en el primer adiestramiento que se ofreció en Estados Unidos, dirigido por la Misión Militar Francesa, enviada a ese país para instruir a la oficialidad norteamericana en formaciones modernas. Fue el único puertorriqueño que se graduó de este curso y fue recomendado para primer teniente de la Infantería.

Septiembre: compareció ante el jefe de Asuntos Insulares, General Frank MacIntyre, para ofrecer sus servicios al Departamento de Guerra con la condición de ser movilizado en Puerto Rico, con tropas de Puerto Rico. Con esas condiciones ingresó voluntariamente al ejército y viajó de Boston a Ponce con sus propios recursos, y organizó una Compañía de doscientos voluntarios "Home Guard".

1918-Abril: Abrió y sostuvo en Ponce una escuela para "non commisioned officers", y sus estudiantes, y al ser movilizados, fueron nombrados cabos y sargentos en el Campamento "Las Casas".

Fue el puertorriqueño de más alta calificación en el tercer Training, graduándose de Primer Teniente, y con ese rango sirvió en el "Regimental staff 375th Infantry", hasta marzo de 1919.

Llega a Puerto Rico Fr. Martín J. Bernstein, fraile dominico holandés, director de El Piloto y director espiritual de Albizu Campos.

1919: al ser licenciado fue nombrado primer Teniente de la Infantería de la reserva de Los Estados Unidos.
Septiembre: Albizu Campos regresó a Boston y continuó sus estudios en la Escuela de Derecho de la Universidad de Harvard.

1921: Albizu Campos terminó sus estudios. Obtuvo los diplomas de Ingeniería Química, Letras y Filosofía, Ciencias Militares y Derecho, además de dominar seis idiomas. Regresa a Puerto Rico.

1922: Albizu Campos contrae nupcias con la Dra. Laura Meneses del Carpio, de nacionalidad peruana, a quien había conocido en Harvard.
17 de septiembre: se funda en Rio Piedras el Partido Nacionalista de Puerto Rico. Albizu Campos no participa en la organización de esa colectividad.

3 de octubre: Albizu Campos hizo su ingreso formal en el Partido Unión de Puerto Rico.

1924: 26 de marzo: nace en Ponce su hijo Pedro Albizu Meneses.

12 de mayo: rompe con el Partido Unión.

18 de mayo: Es electo primer vicepresidente del Partido Nacionalista

Noviembre: para las elecciones de 1924 el Partido Nacionalista lo postula como candidato a Representante a la cámara por el Precinto 21 de Ponce.

1925, 30 de agosto: nace en Ponce su hija Rosa Emilia.

6 de septiembre: el Partido Nacionalista lo comisiona para visitar los países latinoamericanos en una misión para recabar la solidaridad a favor de la independencia de Puerto Rico.

1927, 20 junio: Inicia la peregrinación por Latinoamérica. Visita primeramente Santo Domingo, luego Haití, Cuba, México, Panamá, Perú y Venezuela.

16 de octubre: Nace en Perú su hija Laura Esperanza.

1930: 4 de enero: regresa a Puerto Rico. Reside en el Barrio Villa Palmeras de Santurce.

11 de mayo: Es electo presidente del Partido Nacionalista de Puerto Rico en la asamblea que celebra la colectividad en El Ateneo Puertorriqueño en San Juan. Inicia una gigantesca campaña de educación y concientización del pueblo por todos los campos, barrios y plazas públicas de Puerto Rico. Su lema "El nacionalismo es la patria organizada para el rescate de la soberanía".

1931, mayo: bajo la inspiración de Albizu Campos se funda la Asociación Patriótica de Jóvenes Puertorriqueños. Mas tarde, esta organización se transforma en el Cuerpo de Cadetes de la República, e incorpora a las mujeres Nacionalistas y las organiza en el Cuerpo de Enfermeras de la Republica.

1932, 25 de enero: Se hace pública una carta manuscrita del Dr. Cornelius P. Rhoads, del Instituto Rockefeller para investigaciones médicas, quien trabaja en el Hospital Presbiteriano de San Juan, en la que el médico norteamericano confesaba haber matado a ocho pacientes puertorriqueños y trasplantado cáncer a varios más. La divulgación del contenido de la carta, publicado en inglés y español, causó un gran revuelo en el país.

16 de abril: La Legislatura colonial discute un proyecto de ley que convertiría la bandera monoestrellada de Puerto Rico, símbolo de rebeldía, en el estandarte de la colonia. Albizu Campos junto a la multitud que con él conmemoraban el natalicio

de José De Diego, toma por asalto el Capitolio para protestar el intento de profanar el símbolo nacional. Al penetrar la multitud al Capitolio, los pasamanos cedieron, varias personas cayeron heridos y resulto muerto el joven Manuel Rafael Díaz Suarez Diaz, el primer mártir de la lucha del nacionalismo.

30 de agosto: nace en Ponce su hijo Héctor Manuel Albizu Aponte.

1934, enero: Albizu Campos dirige la huelga de los trabajadores agrícolas. Las corporaciones azucareras se alarman por la intervención de Albizu Campos en el conflicto y conspiran para paralizar su acción mediante intentos de soborno y el asesinato.

1935, agosto: El Partido Nacionalista recibe confidencias de los centros del propio poder norteamericano en Puerto Rico que revelaban el firme propósito del régimen norteamericano de hacer asesinar con cualquier pretexto a los dirigentes del Partido Nacionalista y a su presidente, Albizu Campos. Ramon S. Pagan fue uno de los hombres que corroboró la existencia del plan que estaba dirigido por la policía secreta norteamericana en Puerto Rico.

24 de octubre: La policía dirigida entonces por el coronel Elisha Francis Riggs, asesina en Río Piedras a los Nacionalistas Ramón S. Pagan, Pedro Quiñones, Eduardo Rodríguez Vega y José Santiago Barea. Otro Nacionalista, Dionisio Pearson, resultó gravemente herido. Este suceso se conoce como La Masacre de Río Piedras.

25 de octubre: Albizu Campos pronuncia el discurso de despedida de duelo de los mártires. Nacionalistas juramentan a los presentes para que el asesinato no quede impune: "Venimos aquí a prestar un juramento para que no quede impune. Levantada la mano en alto todos los que se crean libres, Juremos todos que el asesinato no perdurará en Puerto Rico".

8 de diciembre: La Asamblea General del Partido Nacionalista aprobó la resolución de boicotear la celebración de las elecciones y demandó del Gobierno de Estados Unidos que pacíficamente desocupe nuestro territorio y "si se negare la nación apelará a las armas".

En la asamblea diciembre de 1935, el cuerpo de Cadetes y El Cuerpo de Enfermeras se convierten en el Ejercito Libertador.

1936: 23 de febrero: Los jóvenes Nacionalistas Hiram Rosado y Elías Beauchamp ajustician en San Juan al coronel Elisha Francis Riggs, jefe de la policía, por ser el responsable de La Masacre de Río Piedras. Rosado y Beauchamp fueron arrestados, encerrados en el Cuartel General de la policía en San Juan y allí mismo, asesinados por la propia policía.

24 de febrero: Albizu Campos nuevamente pronuncia el discurso de duelo: "Ya hemos traído aquí cenizas preciosas de otros héroes. El Nacionalismo ha traído a la Patria la transmutación de su ser, pues el hombre no nació para vegetar ni para ser gordo y fuerte; el hombre nació para erguirse sobre supremos principios de acuerdo con su inmortalidad. Para entrar en la inmortalidad hay una sola entrada: la puerta del valor que conduce al sacrificio por una suprema causa. Hay que sacrificarse por la independencia de la Patria".

4 de marzo: La corte de Distrito de Estados Unidos en Puerto Rico (Corte Federal) expide una orden de arresto contra Albizu Campos y otros siete lideres Nacionalistas bajo la acusación de "conspirar para derrocar por la fuerza el gobierno de Estados Unidos en Puerto Rico."

14 de julio: Se inicia el juicio contra el liderato Nacionalista. Son enjuiciados: Pedro Albizu Campos, Juan Antonio Corretjer, Erasmo Velázquez, Juan Gallardo Santiago, Julio H. Velázquez, Pablo Rosado Ortiz, Clemente Soto Vélez y Luis Florencio Velázquez. Actuaron como abogados defensores: Pedro Albizu Campos, Gilberto Concepción de Gracia, Julio Pinto Gandía y J.M. Toro Nazario. Los fiscales fueron: A. Cecil Snyder, Marcelino Romaní, Jorge Ortiz Toro, James E. Ruffin y Amos W.W. Woodcock. Presidió el proceso el Juez Robert Cooper.

20 de julio: El jurado integrado por siete puertorriqueños y cinco norteamericanos no logra ponerse de acuerdo y es disuelto por el Juez Cooper. Los cinco norteamericanos votaron por la condena y los siete puertorriqueños por la absolución.

27 de julio: Se inicia el segundo juicio contra el liderato Nacionalista. Esta vez el jurado queda integrado por diez norteamericanos.
31 de julio: A las 12:12 de la madrugada el jurado rinde veredicto de culpabilidad, son sentenciados de seis a diez años de cárcel y son trasladados a la cárcel de La Princesa mientras se tramita el recurso de apelación.
1937, 12 de febrero: El Tribunal Supremo de Estados Unidos confirma la sentencia impuesta al liderato Nacionalista por la Corte Federal en San Juan.

21 de marzo: En Ponce, la Junta Municipal Nacionalista solicita y obtiene de la Administración Municipal, permiso para organizar un desfile de cadetes y un mitin en la plaza pública de Ponce en protesta por el encarcelamiento del liderato Nacionalista. La policía se opone a la actividad y moviliza a centenares de agentes bien armados y con instrucciones de disparar a matar. Al iniciar los Nacionalistas

el desfile en la esquina de las calles Marina y Aurora, la policía los tirotea, masacrando a 19 personas y dejando mal heridos a cerca de 200 personas. Este suceso se conoce como La Masacre de Ponce.
7 de junio: Albizu Campos y otros siete lideres Nacionalistas son trasladados a la Penitenciaría de Atlanta, Georgia, en Estados Unidos, para cumplir las sentencias por la Corte Federal.

1943, 3 de junio: Albizu Campos sale muy enfermo de la cárcel de Atlanta y se le recluye en el Hospital Columbus en Nueva York.

1945: Luego de permanecer dos años en el Hospital Columbus decide regresar a Puerto Rico, las autoridades norteamericanas le impiden el regreso a su Patria y se ve obligado a permanecer en la ciudad de Nueva York. Se le requiere rendir informes periódicos de su domicilio, pero Albizu rehúsa hacerlo. Tenía la cuidad de Nueva York por cárcel.

1947, 15 de diciembre: Albizu Campos regresa a Puerto Rico luego de extinguir su sentencia. En acto de recibimiento que le celebra el pueblo puertorriqueño y el Partido Nacionalista en el Parque Sixto Escobar de San Juan, Albizu se reafirma en su lucha abierta y franca contra el despotismo y el coloniaje. Pronuncia sus célebres palabras: "La ley del amor y la ley de sacrificio no admiten la separación. Yo nunca he estado ausente y nunca me he sentido ausente." Inicia la reorganización total del Partido Nacionalista y se prepara para dar un último golpe Revolucionario al régimen colonial.

1950, 30 de octubre: Estalla La Insurrección Nacionalista. Albizu Campos es arrestado luego de una dramática batalla frente a su hogar en la esquina Sol y Cruz de san Juan, la ciudad capital.

Noviembre 1: Oscar Colazo y Griselio Torresola atacan la Casa Blair, en Washington D.C, en donde se hospedaba el Presidente Harry S. Truman. Griselio Torresola muere en el intento. Oscar es gravemente herido.

1951: se enjuicia a Albizu Campos y se condena a cincuenta y tres años de presidio, se le recluye en la cárcel La Princesa.

1953, 30 de septiembre: El Gobernador Muñoz Marín lo indulta debido a la presión internacional que ejercen los pueblos latinoamericanos a favor de la excarcelación del líder Nacionalista. El indulto coincide con la condición delicada de salud. Salió de la cárcel con las piernas hinchadas y serias quemaduras.

1954, 1ro de marzo: Los héroes Nacionalistas Lolita Lebrón Soto, Rafael Cancel Rodríguez, Irving Flores Rodríguez y Andrés Figueroa Cordero, atacan a tiros la Cámara de Representantes en el Capitolio de los Estados Unidos. Muñoz Marín revoca el indulto a Albizu Campos concedido seis meses antes y ordena su arresto inmediato. Luego de otra dramática lucha a tiros frente a su hogar, Albizu Campos es sacado inconsciente y de nuevo encarcelado en La Princesa.

1956, abril: Albizu Campos sufre en la cárcel una trombosis que lo deja paralítico y sin habla. Se le traslada al Hospital Presbiteriano donde se le prepara una habitación-celda fuertemente custodia por la policía.

1964, 15 de noviembre: Por recomendación del gobernador electo Roberto Sánchez Vilella, Muñoz Marín indulta por segunda vez a Albizu Campos. Sánchez Vilella le dice a Muñoz Marín que Albizu Campos está muy enfermo y puede morir en la cárcel. "Usted lo metió a la cárcel y si yo fuera usted, para la historia, lo pondría en liberta antes de dejar la gobernación, porque le advierto, si no lo indulta usted, lo indulto yo."

1965, 21 de abril: Albizu Campos, considerado "El Ultimo Libertador de América", muere en San Juan. Su viuda, la Dra. Laura de Albizu Campos, declaró: "El asesinato está consumado. Albizu Campos murió en la prisión. Albizu Campos no ha muerto en su casa, cuando llegó a ella ya estaba muerto." Luego añadió: "Albizu Campos vivió para el pueblo y por él murió en el sacrificio impuesto por el enemigo de la libertad y la independencia de su Patria. Las vidas consagradas a una causa como la que él sirvió trascienden la muerte. Su ejemplo ilumina el porvenir y su recuerdo crece hasta culminar en estatura insuperable. Puerto Rico llegará a la meta por él señalada y el reconocimiento de su pueblo será el pedestal de su gloria".

BRIGADA PRO MONUMENTOS NACIONALES

RECONOCIMIENTO A LA MUJER NACIONALISTA Y AFINES, POR SU PERSEVERANCIA, VALOR, SACRIFICIO Y FIRMEZA DURANTE LA LUCHA POR LA INDEPENDENCIA EN LOS AÑOS DEL 1930 AL 1954, CUANDO CON LA ARENA ENSANGRENTADA POR PATRIOTAS Y TIRANOS SE CUAJABA LA ZAPATA ESTRUCTURAL DE LA NACION PUERTORRIQUEÑA. AUNQUE AL PASO DE LOS AÑOS SE HAN OLVIDADO ALGUNOS DE SUS NOMBRES, EN LA VIDA ETERNA Y CONTINUADA ESTAN GRABADOS EN LOS ARCHIVOS DEL ALMA, COMO UN VIVO MONUMENTO A LA HISTORIA UNIVERSAL. HACEMOS UNA MENCION A MARIA DE LOS ANGELES SEIJO BRUNO POR EL RESCATE A TIEMPO DE LA HISTORIA DE LA REVOLUCION DEL 30 DE OCTUBRE DEL 1950, ASI COMO A MARISA ROSADO POR SU LIBRO LAS LLAMAS DE LA AURORA COMO UN ACERCAMIENTO BIOGRAFICO AL COMANDANTE DON PEDRO ALBIZU CAMPOS

GIL R.C. 2007

LEONIDES DIAZ DIAZ
CONSUELO LEE TAPIA
DORIS TORRESOLA ROURA
RUTH REYNOLDS WILLMARTH
AUREA RODRIGUEZ DE NIEVES
ROSITA LAMONT
AIDA FELICANO VAZQUEZ
FRANCISCA MARTINEZ DE CANCEL
ADELA CANINO DE ENCARNACION
LAURA DE SANTIAGO DAVILA
RAMONA C. RECIO
ANA ABOLAFIA
AURELIA DE SANTIAGO DAVILA
EMILI VELEZ DE YANDO
VENERANDA DE DAVILA
MERCEDES Q. DE LOPEZ
ANGELINA DE ANGLERO
ISABEL DEL ROSARIO
CARMEN AVILA RIVERA
JOSEFINA CUEBAS Y CUEBAS
TRINIDAD PADILLA DE SANZ
MATILDE MARRERO RUIZ
MONSERRATE DEL VALLE

LAURA MENESES DEL CARPIO
ROSA EMILIA ALBIZU MENESES
LAURA ESPERANZA ALBIZU MENESES
ISABEL ROSADO MORALES
CARMEN FERNANDEZ
CARMEN JIMENEZ TERUEL
THELMA MIELKE
JUANITA OJEDA LOPEZ
ANGELINA TORRESOLA ROURA
CANDITA COLLAZO
CARMEN ORTIZ IAGO
ANTONIA MORENO RODRIGUEZ
CARMEN ZORAIDA COLLAZO RIOS
ISOLINA RONDON
MARGARITA SANTIAGO DE SANCHEZ
MARIA TRINIDAD CASTILLO RAMOS
NIEVES PADILLA DE GARCIA
CECILIA MAYREN GIUSTI
MARIA MARRERO GONZALEZ
FREDESWINDA CASTILLO ORTIZ
CARMEN CONSTANTINO DE COLON
ANA RITA PAGAN
MARIA HERNANDEZ DE ROSARIO

LOLITA LEBRON SOTOMAYOR
BLANCA CANALES TORRESOLA
DOMINGA CRUZ BECERIL
MARIA ROURA GONZALEZ
ZOIAIDA CANCEL MIRANDA
JULIA DE BURGOS
CARMEN D' OTERO DE TORRESOLA
DELIA TORRESOLA ROURA
ROSA CORTEZ DE COLLAZO
LYDIA COLLAZO CORTEZ
IRIS COLLAZO CORTEZ
BIENVENIDA DOMENECH DE LUGO
CARMEN M. PEREZ GONZALEZ
ISAURA GUTIERREZ DEL ARROYO
OLGA VISCAL GARRIGA
ISABEL FREIRE DE MATOS PAOLI
RIGOLETA RUIZ
JUANITA MILLS ROSA
ADELA DE SANTIAGO
JUANITA PINTO ESCUTE
PAULA LOPEZ VELEZ
GLADYS BARBOSA
IRIS MARTINEZ FIGUEROA

Espero que este libro les lleve un mensaje directo al corazon y comprendan lo que dijo el Dr. Pedro Albizu Campos;

"El Nacionalismo es la patria organizada para el rescate de su soberania".

"El nacionalismo es la fuerza que se yergue contra cualquier poder que nos niegue la personalidad. Es un movimiento que aspira a despertar las fuerzas de la sabiduría en el pueblo, a salvar la nacionalidad para la cultura y la historia... El nacionalismo no es meramente la reintegración de las tierras a manos puertorriqueñas ni la salvación de su comercio y sus finanzas; es la nacionalidad en pie para rescatar su soberanía y salvar a este pueblo para los valores superiores de la vida."

-Pedro Albizu Campos

Referencias

Créditos:
Referencias.
Fuentes primarias:
1-Archivos personales.
2-Documentos nacionalistas.
Periódicos:
Claridad (varios años)
El Mundo (1950)
El Imparcial (1950)
Puerto Rico Libre (1950)
Puerto Rico en Marcha (1950)
El Nacionalista de Puerto Rico (varios años).
Boletín Nacional del Partido Nacionalista de Puerto Rico (varios años).
Memorias
Papeles de Erasmo Vando y Emelí Vélez Soto de Vando. (1919-1945)

Calendario Nuestros Mártires 2019: Dedicado a las Mujeres Forjadoras de la Patria.
Las Dos Trinas. Trina Padilla de Sanz en el Adoquín Times (revista del ICP) de esta semana.
De Yolanda Suárez -Crowe. Abril 18, 2021

Bibliografía

Torres, Benjamín J. Pedro Albizu Campos-Obras Escogidas Tomo II Obras Escogidas 1923-1936. Editorial Jelofe 1981.
Torres, Benjamín J. Pedro Albizu Campos-Obras Escogidas Tomo III 1923-1936. San Juan: Editorial Jelofe 1981.
Castro, Paulino E. Historia sinóptica del Partido Nacionalista de Puerto Rico. San Juan, Puerto Rico-1947
Laura de Albizu Campos. Dr. Pedro Albizu Campos y la Independencia de Puerto Rico. San Juan Puerto Rico 1961.
Don Ramon Medina Ramírez. El Movimiento Libertador en la Historia de Puerto Rico. Tres tomos en un volumen. Ediciones Puerto-1970/2016.
Tovar Ribes, Federico. Albizu Campos: El Revolucionario. New York: Plus, Ultra Educational Publisher,1971.

Instituto de Cultura Puertorriqueña. Imagen de Pedro Albizu Campos. San Juan. Instituto de Cultura Puertorriqueña,1973.

J. Benjamín Torres. Pedro Albizu Campos un adelantado. Documentos PRFISA No. 12 – abril 1985

Oscar Collazo López. Memorias de un patriota encarcelado. Fundación Francisco Manrique Cabrera. Primera edicion:1990

Aponte Vázquez, Pedro I. Pedro Albizu campos: Su persecución por el F.B.I. San Juan: Publicaciones René,1991.

Juan Ángel Silén Nosotros Solos. Sinn Féin- We Ourselves. (Pedro Albizu Campos y el Nacionalismo Irlandés),1996 -Editorial Librería Norberto González

Seijo Bruno, Miñi. "La Insurrección Nacionalista en Puerto Rico 1950". San Juan, Puerto Rico: Editorial EDIL, 1997.

Ramón Bosque Pérez, José Javier Colón Morera Las Carpetas: Centro para la investigación y Promoción de los Derechos Civiles (CIPDC, Inc. Rio Piedras, Puerto Rico, 1997.

Maldonado Denis, Manuel. Pedro Albizu Campos: La conciencia nacional puertorriqueña. San Juan, Puerto Rico,1970.

Rosado, Marisa. "Pedro Albizu Campos: Las Llamas de la Aurora". San Juan, Puerto Rico, 1998.

Acosta Lespier, Ivonne. "La Mordaza". San Juan, Puerto Rico: Editorial EDIL, 1998. Delgado Manuel Juan. Mártires de la nación puertorriqueña. Biblioteca de Historia Nacional. Numero 2-2001Raúl

Raúl Medina Vázquez. Verdadera Historia de La Masacre de Ponce. Instituto de Cultura Puertorriqueña. Museo Casa de la Masacre- Ponce, Puerto Rico 2001

Rosado, Marisa. Las Llamas de la Aurora. 2da edición. Editora Corripio, San Juan:2003

Aponte Vázquez, Pedro. ¡Yo acuso! Y lo que paso después. Edición 2008 ampliada.

Avilés Vargas, Pedro. *Lolita y yo.* **(**Memorias publicadas por Pedro Avilés, hijo) Edición privada, 2013.

Glorimar Rodríguez González. Historia del Partido Nacionalista en Utuado. Editorial y Taller Abacoa, 2013

Memorias de Rosa Collazo. Recopiladas por Lydia Collazo Cortés. Los Libros de La Iguana. 2da Edición-2017.

Pedro Aponte Vázquez. El Asesinato de don Pedro Albizu Campos y otros escritos Albizuistas. Publicaciones RENE. San Juan, Puerto Rico 2019

Raúl Medina Vázquez. Los combatientes del 30 de octubre. Ponce, Puerto Rico 2021

José Manuel Dávila Marichal. Pedro Albizu Campos y el Ejército Libertador del Partido Nacionalista de Puerto Rico (1930-1939). Ediciones Laberinto, 2022

Made in the USA
Middletown, DE
27 February 2024